SHIYONG JINGJIFA ANLI JIAOCHENG

实用经济法案例教程

主　编　庄红蕾

副主编　杜　平　游浩峰

河南大学出版社
HENAN UNIVERSITY PRESS

·郑州·

图书在版编目（CIP）数据

实用经济法案例教程/庄红蕾主编．-- 郑州：河南大学出版社，2023.2（2024.1 重印）
ISBN 978-7-5649-4661-6

Ⅰ．①实… Ⅱ．①庄… Ⅲ．①经济法－案例－中国－高等学校－教材 Ⅳ．① D922.290.5

中国国家版本馆 CIP 数据核字 (2023) 第034063号

责任编辑	张雪彩
责任校对	聂会佳
封面设计	郭　灿
版式设计	高枫叶

出版发行	河南大学出版社		
	地址：郑州市郑东新区商务外环中华大厦2401号		
	邮编：450046		
	电话：0371-86059715（高等教育与职业教育出版分社）		
	0371-86059701（营销部）		
	网址：hupress.henu.edu.cn		
印　刷	河南文教印务有限公司		
版　次	2023年2月第1版	印　次	2024年1月第2次印刷
开　本	787 mm×1092 mm　1/16	印　张	15.25
字　数	362 千字	定　价	42.00 元

（本书如有印装质量问题，请与河南大学出版社联系调换）

前　言

《国务院关于加快发展现代职业教育的决定》指出，发展现代职业教育的一项基本原则是"服务需求、就业导向"。2021年10月，中共中央办公厅、国务院办公厅印发了《关于推动现代职业教育高质量发展的意见》。对于改进教学内容与教材，《关于推动现代职业教育高质量发展的意见》指出要按照生产实际和岗位需求设计开发课程，开发模块化、系统化的实训课程体系，提升学生实践能力。但是，我国传统学科课程教学模式由来已久，以岗位需求为导向、以工作任务为驱动的高职教材建设还有待加强。

本教材编写以职业能力培养为本位。教材编写尝试走校企合作的道路，通过到企业走访、咨询，与一些企业经营管理人员、公司法律顾问等交流研讨，在充分了解经营管理岗位工作需求、工作过程及工作内容的基础上，合理设计学习性工作项目、工作任务，课程的知识体系结构与技能训练尽可能符合实际工作需求。本教材以公司的创办、运作为线索，按照公司组织运行的流程及公司经营需要设置教学内容。工作项目依次是：入门培训、选择企业类型、设立公司、公司治理、公司经营、公司终止。学生在完成一系列工作任务的过程中不仅将学到知识，更重要的是训练工作能力和培养职业素养。为了满足教学和企业经营管理工作的需求，教材内容主要涵盖以下法律知识：《民法典》《个人独资企业法》《合伙企业法》《公司法》《产品质量法》《反不正当竞争法》《保险法》《商标法》《专利法》《企业破产法》等。

本教材的编写体例力求符合认知规律，并且为实施项目教学服务。教材把经济法的教学内容整合为六个工作项目，十八个工作任务。对于每一项工作任务，都设置"导入任务""法律快递""案例解读""课堂讨论""能力测试""任务简析"等环节。"导入任务"以务实恰当的工作任务引领教学；"法律快递"传递最新的法律资讯；"案例解读"注重案例的真实性、典型性、新颖性；"课堂讨论"能激发学生的自主探究意识；"能力测试"的题型及内容贴近学生的理解能力；"任务简析"析法明理，有助于培养法律应用能力。

本教材的特色还在于,为实施项目教学提供了大量的案例素材,非常适合开展课堂教学活动。

全书由庄红蕾担任主编。

本书在编写过程中研读了大量的学术资料和判例,吸收了一些案例素材,在此对这些作者表示衷心的感谢。

编者

2022年11月9日

目　　录

工作项目一　入门培训 001
　　工作任务 1　认识经济法律关系 001

工作项目二　选择企业类型 010
　　工作任务 2　认识个人独资企业 010
　　工作任务 3　认识合伙企业 018
　　工作任务 4　认识公司 034

工作项目三　设立公司 043
　　工作任务 5　制定公司章程 043
　　工作任务 6　申办公司营业执照 050

工作项目四　公司治理 060
　　工作任务 7　股东会、董事会、监事会行使职权 060
　　工作任务 8　股东资格认定与股东行使权利 073
　　工作任务 9　公司资本的制度安排 082

工作项目五　公司经营 096
　　工作任务 10　订立合同 096
　　工作任务 11　担保 112
　　工作任务 12　履行合同 126
　　工作任务 13　履行产品质量义务 147
　　工作任务 14　保护商标权、专利权 157

工作任务 15　正当竞争 176

工作任务 16　办理保险事务 185

工作项目六　公司终止 202

工作任务 17　公司合并、分立、解散、清算 202

工作任务 18　破产 212

工作项目一 入门培训

工作任务1 认识经济法律关系

【学习目标】

探究知识：经济法的概念、经济法的渊源、经济法律关系的构成、法律事实、代理。

获取能力：能够界定债权，理解占有、使用、收益、处分的含义，理解代理的含义及代理的适用范围。

【导入任务】

小王原是某旅行社的一名员工，2019年在旅行社工作期间曾借用了公司经理吴女士17 000元钱，后吴女士多次向其追寻要求返还借款。小王无力偿还，后离开了公司。2020年8月份，吴女士多次找到小王的家里，要求返还借款，后与小王父母发生争执，双方到该地派出所解决问题。在派出所里，小王父母对于儿子欠款事实全部承认，可是实在无力偿还，要求推迟到2020年底替儿子还清，吴女士对此同意。当日，小王父母出具了欠条给吴女士，小王父母承诺在2020年底前还清借款。可是，直到2021年7月吴女士起诉之日，小王父母仍然没有还款。

1. 本案中有哪些经济法律关系发生？并分析经济法律关系的主体、客体与内容。

2. 现在吴女士根据欠条起诉小王父母要求还款，法院该不该支持呢？

【法律快递】

《中华人民共和国民法典》：2020年5月28日第十三届全国人民代表大会第三次会议通过，自2021年1月1日起施行。

《中华人民共和国民法典》是新中国第一部以法典命名的法律，在法律体系中居于基础性地位，也是市场经济的基本法。

一、经济法的概念与调整对象

"经济法"这一概念起源于法国,1755年法国空想社会主义者摩莱里在其著名的《自然法典》中使用这个词语来解释社会运动的规则和未来社会的分配法则。第一次世界大战以后,当时的魏玛共和国直接以经济法命名,颁布了《煤炭经济法》和《钾盐经济法》。之后,德国出版了很多以经济法为题的学术著作和教科书,这时经济法概念才有了较为完整的含义。

经济法是调整国家在管理与协调经济运行过程中发生的经济关系的法律规范的总称。

经济法的调整对象具体包括:市场主体调控关系、市场运行调控关系、宏观经济调控关系、社会分配调控关系。根据现有的经济立法可以将我国的经济法律体系分为四个部分。

1. 市场主体调控法

经济法主体中最重要的就是市场主体。我国针对市场主体的立法成果很多,例如:《个人独资企业法》《合伙企业法》《公司法》《外商投资法》《商业银行法》等。

2. 市场运行调控法

市场运行法是指规范市场行为、保障市场交易安全、维护市场秩序的法律。这方面现行法律主要有:《民法典》《产品质量法》《消费者权益保护法》《反垄断法》《反不正当竞争法》《保险法》《商标法》《专利法》《著作权法》《企业破产法》《票据法》《证券法》等。

3. 宏观经济调控法

我国目前的宏观经济调控法主要集中在税法、金融法与自然资源法方面。税法方面的主要法律法规有:《个人所得税法》《企业所得税法》《税收征管法》《增值税暂行条例》《消费税暂行条例》《进出口关税条例》《房产税暂行条例》《印花税暂行条例》《车船使用税暂行条例》《土地增值税暂行条例》《资源税暂行条例》等。金融法主要有:《人民银行法》《商业银行法》《银行业监督管理法》等。自然资源法主要有:《土地管理法》《矿产资源法》《草原法》《森林法》《渔业法》《水法》《水土保持法》等。另外,现有的宏观调控法还有:《会计法》《审计法》《预算法》《统计法》《农业法》《电力法》《煤炭法》《节约能源法》《城市房地产管理法》等。

4. 社会分配调控法

社会保障是一种国民收入分配与再分配形式。社会保障也是国家依法对社会成员的基本生活予以保障的社会安全制度。有关社会保障的法律有:《劳动法》《社会保险法》《劳动合同法》等。

二、经济法的渊源

经济法的渊源是指经济法律规范借以存在和表现的形式,它主要表现在各国家机关根据其权限范围所制定的各种规范性文件之中。经济法的渊源有：

（一）宪法

宪法是国家的根本大法，由全国人民代表大会制定和修改，具有最高的法律效力，是经济法的基本渊源，是经济立法的基础。

（二）法律

法律是由全国人民代表大会及其常务委员会制定的规范性文件，其效力仅次于宪法，是经济法的主要渊源，它规定的多是基本经济关系。以法律形式表现的经济法律规范是经济法的主体组成部分。

（三）法规

法规包括行政法规、地方性法规，其效力次于宪法和法律。

行政法规是由国务院制定的规范性文件；地方性法规是由省、自治区、直辖市以及较大的市的人民代表大会及其常务委员会制定的规范性文件。其中，较大的市的人民代表大会及其常务委员会制定的地方性法规须报省、自治区的人民代表大会常务委员会批准后施行。经济特区所在地的市的人民代表大会及其常务委员会也可以根据全国人民代表大会的授权决定制定法规，并在经济特区范围内实施。

经济法大量以法规的形式存在，法规是经济法的重要渊源。

（四）规章

规章包括由国务院部委及具有行政管理职能的直属机构依据法律、行政法规制定的国务院部门规章，以及由省、自治区、直辖市和设区的市的人民政府根据法律、法规制定的地方政府规章。

（五）民族自治地方的自治条例和单行条例，以及特别行政区的法律文件

（六）司法解释

根据1981年6月《全国人民代表大会常务委员会关于加强法律解释工作的决议》规定，全国人民代表大会赋予司法机关司法解释权，最高人民法院和最高人民检察院分别就审判工作和检察工作中具体应用法律的问题进行解释。司法解释是最高人民法院、最高人民检察院制定的具有普遍效力的法律适用方面的文件。

（七）国际条约、协定

我国作为国际法主体缔结或参加的国际条约、双边或多边协定等也是经济法的渊源。

三、经济法律关系

（一）经济法律关系的概念

经济法律关系是指经济关系被经济法律规范确认和调整之后所形成的权利和义务关系。

（二）经济法律关系的要素

经济法律关系的要素是指构成经济法律关系的必要因素，由主体、内容、客体构成，三者缺一不可。

1. 经济法律关系的主体

经济法律关系的主体简称经济法主体，是指在经济法律关系中享有权利、承担义务的当事人。享受经济权利的一方称为权利主体，承担经济义务的一方称为义务主体。当事人在多数情况下既享有经济权利又承担经济义务。

我国经济法主体的范围如下：

（1）国家机关。作为经济法主体的国家机关主要是指国家行政机关中的经济管理机关。经济管理机关可分为三类：一是综合性经济管理机关，如国家发展和改革委员会、商务部、财政部、中国人民银行等，主要负责对国民经济全局进行宏观调控；二是行业性经济管理部门，如工业和信息化部、水利部、农业农村部等；三是专门职能部门，如国家市场监督管理总局、国家税务总局、审计署等。

在某些情况下，国家也可作为主体参加经济法律关系，如发行国债、以政府名义与外国签订经济贸易协定等。

（2）企业和其他社会组织。企业是指依法设立的以营利为目的的从事生产经营活动的独立核算的经济组织。其他社会组织主要是指事业单位和社会团体。

企业按法律地位的不同，可分为法人企业和非法人企业；按组织形式的不同，可分为独资企业、合伙企业、公司制企业等。

（3）公民，包括个体工商户、农村承包经营户。

（4）法律规定的其他类型。

作为法律关系的主体，享有权利和承担义务，就必须具有相应的权利能力和行为能力。一般来说，法人与社会组织的权利能力与行为能力是统一的，均随法人或社会组织的成立而产生，随其终止而消灭。法人的行为能力一般通过其法定代表人来实现。但对自然人来说，有权利能力，不一定就有行为能力。法律一般以年龄和精神、智力状况作为确定和判断自然人行为能力的依据。根据我国《民法典》的规定，自然人分为完全行为能力人、限制行为能力人和无行为能力人三种。

在一些经济法律关系中，经济法主体从事特定经济活动时，还须依法取得特定资格。例如，根据《中华人民共和国会计法》的规定，公民从事会计工作，必须具备会计资格，取得会计从业资格证书。

2. 经济法律关系的内容

经济法律关系的内容是指经济法主体享有的经济权利和承担的经济义务。权利是指主体依法能够作为或不作为一定行为，以及要求他人作为或者不作为一定行为的资格。义务是指为满足权利主体的要求，必须作为或不作为一定行为。在经济法律关系中，一个经济法主体享有一定权利，必定以其他经济法主体负有一定义务为前提，没有对应的义务主体时，权利主体的权利便没有保障，是不可能实现的。同时，经济权利和经济义务具有对等性。

经济权利主要有：

（1）经济职权，指国家机关及其工作人员在行使经济管理职能时依法享有的权利。经济职权具有一定的行政权力性质。

（2）所有权，指所有人依法对自己的财产享有的占有、使用、收益和处分的权利。

所有权是一种不依赖、不从属于其他权利而独立存在的自主权利。所有权是最充分的物权。所有权具有四项权能：一是占有权，指对财产的实际控制权能；二是使用权，指按照财产的性能与用途加以利用的权能；三是收益权，指获取财产所产生的利益的权能；四是处分权，指决定财产在事实上和法律上命运的权能。所有权的占有、使用、收益、处分四项权能可以在一定条件下与所有人分离，这种分离是所有人行使其财产权的一种方式。

（3）债权，指按照合同约定或法律规定，在当事人之间产生的特定的权利。债权是请求他人为一定行为（作为或不作为）的民法上权利。债权是一种请求权，其义务主体是特定的。

【案例解读】

[案情概述] 刘某找徐某帮忙借款。徐某找到龚某借款。龚某借款200 000元给徐某，徐某于2012年12月14日以自己名义向龚某出具借条一张，并口头约定利息每个月2分。之后徐某将所得借款转贷给朋友刘某。此后龚某多次催讨徐某还款，徐某辩称此借款是刘某所借应由刘某偿还。龚某无奈诉至法院，请求判决徐某偿还借款本金和利息共计244 000元。

[处理结果] 江西省瑞昌市人民法院开庭审理了龚某诉徐某民间借贷纠纷一案，并一审判决徐某在判决生效后五日内偿还龚某借款本息。

[解读意见] 债权是一种请求权，其义务主体是特定的。徐某向龚某借款200 000元，有徐某出具的借条为凭，徐某应该承担及时还款的责任。如果徐某在向龚某借款后，又将钱借给了刘某，徐某应该另行向刘某主张债权。

（案例来源：中国法院网）

债发生的原因主要可分为合同、侵权行为、不当得利和无因管理；债的消灭原因则有清偿、提存、抵销、免除等。

合同是债权产生最主要的原因。

侵权行为可分为一般侵权行为和特殊侵权行为。

不当得利是指既没有法律上的原因，也没有合同上的原因，取得了不当利益，而使他人受到损失的行为。在不当得利的情况下，受到损失的当事人有权要求另一方返还不当利益。

无因管理的含义是指，没有法定或者约定的义务，为避免他人的利益受损失而进行管理和服务，提供管理和服务的一方有权要求他方支付必要的费用。

（4）知识产权，即商标权、专利权、著作权等，是智力成果的创造人依法所享有的权利。

3. 经济法律关系的客体

经济法律关系的客体是指经济法主体权利和义务所指向的对象。根据我国经济法律法规的有关规定，经济法律关系的客体包括物、经济行为和非物质财富。

（1）物，指能够为人控制和支配的、具有一定经济价值的具体物质形态。物包括自然物、劳动产品，以及货币、有价证券等。

（2）经济行为，包括经济管理行为、以营利为目的的经营行为。

（3）非物质财富，如发明、商标、著作；荣誉称号、嘉奖表彰等。

此外，在现实经济生活中，权利亦可能成为经济法律关系的客体。

【课堂讨论】

[材料] 8月30日甲公司与消费者乙签订购买家具合同一份，合同约定乙向甲购买雕人物大沙发11件，美人榻1件，家具材质为老挝红酸枝，无辅料、边料，全手工雕刻，有假包退，全部价款40万元。签订合同当日乙支付了全部货款。同年9月底甲将家具送至乙家中。经乙验收，发现甲提供的11件雕人物大沙发家具中存在边料、辅料，与合同约定的家具质量不符。乙要求退货、退还货款并赔偿其所受到的损失。

[问题] 甲、乙之间的经济法律关系的内容是什么？

（三）经济法律关系的发生、变更和消灭

经济法律规范本身并不能必然在经济法主体间形成权利与义务关系，只有在一定的经济法律事实出现后，才能使经济法律关系以经济法律规范为依据而发生、变更和消灭。据此，经济法律关系的发生、变更、消灭需要具备以下三个条件：

（1）经济法律规范，即经济法律关系发生、变更和消灭的法律依据。

（2）经济法主体，即权利与义务的实际承担者。

（3）经济法律事实，指由经济法律规范所规定的，能够引起经济法律关系发生、变更和消灭的客观现象。经济法律事实是客观事实的一部分，那些不为法律规范所规定，不能引起任何法律后果的客观事实不是经济法律事实。经济法律事实可以分为两类：

一是事件，是指不依经济法主体的主观意志为转移的，能引起经济法律关系发生、变更和消灭的现象。它包括自然现象和社会现象两种。自然现象又称绝对事件，如自然灾害；社会现象又称相对事件，相对事件虽由人的行为引起，但其出现在特定经济法律关系中并不以当事人的意志为转移，如因人类战争导致合同无法履行，因人的死亡导致合伙关系终止等。

二是行为，是指以经济法主体意志为转移的，为达到一定经济目的而进行的有意识的活动。按其性质可分为合法行为和违法行为。

有的经济法律关系的发生、变更和消灭，只需一个法律事实出现即可成立；有些经济法律关系的发生、变更或消灭则需要两个以上的法律事实同时具备。引起某一经济法律关系发生、变更或消灭的数个法律事实的总和，称为事实构成。如保险赔偿关系的发生，需要订立保险合同和发生保险事故两个法律事实出现才能成立。

四、代理

（一）代理的含义与适用范围

1. 代理的含义

代理，是代理人在代理权限内，以被代理人的名义与第三人实施法律行为，由此产生的法律后果直接由被代理人承担的一种法律制度。

2. 代理的适用范围

（1）民事法律行为，如买卖、承揽、租赁、债务履行等。

（2）诉讼行为，如代理诉讼当事人起诉、应诉。

（3）其他具有实体法律意义的行为，如代理他人进行房屋产权登记、法人登记、专利申请、商标注册等行为。

依照法律规定或者双方当事人约定，应当由本人亲自进行的民事法律行为，不得通过代理人进行。如立遗嘱、婚姻登记、收养子女、演出、撰稿、讲演等行为不适用代理。另外，根据法律规定，只有特定的民事主体才能代理的行为，他人不得代理。如保险代理行为，根据《保险法》第一百三十二条规定，保险代理人、保险经纪人应当具备保险监督管理机构规定的资格条件，并取得保险监督管理机构颁发的经营保险代理业务许可证或者经纪业务许可证，向工商行政管理机关办理登记，领取营业执照，并缴存保证金或者投保职业责任保险。

（二）代理的种类

根据代理权产生的根据，可以将代理区分为委托代理、法定代理和指定代理。

1. 委托代理

委托代理，是基于被代理人的委托授权所发生的代理。委托代理按照被代理人的委托行使代理权，民事法律行为的委托代理，可以用书面形式，也可以用口头形式。法律规定用书面形式的，应当用书面形式。委托代理是最常见、最广泛适用的一种代理形式。书面委托代理的授权委托书应当载明代理人的姓名或者名称、代理事项、权限和期间，并由委托人签名或者盖章。委托书授权不明的，被代理人应当向第三人承担民事责任，代理人负连带责任。

2. 法定代理

法定代理指基于法律的直接规定而发生的代理，法定代理人依照法律的规定行使代理权。法定代理主要适用于被代理人为无民事行为能力人或限制民事行为能力人的情况。《民法典》第二十三条规定："无民事行为能力人、限制民事行为能力人的监护人是其法定代理人。"

3. 指定代理

按照人民法院或者有权机关的指定而产生的代理，为指定代理。在没有法定代理人和委托代理人的情况下，人民法院或者有权机关可以依法为不能亲自处理自己事务的人指定代理人。

【讨论提示】

甲、乙之间的经济法律关系的内容是买卖双方的权利与义务。乙已支付了全部货款，履行了合同义务，甲交付的家具不符合合同约定的质量，在此情况下，乙是债权人，甲是债务人。乙有权要求甲按照合同的约定退货退款，甲应当履行合同义务；而且甲还应当赔偿因不当履行合同给乙造成的损失。进一步而言，乙可以按照《消费者权益保护法》要求甲承担赔偿责任。

【能力测试】

1. 经济权利是指经济法主体在国家协调本国经济运行过程中，依法具有的自己为或不为一定行为和要求他人为或不为一定行为的（　　）。

　　A. 责任　　　　　　　　　　B. 要求
　　C. 资格　　　　　　　　　　D. 利益

2. 下列各项选项中，不能成为经济法律关系客体的是（　　）。

　　A. 修理手表　　　　　　　　B. 摩托车
　　C. 专利权　　　　　　　　　D. 空气

3. 法律上的处分是指依照所有人的意志，通过某种法律行为对物进行处置，它意味着什么？（　　）

　　A. 物的消耗　　　　　　　　B. 所有权客体的消灭
　　C. 权利的变动　　　　　　　D. 权利义务的消失

4. 国家机关甲根据网站乙发布的信息，通过中介机构丙介绍，与企业丁签订了采购一批办公用品的合同，该合同关系的主体有（　　）。

　　A. 国家机关甲　　　　　　　B. 网站乙
　　C. 中介机构丙　　　　　　　D. 企业丁

5. 下列各项中，可以作为法律关系客体的有（　　）。

　　A. 阳光　　　　　　　　　　B. 房屋
　　C. 保管货物　　　　　　　　D. 非专利技术

6. 下列属于法律行为的是（　　）。

　　A. 订立合同　　　　　　　　B. 成立公司

C. 缴税　　　　　　　　　　　D. 爆发战争

7. 下列选项中，属于法律事实中的事件的有（　　）。

A. 再过一年，小华9岁了

B. 张某侵犯了李某的专利权

C. 甲意外出车祸死亡，留有财产

D. 黄某受伤后一直住院，两年都未向施害人主张权利

8. 下列各项中，可以成为经济法律关系主体的有（　　）。

A. 个体工商户　　　　　　　　B. 某县教育局

C. 某市艺术团　　　　　　　　D. 某大学

9. 下列情形中，一般适用法定代理的有（　　）。

A. 被代理人身体有残疾　　　　B. 被代理人是无行为能力人

C. 被代理人是限制行为能力人　D. 被代理人不能亲自处理事务

10. 下列行为中，可以适用代理的有（　　）。

A. 购买彩票　　　　　　　　　B. 婚姻登记

C. 收养子女　　　　　　　　　D. 出庭应诉

正确答案：1.C　2.D　3.C　4.AD　5.BCD　6.ABC　7.AC　8.ABCD　9.BC　10.AD

【任务简析】

1. 本案起初的经济法律关系是小王与吴女士因借款而形成。该经济法律关系的主体是小王与吴女士，客体是17 000元，内容是借款与还款的权利与义务。后来小王父母在派出所出具欠条，承诺还款给吴女士，吴女士对此也同意，这些行为使原来的经济法律关系发生了变更。新的经济法律关系的主体是小王父母与吴女士，客体是17 000元，内容是欠款与还款的权利与义务。

2. 法院应当判决小王父母返还吴女士借款17 000元。虽然小王父母与吴女士之间根本就不存在借款事实，但是小王父母自愿为其儿子向吴女士承担还款义务并出具欠条予以证明，此行为属于当事人之间的意思自治，不违反法律规定。

工作项目二　选择企业类型

工作任务2　认识个人独资企业

【学习目标】

探究知识：个人独资企业的特征、个人独资企业的设立条件和设立程序、个人独资企业的事务管理、个人独资企业的解散和清算规则。

获取能力：能够进行个人独资企业设立的准备工作，能够依法解决个人独资企业事务管理中出现的问题。

【导入任务】

王某大学毕业后准备申请注册成立一家主营咨询服务的个人独资企业，取名为"宏远信息咨询有限公司"，注册资本为一元。准备先聘用员工2名，对此王某认为自己开办的是私人小企业，并不需要与员工签订劳动合同，也不准备为员工办理社会保险。朋友李某得知王某的设想后，与王某协议以劳务出资参加该个人独资企业的经营。

请你分析评价王某、李某的创业设想。

【法律快递】

《中华人民共和国个人独资企业法》：1999年8月30日第九届全国人民代表大会常务委员会第十一次会议通过，自2000年1月1日起施行。

《企业名称登记管理规定》：2020年12月14日经国务院第118次常务会议修订通过，自2021年3月1日起施行。

一、个人独资企业的概念

个人独资企业，是指依法在中国境内设立，由一个自然人投资，财产为投资人个人所有，投资人以其个人财产对企业债务承担无限责任的经营实体。

个人独资企业是非法人企业。个人独资企业虽然不具有法人资格，但却是独立的民事主体，可以自己的名义从事民事活动。

投资人承担企业债务的责任范围不限于其出资，其责任财产包括个人独资企业的全部财产和投资人的其他个人财产。个人独资企业投资人在申请企业设立登记时明确以其家庭共有财产作为个人出资的，应当依法以家庭共有财产对企业债务承担无限责任。根据《民法典》的规定，如果夫妻双方未对财产作出各自所有的书面约定，夫妻一方取得的财产即为双方的共同财产，对于夫妻一方在经营个人独资企业的过程中所形成的债务也应该以共有财产清偿。

二、个人独资企业的设立

（一）设立条件

1. 投资人为一个自然人

此处所称的自然人只能是中国公民。外商独资企业不适用《个人独资企业法》。我国现行法律、行政法规禁止从事营利性活动的人包括：法官、检察官、警察、现役军人、国家公务员。

2. 有合法的企业名称

县级以上人民政府市场监督管理部门（以下统称企业登记机关）负责中国境内设立企业的企业名称登记管理。企业名称冠以"中国""中华""中央""全国""国家"等字词，应当按照有关规定从严审核，并报国务院批准。

一个企业只能有一个名称。企业名称应当使用规范汉字。民族自治地方的企业名称可以同时使用本民族自治地方通用的民族文字。

企业名称由行政区划名称、字号、行业或者经营特点、组织形式组成。

企业名称中的字号应当由两个以上汉字组成。

个人独资企业的名称与其责任形式及从事的营业相符合，可以叫厂、店、部、中心、工作室等，名称中不得使用"有限""有限责任"或者"公司"字样。

3. 有投资人申报的出资
4. 有固定的生产经营场所和必要的生产经营条件
5. 有必要的从业人员

（二）设立程序

1. 提出申请

申请设立个人独资企业，应当由投资人或者其委托的代理人向个人独资企业所在地的登记机关申请设立登记。申请设立登记，应当向登记机关提交投资人签署的个人独资企业设立申请书、投资人身份证明、企业住所证明及国家市场监管总局规定提交的其他文件，委托代理人申请设立登记时，应当提交投资人的委托书和代理人的身份证明或者资格证明。

从事法律、行政法规规定须报经有关部门审批的业务，应当在申请设立登记时提交有关部门的批准文件。

个人独资企业设立申请书应当载明下列事项：企业的名称和住所；投资人的姓名和居所；投资人的出资额和出资方式；经营范围。个人独资企业投资人以个人财产出资或者以其家庭共有财产作为个人出资的，应当在设立申请书中予以明确。

2. 登记成立

登记机关应当在收到规定的全部文件之日起十五日内，作出核准登记或者不予登记的决定。予以核准的发给营业执照；不予核准的，发给企业登记驳回通知书。

个人独资企业的登记事项应当包括：企业名称、企业住所、投资人姓名和居所、出资额和出资方式、经营范围。

个人独资企业的营业执照的签发日期，为个人独资企业成立日期。个人独资企业设立分支机构，应当由投资人或者其委托的代理人向分支机构所在地的登记机关申请设立登记。分支机构的民事责任由设立该分支机构的个人独资企业承担。

3. 变更登记

个人独资企业变更企业名称、企业住所、经营范围，应当在作出变更决定之日起十五日内向原登记机关申请变更登记。

个人独资企业变更投资人姓名和居所、出资额和出资方式，应当在变更事由发生之日起十五日内向原登记机关申请变更登记。

个人独资企业因转让或者继承致使投资人变化的，个人独资企业可向原登记机关提交转让协议书或者法定继承文件，申请变更登记。

个人独资企业改变出资方式致使个人财产与家庭共有财产变换的，个人独资企业可向原登记机关提交改变出资方式文件，申请变更登记。

（三）个人独资企业违反登记管理规定的法律责任

提交虚假文件或采取其他欺骗手段，取得个人独资企业登记的，责令改正，处以五千元以下的罚款；情节严重的，并处吊销营业执照。

个人独资企业使用的名称与其在登记机关登记的名称不相符合的，责令限期改正，处以二千元以下的罚款。

涂改、出租、转让营业执照的，责令改正，没收违法所得，处以三千元以下的罚款；情节严重的，吊销营业执照。

伪造营业执照的，责令停业，没收违法所得，处以五千元以下的罚款。构成犯罪的，依法追究刑事责任。

个人独资企业成立后无正当理由超过六个月未开业的，或者开业后自行停业连续六个月以上的，吊销营业执照。

未领取营业执照，以个人独资企业名义从事经营活动的，责令停止经营活动，处以三千元以下的罚款。

个人独资企业登记事项发生变更时，未依法办理有关变更登记的，责令限期办理变更登记；逾期不办理的，处以二千元以下的罚款。

【课堂讨论1】

[材料] 乙养猪场为个人独资企业，原投资人为王某。2020年3月，乙养猪场将场内沼气池工程发包给甲环保公司承建。2020年7月5日，乙养猪场沼气池工程通过验收，但养猪场及王某一直未支付工程款。王某曾向李某等人借款，因无力偿还，2020年12月20日，自愿将乙养猪场抵偿给李某，并变更登记至李某名下。王某在向市场监督管理局出具的变更登记情况说明中注明，变更登记以前的债务由王某负责清偿。后甲环保公司以乙养猪场和王某为被告诉至法院，请求判令两被告连带支付原告工程款。

[问题] 乙养猪场是否应就投资人变更前的债务向原告甲环保公司承担责任？

三、个人独资企业的事务管理

个人独资企业投资人可以自行管理企业事务，也可以委托或者聘用其他具有民事行为能力的人负责企业的事务管理。受托人或者被聘用的人员应当履行诚信、勤勉义务。投资人委托或者聘用的人员管理个人独资企业事务时违反双方订立的合同，给投资人造成损害的，承担民事赔偿责任。投资人对委托人或者被聘用的人员职权的限制，不得对抗善意第三人。

个人独资企业应当依法设置会计账簿，进行会计核算。

个人独资企业招用职工的，应当依法与职工签订劳动合同，并按照国家规定参加社会保险，为职工缴纳社会保险费。

【课堂讨论2】

[材料] 2020年12月5日，胡某出资20万元设立甲个人独资企业。胡某聘请王某管理企业事务，同时约定，凡王某签订标的额超过3万元以上的合同，须经胡某同意。2021年3月20日，王某未经胡某同意，以甲企业名义向乙企业购买价值3.7万元的办公设备。4月20日，乙企业将货物发至甲企业，但胡某以王某的购买行为超越其权限为由拒绝支付货款。

[问题] 王某购买货物的行为是否有效？为什么？

四、个人独资企业的解散和清算

（一）个人独资企业的解散事由

个人独资企业有下列情形之一时解散：
（1）投资人决定解散；
（2）投资人死亡或者被宣告死亡，无继承人或继承人决定放弃继承；
（3）被依法吊销营业执照；
（4）法律、行政法规规定的其他情形。

(二) 个人独资企业的清算程序

1. 清算人的产生

个人独资企业解散,由投资人自行清算或者由债权人申请人民法院指定清算人进行清算。

2. 通知、公告与债权申报

投资人自行清算的,应当在清算前十五日内书面通知债权人,无法通知的,应当予以公告。债权人应当在接到通知之日起三十日内,未接到通知的应当在公告之日起六十日内,向投资人申报其债权。

3. 清算与清偿

清算人应在债权人申报债权后清理企业的债权债务。

清算期间,个人独资企业不得开展与清算目的无关的经营活动。

个人独资企业解散的,财产应当按照下列顺序清偿:所欠职工工资和社会保险费用;所欠税款;其他债务。

个人独资企业财产不足以清偿债务的,投资人应当以其个人的其他财产予以清偿。

4. 办理注销登记

投资人或者清算人应当于清算结束之日起十五日内向原登记机关申请注销登记。

经登记机关注销登记,个人独资企业终止。

5. 投资人的法律责任

个人独资企业及其投资人在清算前或清算期间隐匿或转移财产,逃避债务的,应当依法追回其财产,并按照有关规定予以行政处罚;构成犯罪的,依法追究刑事责任。

投资人应当承担民事赔偿责任和缴纳罚款、罚金,其财产不足以支付的,或者被判处没收财产的,应当先承担民事赔偿责任。

个人独资企业解散后,原投资人对个人独资企业存续期间的债务仍应承担偿还责任,但债权人在五年内未向债务人提出偿债请求的,该责任消灭。

【案例解读】

[案情概述] 兴仁县合营煤矿原系个人独资企业,登记的投资人是高某。高某仅为名义投资人,实际投资人是汉诺集团。兴仁县合营煤矿在被兼并前与机械公司签订了《机械设备买卖合同》。合同签订后,机械公司依约履行了供货义务,但兴仁县合营煤矿并未能如约支付货款168万元。合同签订后,兴仁县合营煤矿被汉诺公司兼并,成为汉诺公司的分公司(汉诺公司合营煤矿),但兴仁县合营煤矿被兼并前的债务如何处理未作约定。

机械公司起诉汉诺公司、汉诺公司合营煤矿与高某,要求三者承担连带赔偿责任;高某以其为公务员,仅为名义投资人并不是实际投资人为由拒绝还款。

[处理结果] 贵州省高院判决:高某对兴仁县合营煤矿的债务168万元承担偿还责任,汉诺公司承担连带赔偿责任。高某不服向最高人民法院提起再审。最高人民法院裁定驳回再审,高某应偿还上述168万元债务。

9. 下列关于个人独资企业的表述中,正确的是( )。
A. 个人独资企业的投资人可以是自然人、法人或者其他组织
B. 个人独资企业的投资人对企业债务承担无限责任
C. 个人独资企业不能以自己的名义从事民事活动
D. 个人独资企业具有法人资格

10. 根据《个人独资企业法》的规定,能够成为个人独资企业投资人的是( )。
A. 某国有企业离职员工
B. 某外国公司外籍人员
C. 某国家机关公务员
D. 某派出所警察

正确答案:1.C 2.D 3.C 4.D 5.A 6.B 7.D 8.D 9.B 10.A

【任务简析】

1. 根据我国《个人独资企业法》,自然人可以单独投资设立个人独资企业,设立时法律仅要求投资人申报出资额和出资方式,并无缴纳最低注册资本金的要求。不过,实际上投资人申报的出资额应当与企业的生产经营规模相适应。

2. 个人独资企业的名称应与其责任形式相符合,投资人个人对个人独资企业负无限责任,王某将其取名为"宏远信息咨询有限公司"违反法律规定,不可能得到市场监督管理部门的核准。

3. 《个人独资企业法》规定"个人独资企业招用职工的,应当依法与职工签订劳动合同",并"按照国家规定参加社会保险,为职工缴纳社会保险费"。因此王某的理由不成立。

4. 如果王某、李某共同投资经营企业,就失去了个人独资企业的法定条件,他们可以考虑合伙或者创办公司。

5. 设立个人独资企业可以以货币出资,也可以以实物、土地使用权、知识产权或者其他财产权利出资,但不能以劳务出资。劳务出资是合伙企业特有的出资方式。

工作任务3　认识合伙企业

【学习目标】

探究知识：合伙企业的概念、种类和特征；不同类型合伙企业的设立条件；合伙企业事务的执行；合伙企业的入伙和退伙；合伙企业的解散和清算。

获取能力：能够分析不同类型合伙企业投资人的权利和责任；能够进行合伙企业设立的准备工作；能够解决合伙企业经营管理中出现的法律问题。

【导入任务】

李某与孙某于2020年5月1日签订了一份孙某为甲方、李某为乙方的《协议书》，约定双方就一家小食店进行合伙经营。《协议书》约定：本小食店由甲乙双方合伙经营，甲乙双方各自投资人民币6万元，作为小食店的租赁费用及购买设备款项；小食店的财产为甲乙双方共同拥有，任何一方不得侵占；本小食店管理方面由甲方全权负责，乙方有权对甲方的管理进行监督，甲乙双方均对本小食店盈亏负有责任。该协议书签订后，双方即投资经营，但是经营至2021年3月，由于经营不善小食店亏损。2021年4月7日，孙某自行将用于经营小食店的房屋退还给该房屋的出租人，关闭了小食店。李某认为小食店应有盈余，便找孙某要求分配合伙企业财产，孙某以小食店实际亏损为由，拒绝李某的要求。于是李某向法院提出民事诉讼，要求分割合伙企业财产。

根据上述情况和合伙企业法律制度的相关规定，回答下列问题：

1. 上述合伙企业是否已解散？
2. 李某的诉求能否得到法院支持？简要说明理由。

【法律快递】

《中华人民共和国合伙企业法》：1997年2月23日第八届全国人民代表大会常务委员会第二十四次会议通过，自1997年8月1日起施行；2006年8月27日，第十届全国人民代表大会常务委员会第二十三次会议修订通过，自2007年6月1日起施行。

一、合伙企业概述

（一）合伙企业的概念和特征

1. 合伙企业的概念

合伙企业是指自然人、法人和其他组织依法在中国境内设立的普通合伙企业和有限合伙企业。

普通合伙企业由普通合伙人组成，各合伙人订立合伙协议，共同出资、共同经营、共享收益、共担风险，并对合伙企业债务承担无限连带责任。

有限合伙企业由普通合伙人和有限合伙人组成，普通合伙人对合伙企业债务承担无限连带责任，有限合伙人以其认缴的出资额为限对合伙企业债务承担责任。

2. 合伙企业的特征

（1）有二个以上合伙人。该合伙人可以是自然人，也可以是法人或者其他组织。

（2）合伙企业以合伙协议为其存在和运行的法律基础。

（3）合伙企业具有较强的稳定性，有自己的名称，领取营业执照，从事特定的经营。

（4）合伙企业不具备法人资格。

（5）普通合伙人对企业债务承担无限连带责任，有限合伙人以其认缴的出资额为限对合伙企业债务承担责任。

（二）不适用《合伙企业法》的合伙

1. 不具有企业形态的契约型合伙

合伙企业与契约型合伙的主要区别在于：

（1）目的不同。合伙企业以营利为目的；而契约型合伙不一定以营利为目的，如合伙租房。

（2）稳定性不同。合伙企业具有较为长期的稳定经营；而契约型合伙往往是临时性的，如一次性临时贩运。

（3）名称不同。合伙企业必须具有自己的名称；而契约型合伙通常没有名称。

（4）手续不同。合伙企业必须在企业登记机关注册登记；而契约型合伙无须登记，只要订立合伙合同即为成立。

2. 企业法人之间的合伙联营

企业法人之间的合伙联营不适用《合伙企业法》而由《民法典》等调整。

（三）合伙企业的设立程序

1. 申请人与登记机关

设立合伙企业，应由全体合伙人指定的代表或者共同委托的代理人向企业登记机关申请设立登记。

2. 申请时应提交的材料

申请设立合伙企业，应当向企业登记机关提交登记申请书、合伙协议书、合伙人身份证明等文件。

合伙企业的经营范围中有属于法律、行政法规规定在登记前须经批准的项目的，该项经营业务应当依法经过批准，并在登记时提交批准文件。

3. 登记

申请人提交的登记申请材料齐全、符合法定形式，企业登记机关能够当场登记的，应予当场登记，发给营业执照。

如不能当场登记的，企业登记机关应当自受理申请之日起二十日内，作出是否登记的决定。予以登记的，发给营业执照；不予登记的，应当给予书面答复，并说明理由。合伙企业领取营业执照之前，合伙人不得以合伙企业的名义从事合伙业务。

合伙企业可以设立分支机构。合伙企业设立分支机构的，应当向分支机构所在地的企业登记机关申请登记，领取营业执照。

合伙企业登记事项发生变更的，执行合伙事务的合伙人应当自作出变更决定或者发生变更事由之日起十五日内，向企业登记机关申请办理变更登记。

二、普通合伙企业

（一）普通合伙企业设立的条件

1. 有二个以上合伙人

合伙人为自然人的，应当具有完全民事行为能力，法律法规规定不得从事营利性活动的人除外，如：法官、检察官、警官、公务员等不能成为合伙人。

对于法人合伙人，为防止因承担无限连带责任风险，而使国家利益、公共利益以及广大股民利益遭受太大的损失，我国法律规定国有独资公司、国有企业、上市公司以及公益性的事业单位、社会团体不得成为普通合伙人。

2. 有书面合伙协议

合伙协议是调整合伙关系、规范合伙人之间权利义务的自治规范，是合伙企业设立和从事经营管理活动的基本依据。全体合伙人在自愿、平等、公平、诚信原则下协商一致，以书面形式订立，经全体合伙人签名、盖章后生效。合伙人按照合伙协议享有权利，履行义务。

合伙协议应当载明以下事项：①合伙企业的名称和主要经营场所的地点；②合伙目的和合伙经营范围；③合伙人的姓名或者名称、住所；④合伙人的出资方式、数额和缴付期限；⑤利润分配、亏损分担方式；⑥合伙事务的执行；⑦入伙与退伙；⑧争议解决办法；⑨合伙企业的解散与清算；⑩违约责任。

合伙协议经全体合伙人签名、盖章后生效。修改或者补充合伙协议，应当经全体合伙人一致同意；但是，合伙协议另有约定的除外。合伙协议未约定或者约定不明确的事项，由合伙人协商决定；协商不成的，依照《合伙企业法》和其他有关法律、行政法规的规定处理。

3. 出资

根据《合伙企业法》第十六条规定："合伙人可以用货币、实物、知识产权、土地使用权或者其他财产权利出资，也可以用劳务出资。"

合伙人以实物、知识产权、土地使用权或者其他财产权利出资，需要评估作价的，可以由全体合伙人协商确定，也可以由全体合伙人委托法定评估机构评估。合伙人以劳务出资的，其评估办法由全体合伙人协商确定，并在合伙协议中载明。

合伙人以货币、实物、知识产权、土地使用权或其他财产权利缴纳出资的，合伙人对于自己缴纳出资的财产或财产权，应当拥有合法的处分权，合伙人不得将自己无权处分的财产或财产权用于出资。

合伙人按照合伙协议的约定或者经全体合伙人决定，可以增加或者减少对合伙企业的出资。

合伙人应当按照合伙协议约定的出资方式、数额和缴付期限，履行出资义务。

以非货币财产出资的，依照法律、行政法规的规定，需要办理财产权转移手续的，应当依法办理。

4. 有合伙企业的名称和生产经营场所

合伙企业的名称具有唯一性和排他性。合伙企业的名称中应当标明"普通合伙"的字样。

合伙企业一般只有一个经营场所，即在企业登记机关登记的营业地点。经营场所的法律意义在于确定债务履行地、诉讼管辖、法律文书送达等。

5. 法律、行政法规规定的其他条件

例如：《律师法》第十五条规定，设立合伙律师事务所，除应当符合《律师法》第十四条规定的条件外，还应当有三名以上合伙人，设立人应当是具有三年以上执业经历的律师。合伙律师事务所可以采用普通合伙或者特殊的普通合伙形式设立。

（二）合伙企业财产

1. 普通合伙企业财产的构成

合伙企业财产指合伙企业存续期间，合伙人的出资以及所有以合伙企业名义取得的收益和依法取得的其他财产。

2. 合伙企业财产的管理与使用

（1）在合伙企业存续期间，合伙人之间可以转让在合伙企业中的全部或者部分财产份额，但应通知其他合伙人。

（2）在合伙企业存续期间，合伙人向合伙人以外的人转让其在合伙企业中的全部或部分财产份额时，除合伙协议另有约定外，须经其他合伙人一致同意，并且在同等条件下其他合伙人有优先受让的权利。作为合伙人以外的人依法受让合伙财产份额后，经修改合伙协议即成为合伙企业的合伙人，新的合伙人依照修改后的合伙协议享有权利、承担责任。

（3）在合伙企业存续期间，合伙人以其在合伙企业中的财产份额出质的，须经其他合伙人一致同意。否则，出质行为无效，因此给善意第三人造成损失的，由行为人依法承担赔偿责任。

（4）在合伙企业存续期间，除依法退伙等法律有特别规定的外，合伙人不得请求分割合伙企业财产，也不得私自转移或者处分合伙企业财产。为了保护第三人的利益，如果合伙人私自转移或者处分合伙企业财产的，合伙企业不得以此对抗不知情的善意第三人。

【课堂讨论1】

[材料] 王某与李某合伙开办了一家农药厂。李某未经王某同意，私自将厂里价值2.9万余元的农药产品分数次赠送给其做农药生意的亲戚宋某。

王某得知此事后，要求宋某返还农药产品或者按批发价补偿货款，遭到拒绝。宋某称农药产品是李某自愿免费给他的。而李某认为，作为合伙人，他对厂里的一半产品享有占有、使用、收益和处分的权利，其将部分农药产品赠送给宋某是其行使处分权的表现，王某无权干涉。

[材料] 对于合伙企业的产品，李某能赠与他人吗？

（三）合伙企业事务执行

1. 合伙人对合伙企业事务的执行方式及规则

合伙事务的执行是指为实现合伙目的而进行的业务活动。《合伙企业法》第二十六条第一款对此有明确的规定："合伙人对执行合伙事务享有同等的权利。"

合伙人的平等权利并不意味着每一个合伙人都必须同样地执行合伙事务。事实上，合伙事务的执行可以采取灵活的方式，只要全体合伙人同意即可。具体方式包括：

（1）由全体合伙人共同执行。

合伙企业的事务可以由全体合伙人共同执行，合伙人对执行合伙事务享有同等的权利，各合伙人都可以对内部事务进行管理，并可以合伙企业的名义对外从事经营活动。

（2）由各合伙人分别单独执行合伙事务。

合伙人分别执行合伙事务的，执行事务合伙人可以对其他合伙人执行的事务提出异议。提出异议时，应当暂停该项事务的执行。如果发生争议，依照《合伙企业法》第三十条规定作出决定。

受委托执行合伙事务的合伙人不按照合伙协议或者全体合伙人的决定执行事务的，其他合伙人可以决定撤销该委托。

（3）委托一个或者数个合伙人对外代表合伙企业，执行合伙事务。

其他合伙人不再执行合伙事务，但有权监督执行事务合伙人执行的情况。执行事务合伙人应当定期向其他合伙人报告事务执行情况以及合伙企业的经营和财务状况，其执行合伙事务所产生的收益归合伙企业，所产生的费用和亏损由合伙企业承担。

合伙人为了解合伙企业的经营状况和财务状况，有权查阅合伙企业会计账簿等财务资料。

2. 合伙事务的表决

《合伙企业法》第三十条规定，合伙人对合伙企业有关事项作出决议，按合伙协议约定的表决办法办理。如果合伙企业对表决办法没有约定或者约定不明，则实行一人一票并经全体合伙人过半数通过的表决办法处理。

《合伙企业法》第三十一条规定，除合伙协议另有约定外，合伙企业的下列事项应当经全体合伙人一致同意：①改变合伙企业名称；②改变合伙企业的经营范围、主要经营场所的地点；③处分合伙企业不动产；④转让或者处分合伙企业的知识产权和其他财产权利；⑤以合伙企业名义为他人提供担保；⑥聘任合伙人以外的人担任合伙企业的经营管理人员。

除了上述《合伙企业法》第三十一条规定的关于执行合伙事务方面的全票决情形，根据《合伙企业法》的其他条文规定，还须注意须经全体合伙人一致同意才能作出决议的下列事项：①修改或者补充合伙协议；②合伙人向第三人转让其在合伙企业中的全部或者部分财产份额；③吸收新的合伙人。

3. 合伙人行为的限制

（1）合伙人负有竞业禁止的义务，即合伙人不得自营或者同他人合作经营与本合伙企业相竞争的业务。

（2）合伙人负有交易禁止的义务，除合伙协议另有约定或者经全体合伙人一致同意外，合伙人不得同本合伙企业进行交易。

合伙人违反法律规定或者合伙协议的约定，从事与本合伙企业相竞争的业务或者与本合伙企业进行交易的，该收益归合伙企业所有；给合伙企业或者其他合伙人造成损失的，依法承担赔偿责任。

（3）合伙人不得从事损害本合伙企业利益的活动。

合伙人执行合伙事务，或者合伙企业从业人员利用职务上的便利，将应当归合伙企业的利益据为己有的，或者采取其他手段侵占合伙企业财产的，应当将该利益和财产退还合伙企业；给合伙企业或者其他合伙人造成损失的，依法承担赔偿责任；构成犯罪的，依法追究刑事责任。

4. 聘任合伙人以外的经营管理人员

聘任合伙人以外的经营管理人员应当经全体合伙人一致同意。非合伙人受聘担任合伙企业的经营管理工作，并未因此取得合伙人的资格。被聘任的经营管理人员应当在合伙企业授权范围内履行职务，其履行职务行为所产生的法律后果由合伙企业承担；超越合伙企业授权范围履行职务，或者在履行职务过程中因故意或者重大过失给合伙企业造成损失的，依法承担赔偿责任。

5. 合伙企业的利润、亏损承担

《合伙企业法》第三十三条规定，合伙企业的利润分配、亏损分担，按照合伙协议的约定办理；合伙协议未约定或者约定不明确的，由合伙人协商决定；协商不成的，由合伙人按照实缴出资比例分配、分担；无法确定出资比例的，由合伙人平均分配、分担。

合伙协议不得约定将全部利润分配给部分合伙人或者由部分合伙人承担全部亏损。

（四）合伙企业与第三人关系

1. 与善意第三人的关系

善意第三人是指与合伙企业善意进行民事行为的人，包括善意取得合伙财产和善意与合伙企业设定其他法律关系的人。《合伙企业法》第三十七条规定："合伙企业对合伙人执行合伙事务以及对外代表合伙企业权利的限制，不得对抗善意第三人。"

2. 合伙企业与其债权人的关系

合伙企业对其债务，应先以其全部财产进行清偿。合伙企业财产不足清偿债务的，各合伙人应当承担无限连带清偿责任。以合伙企业财产清偿合伙企业债务时，其不足的部分，由各合伙人按照合伙协议约定的比例，用其在合伙企业出资以外的财产承担清偿责任；合伙协议未约定比例的，由各合伙人用其在合伙企业出资以外的财产平均分担清偿责任。合伙人由于承担连带责任，所清偿的数额超过其应当承担的数额时，有权向其他合伙人追偿。

3. 合伙企业与合伙人个人债权人之间的关系

（1）合伙人发生与合伙企业无关的债务，相关债权人不得以其债权抵销其对合伙企业的债务；也不得代位行使合伙人在合伙企业中的权利。

（2）合伙人的自有财产不足清偿其与合伙企业无关的债务的，该合伙人可以以其从合伙企业中分取的收益清偿；债权人也可以依法请求人民法院强制执行该合伙人在合伙企业中的财产份额用于清偿。

人民法院强制执行合伙人的财产份额时，应当通知全体合伙人，其他合伙人有优先受让的权利。其他合伙人未购买，又不同意将该财产份额转让给他人的，依照法律规定为该合伙人办理退伙结算，或者办理削减该合伙人相应财产份额的结算。

【课堂讨论2】

[材料] 甲、乙、丙三人共同出资举办一个从事汽车修理的普通合伙企业，甲、丙各出资人民币5万元，而乙以设备和修理工具出资。甲、丙委托乙执行合伙企业事务，其他合伙人不再执行合伙企业事务。合伙人三人订立一份合伙协议，协议做出如下规定：（1）甲、丙的出资以人民币现款出资，于合伙企业成立后1月内，第1期出资2万元，6个月内全部缴付。（2）甲、丙不参与企业的事务管理，全部委托乙执行企业事务。乙在执行事务中所产生的收益与另外两个合伙人4比6分成，如发生亏损则由乙承担。（3）甲和丙以出资额对合伙企业的债务负责，乙负无限责任。另外，甲个人对赵某负有债务1万元，合伙企业曾替赵某大修汽车1次，赵某欠合伙企业1万元的修理费。赵某提出以对甲的债权抵销其对合伙企业的债务。

[问题]

1. 合伙协议的三项约定是否符合法律规定？
2. 赵某的请求是否符合法律规定？

(五)入伙、退伙

1. 入伙

入伙是指在合伙企业存续期间,合伙人以外的第三人加入合伙企业取得合伙人资格的法律行为。新合伙人入伙,除合伙协议另有约定外,应当经全体合伙人一致同意,并依法订立书面入伙协议。订立入伙协议时,原合伙人应当如实告知原合伙企业的经营状况和财务状况。

新合伙人与原合伙人享有同等权利,承担同等责任,入伙协议另有约定的除外。新合伙人对入伙前合伙企业的债务承担无限连带责任。

合伙人死亡或者被依法宣告死亡的,对该合伙人在合伙企业中的财产份额享有合法继承权的继承人,按照合伙协议的约定或者经全体合伙人一致同意,从继承开始之日起,取得该合伙企业的合伙人资格。

有下列情形之一的,合伙企业应当向合伙人的继承人退还被继承合伙人的财产份额:①继承人不愿意成为合伙人;②法律规定或者合伙协议约定合伙人必须具有相关资格,而该继承人未取得该资格;③合伙协议约定不能成为合伙人的其他情形。

合伙人的继承人为无民事行为能力人或者限制民事行为能力人的,经全体合伙人一致同意,可以依法成为有限合伙人,普通合伙企业依法转为有限合伙企业。全体合伙人未能一致同意的,合伙企业应当将被继承合伙人的财产份额退还该继承人。

2. 退伙

退伙是指合伙人在合伙企业存续期间退出合伙企业,从而丧失合伙人资格的法律行为。基于退伙的原因不同,退伙可以分为自愿退伙、法定退伙和除名退伙三种情形。

(1)自愿退伙,又称声明退伙、协议退伙,是指合伙人按照自己的意愿退出合伙企业的退伙形式。

合伙协议约定合伙企业的经营期限的,有下列情形之一时,合伙人可以退伙:①合伙协议约定的退伙事由出现;②经全体合伙人一致同意;③发生合伙人难以继续参加合伙的事由,其他合伙人严重违反合伙协议约定的义务。

合伙协议未约定合伙期限的,合伙人在不给合伙企业事务执行造成不利影响的情况下,可以退伙,但应当提前三十日通知其他合伙人。

合伙人在不符合以上两种自愿退伙的法定条件时,擅自退伙的,应当赔偿由此给其他合伙人造成的损失。

(2)法定退伙,又称当然退伙,是指因出现法律明确规定的事由而使原合伙人丧失合伙人资格的退伙形式。

合伙人有下列情形之一的当然退伙:①作为合伙人的自然人死亡或者被依法宣告死亡;②个人丧失偿债能力;③作为合伙人的法人或者其他组织依法被吊销营业执照、责令关闭、撤销,或者被宣告破产;④法律规定或者合伙协议约定合伙人必须具有相关资格而丧失该资格;⑤合伙人在合伙企业中的全部财产份额被人民法院强制执行。

合伙人被依法认定为无民事行为能力人或者限制民事行为能力人的,经其他合伙人一致同意,可以依法转为有限合伙人,普通合伙企业依法转为有限合伙企业。其他合伙人未能一致同意的,该无民事行为能力或者限制民事行为能力的合伙人退伙。

退伙事由实际发生之日为退伙生效日。

(3)除名退伙,是指经其他合伙人一致同意,将符合法律规定除名条件的合伙人强制清除出合伙企业的退伙形式。

合伙人有下列情形之一的,经其他合伙人一致同意,可以决议将其除名:①未履行出资义务;②因故意或者重大过失给合伙企业造成损失;③执行合伙事务时有不正当行为;④发生合伙协议约定的事由。

对合伙人的除名决议应当书面通知被除名人。被除名人接到除名通知之日,除名生效,被除名人退伙。

被除名人对除名决议有异议的,可以自接到除名通知之日起三十日内,向人民法院起诉。

3. 退伙的法律后果

(1)合伙人退伙,其他合伙人应当与该退伙人按照退伙时的合伙企业财产状况进行结算,退还退伙人的财产份额。退伙人对给合伙企业造成的损失负有赔偿责任的,相应扣减其应当赔偿的数额。退伙时有未了结的合伙企业事务的,待该事务了结后进行结算。

(2)退伙人在合伙企业中财产份额的退还办法,由合伙协议约定或者由全体合伙人决定,可以退还货币,也可以退还实物。

(3)退伙人对基于其退伙前的原因发生的合伙企业债务,承担无限连带责任。

(4)合伙人退伙时,合伙企业财产少于合伙企业债务的,退伙人应当依照《合伙企业法》第三十三条第一款的规定分担亏损。

【课堂讨论3】

[材料]王某与马某、李某合伙经营车辆运输业务,马某、李某系夫妻,共占80%份额,王某占20%份额。后马某在未告知王某的情况下,将车辆70%的份额转让给他人,并与他人实际共同经营车辆。王某认为马某处分了其份额,遂要求退出合伙企业,并主张马某向其支付车辆20%份额的款项。马某辩称其转让的70%股份系其自身所占80%中的份额,并未处分王某的份额,故不同意王某退伙。

[问题]如果王某诉求退伙,能否得到支持?

(六)特殊的普通合伙企业

以专门知识和技能为客户提供有偿服务的专业服务机构,这些服务机构可以设立为特殊的普通合伙企业。例如,律师事务所、会计师事务所、医师事务所、设计师事务所等。特殊的普通合伙企业必须在其企业名称中标明"特殊普通合伙"字样,以区别于普通合伙企业。

在特殊的普通合伙企业中,一个或数个合伙人在执业活动中因故意或重大过失造成合伙企业债务的,应承担无限责任或无限连带责任,其他合伙人以其在合伙企业中的财产份额为限承担责任。

合伙人在执业活动中非因故意或者重大过失造成的合伙企业债务以及合伙企业的其

他债务,由全体合伙人承担无限连带责任。

合伙人在执业活动中因故意或重大过失造成的合伙企业债务,以合伙企业财产对外承担责任后,该合伙人应按合伙协议的约定对给合伙企业造成的损失承担赔偿责任。

特殊的普通合伙企业应当建立执业风险基金、办理职业保险。执业风险基金用于偿付合伙人执业活动造成的债务。执业风险基金应当单独立户管理。

三、有限合伙企业

(一)有限合伙企业设立的条件

1. 合伙人

有限合伙企业由二个以上五十个以下合伙人设立,但法律另有规定的除外。有限合伙企业至少应当有一个普通合伙人。

2. 书面合伙协议

有限合伙企业的合伙协议除需要记载普通合伙企业协议应当载明的事项,还需要载明以下特殊事项:①普通合伙人和有限合伙人的姓名或者名称、住所;②执行事务合伙人应具备的条件和选择程序;③执行事务合伙人权限与违约处理办法;④执行事务合伙人的除名条件和更换程序;⑤有限合伙人入伙、退伙的条件、程序以及相关责任;⑥有限合伙人和普通合伙人相互转变程序。

3. 出资

有限合伙企业登记事项中应当载明有限合伙人的姓名或者名称及认缴的出资数额。有限合伙人可以用货币、实物、知识产权、土地使用权或者其他财产权利作价出资但不得以劳务出资。

有限合伙人应当按照合伙协议的约定按期足额缴纳出资;未按期足额缴纳的,应当承担补缴义务,并对其他合伙人承担违约责任。

4. 企业名称

有限合伙企业名称中应当标明"有限合伙"字样。

(二)有限合伙企业的事务执行

有限合伙企业的事务由普通合伙人执行。执行事务合伙人可以要求在合伙协议中确定执行事务的报酬及报酬提取方式。有限合伙人不执行合伙事务,也不得对外代表有限合伙企业。

第三人有理由相信有限合伙人为普通合伙人并与其交易的,该有限合伙人对该笔交易承担与普通合伙人同样的责任。有限合伙人未经授权以有限合伙企业名义与他人进行交易,给有限合伙企业或者其他合伙人造成损失的,该有限合伙人应当承担赔偿责任。

有限合伙人的下列行为不视为执行合伙事务:①参与决定普通合伙人入伙、退伙;②对企业的经营管理提出建议;③参与选择承办有限合伙企业审计业务的会计事务所;④获取经审计的有限合伙企业财务会计报告;⑤对涉及自身利益的情况,查阅有限合企业财务会计账簿等财务资料；⑥在有限合伙企业中的利益受损时，向有责任的合伙人主张权利或者提起诉讼；⑦执行事务合伙人怠于行使权利时，督促其行使权利或者为了本企业的利益以自己的名义提起诉讼；⑧依法为本企业提供担保。

（三）有限合伙人的特殊规定

（1）有限合伙企业不得将全部利润分配给部分合伙人；但是，合伙协议另有约定的除外。

（2）有限合伙人可以同本有限合伙企业进行交易；但是，合伙协议另有约定的除外。

（3）有限合伙人可以自营或者同他人合作经营与本有限合伙企业相竞争的业务；但是，合伙协议另有约定的除外。

（4）有限合伙人可以将其在有限合伙企业中的财产份额出质；但是，合伙协议另有约定的除外。

（5）有限合伙人可以按照合伙协议的约定向合伙人以外的人转让其在有限合伙企业中的财产份额，但应当提前三十日通知其他合伙人。

（6）有限合伙人的自有财产不足清偿其与合伙企业无关的债务的，该合伙人可以以其从有限合伙企业中分取的收益用于清偿；债权人也可以依法请求人民法院强制执行该合伙人在有限合伙企业中的财产份额用于清偿。人民法院强制执行有限合伙人的财产份额时，应当通知全体合伙人。在同等条件下，其他合伙人有优先购买权。

（四）有限合伙人的入伙和退伙

1. 有限合伙人的入伙

《合伙企业法》对有限合伙人入伙没有进行特别规定，新入伙的有限合伙人对入伙前有限合伙企业的债务，以其认缴的出资额为限承担责任。

作为有限合伙人的自然人死亡、被依法宣告死亡或者作为有限合伙人的法人及其他组织终止时，其继承人或者权利承受人可以依法取得该有限合伙人在有限合伙企业中的资格。

2. 有限合伙人的退伙

出现下列情形之一时，有限合伙人当然退伙：①作为合伙人的自然人死亡或者被依法宣告死亡；②作为合伙人的法人或者其他组织依法被吊销营业执照、责令关闭、撤销，或者被宣告破产；③法律规定或者合伙协议约定合伙人必须具有相关资格而丧失该资格；④合伙人在合伙企业中的全部财产份额被人民法院强制执行。

作为有限合伙人的自然人在有限合伙企业存续期间丧失民事行为能力的，其他合伙人不得因此要求其退伙。

有限合伙人退伙后，对基于其退伙前的原因发生的有限合伙企业债务，以其退伙时从有限合伙企业中取回的财产承担责任。

（五）合伙企业形式及合伙人性质的变化

1. 合伙企业形式的变化

有限合伙企业仅剩有限合伙人的，应当解散；有限合伙企业仅剩普通合伙人的，转为普通合伙企业。

2. 合伙人性质的变化

普通合伙人转变为有限合伙人，或者有限合伙人转变为普通合伙人，应当经全体合伙人一致同意；但是，合伙协议另有约定的除外。

有限合伙人转变为普通合伙人的，对其作为有限合伙人期间有限合伙企业发生的债务承担无限连带责任。

【课堂讨论4】

[材料] 2019年10月20日，智达咨询中心（有限合伙）成立，徐某为普通合伙人和执行事务合伙人，赵某为有限合伙人。2019年12月10日，宋某受让赵某的合伙份额，成为有限合伙人。同日，徐某和宋某达成合伙协议，约定：徐某作为执行事务合伙人应当定期向其他合伙人报告事务执行情况以及合伙企业的经营和财务状况。之后，徐某从未向宋某报告智达咨询中心的经营和财务状况。宋某向法院提起诉讼，请求判令：允许宋某查阅和复印2019年10月20日至2021年5月30日期间智达咨询中心财务资料，具体包括会计凭证、会计账簿、会计报表。

[材料] 宋某的诉求能得到法院支持吗？

四、合伙企业解散、清算

（一）合伙企业解散的原因

合伙企业有下列情形之一的，应当解散：①合伙协议约定的经营期限届满，合伙人不愿继续经营的；②合伙协议约定的解散事由出现；③全体合伙人决定解散；④合伙人已不具备法定人数满三十天；⑤合伙协议约定的合伙目的已经实现或者无法实现；⑥被依法吊销营业执照、责令关闭或者被撤销；⑦出现法律、行政法规规定的合伙企业解散的其他原因。

（二）合伙企业的清算

1. 确定清算人

合伙企业解散，应当由清算人进行清算。清算人由全体合伙人担任；经全体合伙人过半数同意，可以自合伙企业解散事由出现后十五日内指定一个或者数个合伙人，或者委托第三人，担任清算人。

自合伙企业解散事由出现之日起十五日内未确定清算人的，合伙人或者其他利害关系人可以申请人民法院指定清算人。

清算人在清算期间执行下列事务：①清理合伙企业财产，分别编制资产负债表和财产清单；②处理与清算有关的合伙企业未了结事务；③清缴所欠税款；④清理债权、债务；⑤处理合伙企业清偿债务后的剩余财产；⑥代表合伙企业参加诉讼或者仲裁活动。

2. 通知和公告

清算人自被确定之日起十日内将合伙企业解散事项通知债权人，并于六十日内在报纸上公告。

债权人应当自接到通知书之日起三十日内，未接到通知书的自公告之日起四十五日内，向清算人申报债权。债权人申报债权，应当说明债权的有关事项，并提供证明材料。清算人应当对债权进行登记。

清算结束，清算人应当编制清算报告，经全体合伙人签名、盖章后，在十五日内向企业登记机关报送清算报告，申请办理合伙企业注销登记。

清算期间，合伙企业存续，但不得开展与清算无关的经营活动。

3. 清偿和分配

合伙企业财产在支付清算费用和职工工资、社会保险费用、法定补偿金以及缴纳所欠税款、清偿债务后的剩余财产，依照《合伙企业法》第三十三条第一款的规定进行分配。

合伙企业注销后，原普通合伙人对合伙企业存续期间的债务仍应承担无限连带责任。

4. 合伙企业的破产

合伙企业不能清偿到期债务的，债权人可以依法向人民法院提出破产清算申请，也可以要求普通合伙人清偿。合伙企业依法被宣告破产的，普通合伙人对合伙企业债务仍应承担无限连带责任。

【案例解读】

[案情概述] 原告谭理与被告覃家文系远房亲戚。双方经协商于2004年11月18日签订了一份《合伙协议》，约定：双方共同出资修建环江县下南乡仪凤村三阳水电站，经营水电能源开发，合伙期限不限。2005年9月1日，环江毛南族自治县工商行政管理局核准颁发了《合伙企业营业执照》，执行合伙企业事务的合伙人为被告覃家文。

2005年10月24日，原、被告双方对合伙投资款项进行了确认，其中原告谭理投资总额为118 013.19元，被告覃家文投资总额为127 483.61元。2006年12月11日，被告覃家文与环江安源电力开发有限责任公司签订《转让仪凤村三阳水电站设备协议书》，转让得款共计人民币19万元。2008年1月3日，被告经原告之父谭中东的农行账户支付给原告5万元。同年7月30日，原告以被告擅自转让水电站且仅支付给其5万元，造成其经济损失为由向法院提起诉讼，要求被告一次性赔偿经济损失68 013.19元。

[处理结果] 广西河池市金城江区人民法院一审驳回了原告的诉讼请求。

[解读意见] 原、被告在平等自愿的基础上签订的《合伙协议》，是双方的真实意思表示，且内容亦未违反法律和行政法规的强制性规定，为有效合同。在合伙经营过程中，被告作为执行合伙企业事务的合伙人与他人签订水电站转让协议，现原告主张被告擅自转让水电站，但未能提供相关的充分证据；且因原、被告投资修建的水电站已经转让，

双方约定经营水电能源开发的目的已无法实现,根据《中华人民共和国合伙企业法》第八十五条、第八十六条的规定,该企业应当解散并进行清算,现原告在合伙企业尚未依法解散并进行清算的情况下即要求被告赔偿损失,其诉讼请求理由不充分。

(案件来源:中国法院网)

【讨论提示1】

对于合伙企业的产品,李某无权私自赠与他人。

根据《合伙企业法》第二十条、第二十一条,合伙人的出资、以合伙企业名义取得的收益和依法取得的其他财产,均为合伙企业的财产。合伙人在合伙企业清算前,不得私自转移或者处分合伙企业的财产。

【讨论提示2】

1. ①合伙人可以在合伙协议中约定出资期限。②合伙企业可以选择委托一名合伙人执行合伙企业事务,该约定有效。但合伙协议不得约定将全部利润分配给部分合伙人或者由部分合伙人承担全部亏损。因此,亏损由乙一人承担的约定不符合法律规定。③普通合伙企业的责任形式是所有合伙人均对企业债务承担无限连带清偿责任。乙负无限责任,甲和丙以出资额负有限责任的规定不符合法律规定。

2. 赵某的请求不合法。合伙企业中某一合伙人个人的债权人不得以其债权抵销其对合伙企业的债务。

【讨论提示3】

新合伙人入伙,除合伙协议另有约定外,应当经全体合伙人一致同意,并依法订立书面入伙协议。马某将份额转让给他人,属于增加新合伙人。王某对新入伙人并不同意,马某的行为破坏了王某与其之间相互信任的合伙基础,故王某要求退出合伙应得到支持,且无须承担任何责任。

【讨论提示4】

智达咨询中心应当在其经营场所内提供自2019年12月10日至2021年5月30日的会计账簿、会计凭证、会计报表给宋某查阅。但是,合伙人的知情权仅限于查阅,而无复制权。

宋某在2019年12月10日之前尚不是合伙人,宋某主张查阅2019年12月10日之前的财务资料没有法律或合同依据。

根据《合伙企业法》第二十八条,合伙人为了解合伙企业的经营状况和财务状况,有权查阅合伙企业会计账簿等财务资料。

【能力测试】

1. 合伙人死亡或者被依法宣告死亡的,对该合伙人在合伙企业中的财产份额享有合法继承权的继承人，依照合伙协议的约定或者经全体合伙人同意，从（   ），即取得该合伙企业的合伙人资格。

A. 全体合伙人同意之日起

B. 合伙企业协议作出明确规定之日起

C. 继承开始之日起

D. 法院依法裁定之日起

2. 根据《合伙企业法》的有关规定，普通合伙企业存续期间，下列行为中，必须经全体合伙人一致同意的有（   ）。

A. 合伙企业存续期间，合伙人向合伙人以外的人转让其在合伙企业中的全部或部分财产份额

B. 合伙人之间转让在合伙企业中的全部或者部分财产份额

C. 处分合伙企业的动产

D. 合伙人以自己名义为他人提供担保

3. 下列关于合伙企业经营积累的财产性质的说法，正确的是（   ）。

A. 为各合伙人个人所有

B. 为全体合伙人共同共有

C. 为全体合伙人按份共有

D. 可以是以上任何一种，由合伙人自行约定

4. 甲、乙、丙成立一合伙企业。其合伙合同中约定："合伙企业的事务由甲全权负责，乙、丙不得过问亦不承担企业亏损的民事责任。"对该约定的效力认定正确的是（   ）。

A. 该约定全部有效

B. 该约定全部无效

C. 事务执行约定无效，责任承担约定有效

D. 事务执行约定有效，责任承担约定无效

5. 甲将其在某普通合伙企业中的财产份额转让与合伙人之外的乙，双方签订转让协议。后甲的债权人丙请求对该财产份额强制执行。以下判断中，正确的是（   ）。

A. 如果转让协议已经取得其他合伙人的一致同意，则丙无权请求强制执行

B. 如果转让协议尚未取得其他合伙人的一致同意，丙只有在其他合伙人表示不同意的情况下，才有权请求强制执行

C. 无论转让协议是否取得其他合伙人的一致同意，丙都无权请求强制执行

D. 无论转让协议是否取得其他合伙人的一致同意，丙都有权请求强制执行

6. 某合伙企业的合伙人共同委托合伙人甲执行合伙企业事务，但对甲执行合伙事务的权利作了一定的限制。在经营过程中，甲超越权限与光明公司签订了一份合同，光明公司并不知道甲超越了权限，对签约行为的效力如何认定？下述表达正确的是（   ）。

A. 该行为对合伙企业及全体合伙人有效，其产生的民事责任由全体合伙人承担

B. 该行为对合伙企业及全体合伙人不生效，其产生的民事责任由甲承担

C. 该行为属于可撤销的民事行为，全体合伙人可申请人民法院予以变更或撤销

D. 该行为属于效力待定的民事行为，经全体合伙人追认，可产生效力

7. 新合伙人入伙时，除合伙协议另有约定外，应当经（　　）同意并依法订立书面入伙协议。

A. 半数以上合伙人

B. 全体合伙人

C. 2/3以上多数合伙人

D. 合伙事务执行人

8. 甲是某有限合伙企业的有限合伙人，持有该企业15%的份额。在合伙协议无特别约定的情况下，甲在合伙期间未经其他合伙人同意实施了下列行为，其中哪一项违反《合伙企业法》规定？（　　）

A. 将自购的机器设备出租给合伙企业使用

B. 以合伙企业的名义购买汽车一辆归合伙企业使用

C. 以自己在合伙企业中的财产份额向银行提供质押担保

D. 提前一个月通知其他合伙人将其部分合伙份额转让给合伙人以外的人

9. 普通合伙企业的合伙人张某因车祸遇难，生前遗嘱指定16岁的儿子张军为其全部财产继承人。下列哪项是错误的？（　　）

A. 张军有权继承其父在合伙企业中的财产份额

B. 如其他合伙人均同意，张军可以取得有限合伙人资格

C. 如合伙协议约定合伙人必须是完全民事行为能力人，则张军不能成为合伙人

D. 应当待张军成年后由其本人作出其是否愿意成为合伙人的意思表示

10. 甲、乙、丙、丁成立一普通合伙企业，一年后甲转为有限合伙人。此前，合伙企业欠银行债务30万元，该债务直至合伙企业因严重资不抵债被宣告破产仍未偿还。对该30万元银行债务的偿还，下列哪项是正确的？（　　）

A. 乙、丙、丁应按合伙份额对该笔债务承担清偿责任，甲无须承担责任

B. 各合伙人均应对该债务承担无限连带责任

C. 乙、丙、丁对该笔债务承担无限连带责任，甲无须承担责任

D. 合伙企业已宣告破产，债务归于消灭，各合伙人无须偿还债务

正确答案：1.C　2.A　3.B　4.D　5.A　6.A　7.B　8.B　9.D　10.B

【任务简析】

1. 由于孙某已把讼争小食店所租用的房屋交还给房主，该讼争小食店已正式关闭，李某对此并未提出异议，李某只是要求分配合伙企业财产，所以双方的合伙企业已经解散。

2. 李某的诉讼请求不会得到法院支持。《合伙企业法》第二十一条规定："合伙人在合伙企业清算前，不得请求分割合伙企业的财产；但是，本法另有规定的除外。"本案李某应与孙某先进行合伙企业清算，如经清算以后，合伙企业尚有财产被孙某占有不分配的话，李某可以提出诉讼。如果孙某拒绝与之清算，李某可申请人民法院指定清算人对合伙企业进行清算。

工作任务4　认识公司

【学习目标】

探究知识：公司的特征、公司基本制度概况，母公司与子公司、总公司与分公司、人合公司与资合公司、有限责任公司与股份有限公司的区别。

获取能力：理解有限责任的含义，能够在个人独资企业、合伙企业、公司之间选择适合投资者的企业类型。

【导入任务】

小陈只有2万元人民币，想成立一家企业，可以选择哪些企业类型？

【法律快递】

《中华人民共和国公司法》：1993年12月29日第八届全国人民代表大会常务委员会第五次会议通过，1994年7月1日起施行，于1999年、2004年、2005年、2013年与2018年历经五次修订。

最近的一次修订是2023年12月29日第十四届全国人民代表大会常务委员会第七次会议通过的，自2024年7月1日起施行。

《中华人民共和国公司法》是支撑与完善我国社会主义市场经济体制的基础性制度，是有中国特色的民商法律体系的核心组成部分，颁布以来对我国现代企业制度的建立和营商环境的改善发挥了重大作用。

一、《公司法》的适用范围

我国《公司法》的适用范围是依法在中国境内设立的有限责任公司和股份有限公司；外商投资的有限责任公司和股份有限公司也适用《公司法》，有关外商投资的法律另有规定的，适用其规定。

二、公司的基本特征和类型

（一）公司的特征

公司是依法设立的具有独立的法人财产，享有法人财产权，并以其全部财产对公司的债务承担责任的企业法人。

公司的基本特征是：

（1）公司具有法人资格。公司有独立的法人财产，使公司财产与公司成员的个人财产区别开来，从而使公司能够以自己的名义独立地从事民事活动，享有民事权利和履行民事义务。

（2）公司独立承担民事责任，公司以其全部财产对公司的债务承担有限责任。

（3）公司以营利为目的，追求利润最大化是公司经营管理的出发点。由于公司逐步成为现代社会中占主导地位的商事主体，公司的行为不仅关系其自身及利害关系人的利益，也对市场经济秩序和社会公共利益发挥着重要的影响。因此，《公司法》明确了公司在从事经营活动追逐利润的同时，要承担社会责任。

（4）股东对公司债务负有限责任。有限责任公司的股东以其认缴的出资额为限对公司承担责任；股份有限公司的股东以其认购的股份为限对公司承担责任。

《公司法》确立的公司法人地位和股东有限责任制度，是市场经济的基石。

【案例解读】

[案情概述]被告阎某是原告佛山某减速机有限公司的大股东，但被告不在原告公司担任任何职务。因原告公司属转制企业，遗留问题颇多，引起股东间纠纷。2007年1月，被告纠集社会闲杂人员十多人到原告公司闹事，强行拿走了公司的公章及财务专用章。当日，被告于原告公司大门口张贴有其亲笔签名的通知，凡公司一切事情须经被告同意，需要盖章的直接找被告。同年3月，被告再次纠集社会闲杂人员到原告公司抢走了公司总经理用车的车钥匙一套。原告经请示政府相关部门协调无果后，起诉至法院。

[处理结果]本案经佛山市两级法院审理，认定被告的行为构成对原告公司的侵权；被告应返还拿走的公章及财务专用章，并赔偿原告经济损失（包括原告重新刻章的费用、公告费用、汽车换锁费用等）。

[解读意见]股东一旦把自己的财产投入公司，所投入的资产就与股东发生分离，形成公司的财产，公司就享有股东投资形成的全部法人财产权，股东丧失财产权，取得的是对公司的股权。

（案例来源：华律网）

（二）公司的类型

1. 有限责任公司和股份有限公司

《公司法》第二条明确规定："本法所称公司是指依照本法在中国境内设立的有限责

任公司和股份有限公司。"

有限责任公司，也称有限公司，是指由50个以下股东共同出资设立，股东以出资额为限对公司承担责任，公司以其全部资产对其债务承担责任的公司。

除一般有限责任公司外，我国还有两种特殊形式的有限责任公司，即一人有限责任公司和国有独资公司。国有独资公司，是指国家单独出资、由国务院或者地方人民政府授权本级人民政府国有资产监督管理机构履行出资人职责的有限责任公司。

股份有限公司是指将全部资本划分为等额股份，股东以其认购的股份为限对公司承担责任，公司以全部财产对公司债务承担责任的法人。

进一步而言，有限责任公司相对封闭，即有限责任公司的股份不公开发行；股份转让受到一定的限制；股东人数受到一定限制，因而公司成员相对稳定。而股份有限公司具有开放性，发行股票，实行股份等额化，并允许股份自由转让；公司信用基础主要是资本，对股东人数、股东身份没有限制，因而能够广集资金，扩大规模。

2. 本公司与分公司

本公司在实践中常常被称为总公司。本公司是独立的法人。分公司是本公司管辖之下的分支机构，不具有法人资格。分公司没有独立的财产，分公司经营所得归属于本公司。分公司可以在本公司授权范围内以自己的名义进行业务活动，也可以代表本公司进行诉讼，但其民事责任由本公司承担。公司可以设立分公司。设立分公司，应当向公司登记机关申请登记，领取营业执照。

3. 母公司与子公司

当一个公司通过持有其他公司的相对多数股份或者通过协议的方式，能够对其进行实际上控制时，前者为母公司，后者为子公司。子公司具有法人资格，依法独立承担民事责任。

4. 本国公司与外国公司

本国公司，是指依照中国法律在中国境内登记成立的公司。

外国公司，是指依照外国法律在中国境外登记成立的公司。外国公司在中华人民共和国境内设立分支机构，应当向中国主管机关提出申请，并提交其公司章程、所属国的公司登记证书等有关文件，经批准后，向公司登记机关依法办理登记，领取营业执照。

5. 人合公司、资合公司、人合兼资合公司

人合公司是指公司的设立和经营活动是以股东个人的信用为基础的公司。资合公司是指公司的设立和经营活动是以资本为基础的公司。上市公司是典型的资合公司。有限责任公司体现更多的人合性，股份有限公司体现更多的资合性。人合兼资合公司指信用基础兼具股东个人信用及公司资本和资产信用的公司，公司既有人合性质又有资合性质。

6. 国家出资公司

国家出资公司是指国家出资的国有独资公司、国有资本控股公司，包括国家出资的有限责任公司、股份有限公司。

【课堂讨论】

[材料] 2018年，李某、王某与孙某三人各出资50万元成立永利电器有限公司。至

2021年,因经营不善,永利公司宣告破产。经清算,公司剩余资产价值3万元,而拖欠外部债务总计已达98.2万元。债权人向法院请求判令李某等三人承担剩余债务。

[问题]法院会支持原告的诉求吗?

三、公司的名称、住所和法定代表人

(一)公司的名称

1. 预先核准公司名称

设立公司应当申请名称预先核准。法律、行政法规规定设立公司必须报经批准,或者公司经营范围中属于法律、行政法规规定在登记前须经批准的项目的,应当在报送批准前办理公司名称预先核准,并以公司登记机关核准的公司名称报送批准。

设立有限责任公司,应当由全体股东指定的代表或者共同委托的代理人向公司登记机关申请名称预先核准;设立股份有限公司,应当由全体发起人指定的代表或者共同委托的代理人向公司登记机关申请名称预先核准。预先核准的公司名称保留期为6个月。预先核准的公司名称在保留期内,不得用于从事经营活动,不得转让。

2. 公司名称的组成

公司名称由行政区划名称、字号、行业或者经营特点、组织形式组成。跨省、自治区、直辖市经营的公司,其名称可以不含行政区划名称;跨行业综合经营的公司,其名称可以不含行业或者经营特点。

有限责任公司,必须在公司名称中标明"有限责任公司"或者"有限公司"字样。股份有限公司,必须在公司名称中标明"股份有限公司"或者"股份公司"字样。

(二)公司的住所

公司以其主要办事机构所在地为住所。公司的住所以公司的登记为依据。

公司的住所的法律效用主要有:据以确定公司的诉讼管辖地;公司的诉讼文书等法律文书的送达地;在一定情况下确定合同履行地。

(三)公司法定代表人

公司的法定代表人按照公司章程的规定,由代表公司执行公司事务的董事或者经理担任。

担任法定代表人的董事或者经理辞任的,视为同时辞去法定代表人。

法定代表人辞任的,公司应当在法定代表人辞任之日起三十日内确定新的法定代表人。

公司变更法定代表人的,变更登记申请书由变更后的法定代表人签署。

法定代表人以公司名义从事的民事活动,其法律后果由公司承受。

公司章程或者股东会对法定代表人职权的限制,不得对抗善意相对人。

法定代表人因执行职务造成他人损害的,由公司承担民事责任。公司承担民事责任后,依照法律或者公司章程的规定,可以向有过错的法定代表人追偿。

四、公司章程

公司章程是依法制定的关于公司组织和行为的自治规范。

（一）公司章程的基本特征

（1）法定性。所谓法定性是指公司章程的制定、内容、效力和修改均由《公司法》明确规定。公司章程的法定性，反映了国家对于公司治理行为的干预。

（2）自治性。自治性主要表现在：不同公司则章程不同。每个公司都可以在《公司法》允许的范围内，针对本公司的成立目的、所处行业、股东构成、资本规模、股权结构等不同情况来制定本公司的章程。公司章程的自治性，强调了公司章程的对内效力。

（3）公开性。公司章程须经登记本身就是公开性的一种表现。公开性主要对股份有限公司而言。公司章程的内容不仅要对投资人公开，还要对包括债权人在内的一般社会公众公开。公司章程也是公司公开发行股票或者公司债券时必须披露的文件之一。另外，股东在公司日常经营过程中有权查阅公司章程，公司也应该将章程置备于公司。

（二）公司章程的效力

（1）公司章程对公司、股东、董事、监事、高级管理人员具有约束力。
（2）公司章程是公司进行经营、议事等活动的基本依据。

五、公司财务会计

（一）建立财务会计制度

公司应当依照法律、行政法规和国务院财政部门的规定建立本公司的财务会计制度。
公司应当在每一会计年度终了时编制财务会计报告，并依法经会计师事务所审计。
财务会计报告应当依照法律、行政法规和国务院财政部门的规定制作。
有限责任公司应当依照公司章程规定的期限将财务会计报告送交各股东。股份有限公司的财务会计报告应当在召开股东大会年会的二十日前置备于本公司，供股东查阅；公开发行股票的股份有限公司必须公告其财务会计报告。
公司聘用、解聘承办公司审计业务的会计师事务所，依照公司章程的规定，由股东会、董事会或者监事会决定。
公司股东会、董事会或者监事会就解聘会计师事务所进行表决时，应当允许会计师事务所陈述意见。
公司应当向聘用的会计师事务所提供真实、完整的会计凭证、会计账簿、财务会计报告及其他会计资料，不得拒绝、隐匿、谎报。
公司除法定的会计账簿外，不得另立会计账簿。
对于公司资产，不得以任何个人名义开立账户存储。

（二）公司的收益分配制度

1. 公司的收益分配顺序

（1）公司提取公积金。

公司分配当年税后利润时，应当提取利润的百分之十列入公司法定公积金。公司法定公积金累计额为公司注册资本的百分之五十以上的，可以不再提取。

公司的法定公积金不足以弥补以前年度亏损的，在依照上述规定提取法定公积金之前，应当先用当年利润弥补亏损。

公司从税后利润中提取法定公积金后，经股东会决议，还可以从税后利润中提取任意公积金。

（2）股东分配利润。

公司弥补亏损和提取公积金后所余税后利润，有限责任公司依照股东实缴的出资比例或者全体股东的约定分配；股份有限公司按照股东持有的股份比例分配，但股份有限公司章程规定不按持股比例分配的除外。

公司违反公司法规定向股东分配利润的，股东应当将违反规定分配的利润退还公司；给公司造成损失的，股东及负有责任的董事、监事、高级管理人员应当承担赔偿责任。公司持有的本公司股份不得分配利润。

2. 公积金的用途

公司的公积金用于弥补公司的亏损、扩大公司生产经营或者转为增加公司注册资本。法定公积金转为增加注册资本时，所留存的该项公积金不得少于转增前公司注册资本的百分之二十五。

公司以超过股票票面金额的发行价格发行股份所得的溢价款、发行无面额股所得股款未计入注册资本的金额以及国务院财政部门规定列入资本公积金的其他项目，应当列为公司资本公积金。

3. 可以减少注册资本弥补亏损

公积金弥补公司亏损，应当先使用任意公积金和法定公积金；仍不能弥补的，可以按照规定使用资本公积金。

公司依照规定弥补亏损后，仍有亏损的，可以减少注册资本弥补亏损。减少注册资本弥补亏损的，公司不得向股东分配，也不得免除股东缴纳出资或者股款的义务。应当自股东会作出减少注册资本决议之日起三十日内在报纸上或者国家企业信用信息公示系统公告。

公司减少注册资本后，在法定公积金和任意公积金累计额达到公司注册资本百分之五十前，不得分配利润。

六、公司应当维护职工的合法权益

（一）公司应当遵守劳动法、工会法等有关规定

公司应当与职工签订劳动合同，参加社会保险，加强劳动保护，实现安全生产。公

司应当采用多种形式,加强公司职工的职业教育和岗位培训,提高职工素质。

公司为本公司工会提供必要的活动条件。公司工会代表职工就职工的劳动报酬、工作时间、福利、保险和劳动安全卫生等事项依法与公司签订集体合同。

在公司中,根据中国共产党章程的规定,设立中国共产党的组织,开展党的活动。公司应当为党组织的活动提供必要条件。

(二)公司实行职工民主管理

1. 职工代表大会是公司实行职工民主管理的重要形式

公司依照宪法和有关法律的规定,通过职工代表大会或者其他形式,实行民主管理。

公司研究决定改制以及经营方面的重大问题、制定重要的规章制度时,应当听取公司工会的意见,并通过职工代表大会或者其他形式听取职工的意见和建议。

2. 职工代表加入公司董事会或者监事会

有限责任公司董事会成员为三人以上的,其成员中可以有公司职工代表。职工人数三百人以上的有限责任公司,除依法设监事会并有公司职工代表的外,其董事会成员中应当有公司职工代表。

董事会成员中的职工代表可以成为审计委员会成员。

公司设监事会,监事会成员为三人以上的,监事会成员应当包括股东代表和适当比例的公司职工代表,其中职工代表的比例不得低于三分之一,具体比例由公司章程规定。

职工代表由公司职工通过职工代表大会、职工大会或者其他形式民主选举产生。

国有独资公司的董事会成员中,应当过半数为外部董事,并应当有公司职工代表。董事会成员由履行出资人职责的机构委派;但是,董事会成员中的职工代表由公司职工代表大会选举产生。

【讨论提示】

股东以出资额为限对公司承担责任,公司以其全部资产对其债务承担责任。

【能力测试】

1. 依照我国《公司法》的规定,某股份有限公司在发行股票时以超过股票票面金额的发行价格发行,则该股票发行所得的溢价款,应当列为公司财产的哪一部分?(   )

A. 利润

B. 资本公积金

C. 盈余公积金

D. 法定公益金

2. 依照我国《公司法》,公司的住所应当是(   )。

A. 总公司所在地

B. 主要股东住所地

C. 主要办事机构所在地

D. 公司设立发起地

3. 下列关于分公司和子公司的说法中，正确的选项是（　　）。

A. 设立分公司，应当向公司登记机关申请登记，领取营业执照

B. 子公司只能在母公司的经营范围内进行经营活动

C. 分公司有独立的财产

D. 子公司的行为后果由母公司承担

4. 甲、乙、丙、丁拟共同组建一个有限责任公司，以商品批发为主。甲、乙、丙、丁分别为未来的公司取一个名称，其中可以采用的是？（　　）

A. 南京大地商贸公司

B. 南京888商品贸易有限责任公司

C. 中国南京商品贸易国际发展有限责任公司

D. 南京汇通商品贸易有限责任公司

5. 某公司注册资本为500万元，该公司年终召开董事会研究公司财务问题。在该董事会的决议内容中，下列哪一项是不合法的？（　　）

A. 鉴于公司历年的法定公积金已达300万元，决定本年度不再提取法定公积金

B. 鉴于公司连年盈利，决定本年度税后利润依公司章程全部由股东按持股比例分配

C. 为扩大生产，将该公司历年的法定公积金全部用于转增股本

D. 公司合法转增部分的股本由各股东按原持股比例无偿取得

6. 下列关于公司分类的哪一表述是错误的？（　　）

A. 一人公司是典型的人合公司

B. 上市公司是典型的资合公司

C. 非上市股份公司是资合为主兼具人合性质的公司

D. 有限责任公司是以人合为主兼具资合性质的公司

7. 法人制度中的有限责任，是指下列哪一项而言的？（　　）

A. 法人对其所负债务承担有限责任

B. 法人的工作人员对法人债务承担有限责任

C. 法人的出资人以出资为限对法人债务承担清偿责任

D. 法定代表人对法人债务承担有限责任

8. 以下说法错误的是（　　）。

A. 董事会中的职工代表由董事长指定

B. 董事会中的职工代表由公司职工民主选举产生

C. 股份有限公司的董事会成员中可以有公司职工代表

D. 国有独资公司的董事会成员中应当有公司职工代表

9. 关于公司名称、章程、住所、经营范围等的陈述，以下说法正确的是（　　）。

A. 有限责任公司必须在公司名称中标明"有限责任公司"的字样，股份有限公司必须在公司名称中标明"股份有限公司"的字样

B. 公司章程对公司所有员工都具有约束力

C.甲公司在A市登记设立，但其主要办事机构所在地是B市，则甲公司的住所地在B市

D.某公司章程规定该公司经销塑胶产品，但该公司向一家网络公司销售木制板材，则该公司与网络公司的销售合同无效

10.李某与合伙企业"大发采石场"各出资30万元组建了一家大发贸易有限责任公司，经营建筑材料，聘请营销专家王某担任经理。这里谁负"有限责任"？（　　）

A."大发采石场"对合伙企业债务

B.大发贸易有限公司对公司所负债务

C.李某和"大发采石场"对大发贸易有限公司债务

D.王某对大发贸易有限公司债务

正确答案：1.B　2.C　3.A　4.D　5.C　6.A　7.C　8.A　9.C　10.C

【任务简析】

1.可选择的企业类型：成立个人独资企业；和他人成立合伙企业；和他人共同出资成立一般有限责任公司；成立一人公司。

2.选择企业类型应当考虑的因素：不同类型的企业中投资人对企业债务承担的责任、企业的经营方式、资金情况等。

工作项目三　设立公司

工作任务5　制定公司章程

> 【学习目标】
>
> **探究知识**：公司章程的内容、公司章程的制定与修改程序。
> **获取能力**：能够审查公司章程是否合法，能够拟定公司章程，为公司治理奠定基础。
>
> 【导入任务】
>
> 南京盛华财务顾问有限公司对公司章程进行了修订，修订后的公司章程有以下内容。股东身份必须首先是员工身份；股东有下列行为之一时，必须全部转让其在公司的股份，由股东会强制取消其股东身份：①利用职权收受贿赂或者其他非法收入者；②私自动用公司资金或者将公司资金借贷给他人或者用本公司资产为个人债务提供担保者；③违反公司同业禁止约定者；④受公司除名处分者。
>
> 请审查这份公司章程，评析上述内容是否合法有效。
>
> 【法律快递】
>
> 中国证券监督管理委员会制订的《关于修改〈上市公司章程指引〉的决定》，自2023年12月15日公布之日起施行。

一、公司章程的内容

拟定公司章程的内容，首先要遵循合法性原则。这就要求：一是应当记载的事项不要遗漏；二是法律规定的强制性条款不要突破；三是依法对公司章程进行个性化设计，为公司自治预留适当的空间。

(一)公司章程应当载明的事项

(1)有限责任公司章程应当载明的事项:公司名称和住所;公司经营范围;公司注册资本;股东的姓名和名称;股东的出资方式、出资额和出资时间;公司的机构产生办法、职权、议事规则;公司法定代表人的产生、变更办法;股东会认为需要规定的其他事项。

股东应当在公司章程上签名或者盖章。

(2)股份有限公司章程应当载明下列事项:公司名称和住所;公司经营范围;公司设立方式;公司注册资本、已发行的股份数和设立时发行的股份数,面额股的每股金额;发行类别股的,每一类别股的股份数及其权利和义务;发起人的姓名或者名称、认购的股份数、出资方式;董事会的组成、职权和议事规则;公司法定代表人的产生、变更办法;监事会的组成、职权和议事规则;公司利润分配方法;公司的解散事由与清算办法;公司的通知和公告办法;股东会认为需要规定的其他事项。

上市公司的公司章程除载明上述事项外,还应当依照法律、行政法规的规定载明董事会专门委员会的组成、职权以及董事、监事、高级管理人员薪酬考核机制等事项。

发行类别股的股份有限公司,应当在公司章程中载明以下事项:类别股分配利润或者剩余财产的顺序;类别股的表决权数;类别股的转让限制;保护中小股东权益的措施。

(二)《公司法》不作具体规定由公司章程规定的内容

(1)公司的经营范围由公司章程规定。公司的经营范围用语应当参照国民经济行业分类标准。公司的经营范围中属于法律、行政法规规定须经批准的项目,应当依法经过批准。

(2)公司法定代表人依照公司章程的规定,由代表公司执行公司事务的董事或者经理担任。

(3)公司向其他企业投资或者为他人提供担保,依照公司章程的规定,由董事会或者股东会决议;公司章程对投资或者担保的总额及单项投资或者担保的数额有限额规定的,不得超过规定的限额。

(4)公司章程规定股东会定期会议的召开时间。

(5)董事会设董事长一人,可以设副董事长。董事长、副董事长的产生办法由公司章程规定。董事任期由公司章程规定,但每届任期不得超过三年。

(6)公司章程规定营业期限或者公司自行解散事由。

(7)公司设监事会、监事会成员为三人以上的,监事会成员应当包括股东代表和适当比例的公司职工代表,其中职工代表的比例不得低于三分之一,具体比例由公司章程规定。

(8)公司聘用、解聘承办公司审计业务的会计师事务所,按照公司章程的规定,由股东会、董事会或者监事会决定。

(9)财务会计报告送交各股东的期限由有限责任公司公司章程规定。

(三) 允许公司章程的规定作为《公司法》规定事项的补充

（1）有关股东会、董事会、监事会或监事的职权，有关股东会、董事会、监事会的议事方式、表决程序，《公司法》在作出规定之后，分别用"公司章程规定的其他职权""除本法有规定的外，由公司章程规定"做兜底。

（2）有关在两个月内召开临时股东会，除了《公司法》列举的情形外，还可以有"公司章程规定的其他情形"。

（3）除公司的经理、副经理、财务负责人，上市公司董事会秘书外，公司章程还可以规定公司的其他人员是高级管理人员。

(四) 允许公司章程另行规定的内容

（1）《公司法》第六十四条规定，"召开股东会会议，应当于会议召开十五日前通知全体股东；但是，公司章程另有规定或者全体股东另有约定的除外"。

（2）《公司法》第六十五条规定，"股东会会议由股东按照出资比例行使表决权；但是，公司章程另有规定的除外"。

（3）《公司法》第九十条规定，"自然人股东死亡后，其合法继承人可以继承股东资格；但是，公司章程另有规定的除外"。

（4）《公司法》第二百二十四条规定，"公司减少注册资本，应当按照股东出资或者持有股份的比例相应减少出资额或者股份，法律另有规定、有限责任公司全体股东另有约定或者股份有限公司章程另有规定的除外"。

（5）《公司法》第八十四条、第一百五十七条分别规定，"公司章程对股权转让另有规定的，从其规定"，"股份有限公司的股东持有的股份可以向其他股东转让，也可以向股东以外的人转让；公司章程对股份转让有限制的，其转让按照公司章程的规定进行"。

（6）公司股东会、董事会、监事会召开会议和表决可以采用电子通信方式，公司章程另有规定的除外。

（7）公司章程可以对公司董事、监事、高级管理人员转让其所持有的本公司股份作出公司法规定以外的其他限制性规定。

【课堂讨论1】

[材料] 三个企业准备投资组建一新的有限责任公司。经协商，它们共同制定了公司章程。章程中有如下条款：①甲、乙、丙分别按30%、40%、30%的比例出资；②公司获得利润时，除依法提取各项基金外，甲、乙、丙分别按40%、30%、30%的比例进行利润分配；③公司经理作为法定代表人，负责日常经营管理工作；④公司存续期间，出资各方均可自由抽回投资；等等。

[问题] 上述章程中的条款是否符合《公司法》？

二、公司章程的制定

（一）公司章程的制定程序

1. 有限责任公司的公司章程制定

公司章程必须反映全体发起人的意志，经全体发起人一致同意，由全体发起人在公司章程上签名盖章。

一人有限公司的章程制定与一般有限责任公司的章程制定并没有本质上的区别，即章程反映股东的意志，并由股东签名盖章。

国有独资公司章程由国有资产监督管理机构制定，或者由董事会制订报国有资产监督管理机构批准。

2. 股份有限公司的公司章程制定

采取发起方式设立的股份公司章程必须反映全体发起人的意志，由全体发起人签名盖章；采用募集方式设立的股份公司章程经发起人制订后，必须经出席成立大会的认股人所持表决权过半数通过。

（二）公司章程的修改程序

（1）股东会对章程修改条款进行表决。有限责任公司修改公司章程，须经代表三分之二以上表决权的股东通过；股份有限公司修改公司章程，须经出席股东会的股东所持表决权的三分之二以上通过。

（2）公司章程的修改涉及需要审批的事项时，报政府主管机关批准。如股份有限公司为增加注册资本而发行新股时，必须向国务院授权的部门或者省级人民政府申请批准；属于向社会公开募集的，须经国务院证券管理部门批准。

（3）章程的修改涉及需要登记事项的，报公司登记机关核准办理变更登记；未涉及登记事项的，送公司登记机关备案。

（4）公司章程的修改涉及需要公告事项的，应依法进行公告。如公司发行股份募足股款后，应予公告。

【课堂讨论2】

[材料] 王某出资20万元，占注册资本的1%，系某公司原始股东。该公司于2021年3月召开股东会修改公司章程，经代表三分之二以上表决权的股东通过："公司注册资本中的权益可以而且只能转让给公司现有股东。除现有股东外，任何人不得受让公司股权。无论股东自愿出让还是被强制地出让其股权的，受让人均只能是现有股东。股东要求转让股权但无任何现有股东愿意受让股权的，由公司回购，回购价格按回购日上一年度经审计机构审计确定的公司净资产计算。"王某参加了该次股东会会议，但拒绝在股东会决议及章程修改案上签字。2021年4月，王某向法院提起诉讼，要求确认股东会决议及章程修改案无效。

[问题] 公司章程对股权转让作出的规定是否有效？

（三）根据实际需要制定公司章程

公司章程要根据股东的持股比例及公司所处的行业特点、业务开展等情况而定。公司章程的内容不能简单照搬《公司法》的规定；一个公司也不可以完全照用其他公司的章程。否则，公司章程就不能发挥其应有的作用。例如，《公司法》第六十六条第三款规定："股东会会议作出修改公司章程、增加或减少注册资本的决议，以及公司合并、分立、解散或者变更公司形式的决议，必须经代表三分之二以上表决权的股东通过。"当某公司股东仅两名，且持股分别为52%、48%时，如果公司章程套用该条款就没什么意义。因为其实质上已变成了要求股东会一致同意决议通过。另外，在一个要求快速决策的行业内，公司的管理职权应当更多地授予公司经理等；而在一个需要谨慎行事的行业内，公司的管理职权则应更多地集中于股东会。在公司运行主要是依赖人力资源的情况下，股东的表决权与分红权应更多体现人的作用；在公司运行主要是依赖资金、设备的情况下，股东的表决权与分红权应更多体现资本的作用。诸如此类的情况，公司章程要有所体现，才能达到公司自治的目的。

【案例解读】

[案情概述] 被告福建某混凝土有限责任公司股东巫某某、阮某某、金某某等人，召开临时股东会议，会议议题为讨论公司组织结构调整问题，并形成股东会会议纪要，结论为同意选举巫某某为新的法定代表人，本次会议结果经有表决权的股东55%表决通过。该次股东会在没有免除林某某执行董事职务的情况下，直接选举巫某某为公司新的法定代表人。被告公司章程第27条规定公司的法定代表人由执行董事担任，并依法登记。

[处理结果] 福建省霞浦县人民法院依法判决该公司于2019年4月12日召开股东会作出的股东会会议纪要不成立。

[解读意见] 股东会应当依照《公司法》和公司章程的规定行使职权。被告公司在没有免除林某某执行董事职务的情况下，直接选举巫某某为新法定代表人，该股东会决议内容实质上修改了公司章程的规定，根据《公司法》，有限责任公司修改公司章程，必须经代表三分之二以上有表决权的股东通过。但本案股东会决议的表决结果未达到章程规定的须经三分之二以上有表决权的股东通过。

（案例来源：中国法院网）

【讨论提示1】

《公司法》规定在公司存续期间，股东不得抽回出资。

【讨论提示2】

我国《公司法》第八十四条规定"公司章程对股权转让另有规定的，从其规定"，该条规定旨在尊重公司自治，在维护公司的人合性质的前提下，允许公司章程对股权转让作出特别约定。

【能力测试】

1. 汪某与李某拟设立一注册资本为50万元的有限责任公司，其中汪某出资60%，李某出资40%。在他们拟订的公司章程中，下列哪项条款是不合法的？（　　）

   A. 公司的法人代表由公司经理担任
   B. 公司不设监事会，公司的监事由股东汪某担任
   C. 公司利润在弥补上一年度亏损并提取公积金后，由股东平均分配
   D. 公司经营期限届满前，股东不得要求解散公司

2. 甲、乙、丙成立一家科贸有限公司，约定公司注册资本50万元，甲、乙、丙各按20%、30%、50%的比例出资。甲、乙缴足了出资，丙仅实缴10万元。公司章程对于红利分配没有特别约定。当年年底公司进行分红。下列哪一说法是正确的？（　　）

   A. 丙按30%的比例分红
   B. 由甲、乙、丙按各自的实际出资比例分红
   C. 由于丙违反出资义务，其他股东可通过决议取消其当年分红资格
   D. 丙有权按50%的比例分红，但应当承担未足额出资的违约责任

3. 王某向银行申请贷款，需要他人担保。陈某系甲有限公司的控股股东和董事长，是王某多年好友。王某求助于陈某，希望得到甲公司的担保。甲公司章程规定，公司对外担保须经股东会决议。下列哪一选项是正确的？（　　）

   A. 甲公司不能为王某提供担保，因为陈某不能向甲公司提供反担保
   B. 甲公司不得为王某提供担保，因为《公司法》禁止公司为个人担保
   C. 甲公司可以为王某提供担保，但须经股东会决议通过
   D. 甲公司可以为王某提供担保，陈某也必须同时为王某担保

4. 股份有限公司的股东会进行决议时，对修改公司章程表决，应采用何种决议规则？（　　）

   A. 以出席股东会的股东三分之二以上表决同意
   B. 以出席股东会的股东所持表决权的三分之二以上通过
   C. 以全体股东所持表决权的三分之二以上通过
   D. 以全体股东的三分之二以上通过

5. 我国《公司法》规定，有限责任公司章程应当记载的事项有（　　）。

   A. 利润分配和亏损分担的办法
   B. 公司经营范围
   C. 公司的基本管理制度
   D. 公司章程的修订程序

6. 公司章程是公司必备的基本法律文件。关于有限责任公司章程的说法，正确的有（　　）。

A. 公司章程可以由全体股东共同制定
B. 公司经营范围由公司营业执照确定，公司章程无权规定
C. 公司章程修改，应由董事会表决通过
D. 公司章程变更后，须由发起人向公司登记机关申请办理变更登记

7. 公司章程对谁没有约束力？（　　）
A. 公司本身
B. 股东
C. 董事
D. 公司的交易对象

8. 下列说法错误的是（　　）。
A. 公司章程规定股东会定期会议的召开时间
B. 董事任期由公司章程规定，但每届任期不得超过三年
C. 采取发起方式设立的股份公司章程必须反映全体发起人的意志，由全体发起人签名盖章
D. 公司法定代表人依照董事长的指定，由执行董事或者经理担任

9. 有限责任公司的股东会进行决议时对于公司章程的修改应当采用何种决议才能通过？（　　）
A. 以出席股东会的股东三分之二以上表决同意
B. 以出席股东会的股东所持表决权的三分之二以上通过
C. 以全体股东所持表决权的三分之二以上通过
D. 以全体股东人数三分之二以上通过

10. 以下关于公司章程说法不正确的是（　　）。
A. 有限责任公司的公司章程制定必须由全体发起人在公司章程上签名盖章
B. 国有独资公司章程由国有资产监督管理机构制定，或者由董事会制订报国有资产监督管理机构批准
C. 采取发起方式设立的股份公司章程必须由全体发起人签名盖章
D. 采用募集方式设立的股份公司章程必须经出席成立大会的认股人制定

正确答案：1. D　2. B　3. C　4. B　5. B　6. A　7. D　8. D　9. C　10. D

【任务简析】

公司章程可以约定股东退出公司的条件。盛华财务顾问有限公司章程中关于取消股东身份的规定，符合公司的整体利益，体现了有限公司的人合性特征，不违反《公司法》的禁止性规定。公司股东应当遵守法律、行政法规和公司章程，依法行使股东权利。

工作任务6　申办公司营业执照

【学习目标】

探究知识：发起人、出资形式、发起设立、募集设立、成立大会、营业执照等。

获取能力：能够完成关于有限责任公司出资、申请营业执照的任务。熟悉募集设立股份公司的程序，能够筹备以发起的方式设立股份有限公司。懂得公司成立大会的职权及发起人的责任，了解公司成立后的开业手续。

【导入任务】

小王告诉小李一元钱就可以开公司。一元钱真的可以开公司吗？

【法律快递】

2022年3月1日，《中华人民共和国市场主体登记管理条例》正式施行。这是我国制定出台的第一部统一规范各类市场主体登记管理的行政法规，对各单行法律法规中关于市场主体登记管理的相关制度进行了优化和统一。

一、公司设立与公司成立的含义

1. 公司设立

公司设立是指为成立公司而进行的一系列准备行为，包括制定公司章程、确定公司种类和名称、确定经营范围及资本总额、确定公司住所、缴付出资、申请登记等。

公司设立是公司成立的必要准备，成立公司是设立公司的目的，但并非设立公司的必然结果。

2. 公司成立

依法设立的公司，由公司登记机关发给公司营业执照。公司营业执照签发日期为公司成立日期。

公司营业执照应当载明公司的名称、住所、注册资本、经营范围、法定代表人姓名等事项。

公司登记机关可以发给电子营业执照。电子营业执照与纸质营业执照具有同等法律效力。

公司设立分公司，应当向公司登记机关申请登记，领取营业执照。

公司登记事项发生变更的，应当依法办理变更登记。

公司登记事项未经登记或者未经变更登记，不得对抗善意相对人。

3. 公司不依法登记的行政法律责任

《公司法》第二百五十九条规定：未依法登记为有限责任公司或者股份有限公司，而冒用有限责任公司或者股份有限公司名义的，或者未依法登记为有限责任公司或者股份有限公司的分公司，而冒用有限责任公司或者股份有限公司的分公司名义的，由公司登记机关责令改正或者予以取缔，可以并处十万元以下的罚款。

公司登记事项发生变更时，未依法办理有关变更登记的，由公司登记机关责令限期登记；逾期不登记的，处以一万元以上十万元以下的罚款。

二、公司的设立条件

（一）有限责任公司的设立条件

（1）股东符合法定人数。

有限责任公司由五十个以下股东出资设立。

（2）有符合公司章程规定的全体股东认缴的出资额。

（3）股东共同制定公司章程。

（4）有公司名称，建立符合有限责任公司要求的组织机构。

（5）有公司住所。

有限责任公司的注册资本为在公司登记机关登记的全体股东认缴的出资额。法律、行政法规以及国务院决定对有限责任公司注册资本实缴、注册资本最低限额另有规定的，从其规定。例如，《城市房地产开发经营管理条例》第五条第一款规定：设立房地产开发企业，应当有100万元以上的注册资本。

股份有限公司在符合《公司法》规定的有限责任公司的条件时，可以变更为有限责任公司。公司变更前的债权、债务由变更后的公司承继。

（二）股份有限公司的设立条件

（1）发起人符合法定人数。

设立股份有限公司，应当有一人以上二百人以下为发起人，其中应当有半数以上的发起人在中华人民共和国境内有住所。

（2）符合公司章程规定的全体发起人认购的股本总额或者募集的实收股本总额。

（3）股份发行、筹办事项符合法律规定。

（4）发起人制订公司章程，采用募集方式设立的经创立大会通过。

（5）有公司名称，建立符合股份有限公司要求的组织机构。

（6）有公司住所。

法律、行政法规以及国务院决定对股份有限公司注册资本实缴、注册资本最低限额另有规定的，从其规定。例如，《保险法》第六十九条规定："设立保险公司，其注册资本的最低限额为人民币二亿元。国务院保险监督管理机构根据保险公司的业务范围、经营规模，可以调整其注册资本的最低限额，但不得低于本条第一款规定的限额。保险公司的注册资本必须为实缴货币资本。"

有限责任公司在符合《公司法》规定的股份有限公司的条件情况下，可以变更为股份有限公司，变更为股份有限公司时，折合的实收股本总额不得高于公司净资产额。公司变更前的债权、债务由变更后的公司承继。

【案例解读1】

[案情概述]甲与乙合伙在县城郊区开办了一家榨油厂，半年下来获利可观，次年便以10万元注册资金到工商管理机关以"长源榨油厂"名称申请了工商登记，并取得了营业执照。1995年10月，甲与乙在未经批准登记的情况下，将原厂牌换成"XX省长源油业股份有限公司"的牌子，并以便于经营为由分别以"公司"董事长和总经理名义印制精美的名片，从事收购油桐籽、榨油和销售一条龙服务。1996年2月，他们收下了外省一企业2万元定金后，由于行情变化未能按时交货，被对方诉上法庭。

[处理结果]法庭在审理中发现，他们的企业不具备公司法人的条件，也未经公司登记，实为两人合伙的非法人企业。法院在判令他们承担违约责任的同时，依法向工商机关提出司法建议。当地工商机关经调查，发现甲、乙冒用股份有限公司名称，便作出责令其改正，罚款1万元的处罚决定。

[解读意见]公司企业与非法人企业在设立条件、承担债务清偿责任等许多方面有本质区别，擅自冒用公司名义，不仅妨碍社会经济秩序，而且容易损害债权人的合法权益。

（案例来源：找法网）

三、有限责任公司的股东出资

1. 出资形式

股东可以用货币出资，也可以用实物、知识产权、土地使用权、股权、债权等可以用货币估价并可以依法转让的非货币财产作价出资；但是，法律、行政法规规定不得作为出资的财产除外。

对作为出资的非货币财产应当评估作价，核实财产，不得高估或者低估作价。法律、行政法规对评估作价有规定的，从其规定。《市场主体登记管理条例》第十三条第二款规定公司股东不得以劳务、信用、自然人姓名、商誉、特许经营权或者设定担保的财产等作价出资。

2. 出资期限

有限责任公司全体股东认缴的出资额由股东按照公司章程的规定自公司成立之日起五年内缴足。

法律、行政法规以及国务院决定对有限责任公司注册资本实缴、注册资本最低限额、股东出资期限另有规定的，从其规定。

股东以货币出资的，应当将货币出资足额存入有限责任公司在银行开设的账户；以非货币财产出资的，应当依法办理其财产权的转移手续。

3. 有关股东出资的民事责任

股东未按照公司章程规定的出资日期缴纳出资，由公司向该股东发出书面催缴书，催缴出资。宽限期自公司发出催缴书之日起，不得少于六十日。宽限期届满，股东仍未履行出资义务的，公司经董事会决议可以向该股东发出失权通知，自书面通知发出之日起，该股东丧失其未缴纳出资的股权。股东对失权有异议的，应当自接到失权通知之日起三十日内，向人民法院提起诉讼。

股东未按期足额缴纳出资的，除应当向公司足额缴纳外，还应当对给公司造成的损失承担赔偿责任。

有限责任公司成立后，发现作为设立公司出资的非货币财产的实际价额显著低于公司章程所定价额的，应当由交付该出资的股东补足其差额；公司设立时的其他股东承担连带责任。

公司不能清偿到期债务的，公司或者已到期债权的债权人有权要求已认缴出资但未届出资期限的股东提前缴纳出资。

【案例解读2】

[案情概述] 洛阳市涧西区人民法院于2002年11月判决华达实业公司偿还庞某借款本金10万元及相应利息，华达非标准设备制造厂承担连带清偿责任。该判决生效后，被执行人均未履行付款义务。庞某于2003年1月向洛阳市涧西区人民法院申请强制执行。执行中，庞某向法院申请追加华达有限公司为被执行人。

法院查明，华达实业公司实际无财产可供执行；华达有限公司是1998年7月成立的自然人出资有限责任公司，注册资金3000万元，华达实业公司则是1998年8月成立的由包括华达有限公司在内的四个法人单位所组成的经济实体，注册资金也是3000万元，其中华达有限公司在华达实业公司成立时，以实物、土地使用权等方式出资2750万元。华达实业公司和华达有限公司同在一处办公，华达有限公司出资的财产不仅未办理财产权的转移手续，而且仍用所出资的财产和自己的名义对外从事经营活动。

[处理结果] 执行法院裁定追加华达有限公司为本案被执行人，由其在对华达实业公司出资不到位的范围内对申请执行人庞某承担责任。裁定书送达后，执行法院从华达有限公司账号扣划了全部执行款，使该案顺利执结。

[解读意见]

1. 《公司法》规定，股东应当足额缴纳公司章程中规定的各自所认缴的出资额。《公司法》还规定，以实物、工业产权、非专利技术或者土地使用权出资的，应当依法办理其财产权的转移手续。本案华达有限公司的行为，应认定为出资不实。

2. 股东出资不实或者出资不到位，可以在执行程序中裁定追加该股东为被执行人。最高人民法院《关于人民法院执行工作若干问题的规定（试行）》第八十条规定："被执行人无财产清偿债务,如果其开办单位对其开办时投入的注册资金不实或抽逃注册资金,可以裁定变更或追加其开办单位为被执行人,在注册资金不实或抽逃注册资金的范围内,对申请执行人承担责任。"

(案例来源:河南省高级人民法院网)

【课堂讨论】

[材料] 连利船运有限公司共7个股东,除股东甲外,其余股东都已足额出资。某次股东会上,6个股东一致表决同意因甲未实际缴付出资而不能参与当年公司利润分配。3个月后该公司船只燃油泄漏,给沿海养殖户造成巨大损失,公司的全部资产不足以赔偿。甲向其他6个股东声明:自己未出资,也未参与分配,实际上不是股东,公司的债权债务与己无关。

[问题] 下列哪些说法是正确的?
A. 甲虽然没有实际缴付出资,但不影响其股东地位
B. 其他股东决议不给甲分配当年公司利润符合《公司法》规定
C. 就公司财产不足清偿的债务部分,应由甲承担相应的责任,其他6个股东不承担责任
D. 甲的声明对内具有效力,但不能对抗善意第三人

四、有限责任公司的申请设立登记

(一)报送申请材料的人

股东认足公司章程规定的出资后,由全体股东指定的代表或者共同委托的代理人向公司登记机关报送公司登记申请书、公司章程等文件,申请设立登记。

(二)设立登记需要提交的材料

1. 公司设立登记的法律依据是《公司法》和《市场主体登记管理条例》
2. 普通有限责任公司设立登记需要提交的材料清单
(1)公司登记(备案)申请书;
(2)指定代表或者共同委托代理人授权委托书及指定代表或委托代理人的身份证件复印件;
(3)全体股东签署的公司章程;
(4)股东的主体资格证明或者自然人身份证件复印件;
(5)董事、监事和经理的任职文件及身份证件复印件;
(6)法定代表人任职文件及身份证件复印件;
(7)住所使用证明;
(8)企业名称预先核准通知书;
(9)法律、行政法规和国务院决定规定设立有限责任公司必须报经批准的,提交有

关的批准文件或者许可证书复印件。

（三）与公司设立有关的民事责任

有限责任公司设立时的股东为设立公司从事的民事活动，其法律后果由公司承受。

公司未成立的，其法律后果由公司设立时的股东承受；设立时的股东为二人以上的，享有连带债权，承担连带债务。

设立时的股东为设立公司以自己的名义从事民事活动产生的民事责任，第三人有权选择请求公司或者公司设立时的股东承担。

设立时的股东因履行公司设立职责造成他人损害的，公司或者无过错的股东承担赔偿责任后，可以向有过错的股东追偿。

五、股份有限公司的设立

（一）股份有限公司的设立方式

（1）发起设立，是指由发起人认购公司应发行的全部股份而设立公司。

（2）募集设立，是指由发起人认购公司应发行股份的一部分，其余股份向社会公开募集或者向特定对象募集而设立公司。

（二）公司筹办事务

公司筹办事务主要由发起人承担。发起人的出资方式与有限责任公司股东的出资方式相同。采取不同方式设立公司，筹办事务有所不同。

发起人应当签订发起人协议，明确各自在公司设立过程中的权利和义务。设立股份有限公司，应当由发起人共同制订公司章程。

董事会应当授权代表，于公司成立大会结束后三十日内向公司登记机关申请设立登记。

1. 以发起设立方式设立股份有限公司

以发起设立方式设立股份有限公司的，发起人应当认足公司章程规定的公司设立时应发行的股份。发起人应当在公司成立前按照其认购的股份全额缴纳股款。

2. 以募集设立方式设立股份有限公司

以募集设立方式设立股份有限公司的，发起人认购的股份不得少于公司章程规定的公司设立时应发行股份总数的百分之三十五；但是，法律、行政法规另有规定的，从其规定。

在发起人认购的股份缴足前，不得向他人募集股份。

3. 发起人向社会公开募集股份

发起人向社会公开募集股份，应当公告招股说明书，并制作认股书。

发起人向社会公开募集股份，应当与依法设立的证券公司签订承销协议；应当同银行签订代收股款协议。

向社会公开募集股份的股款缴足后,应当经依法设立的验资机构验资并出具证明。

4. 召开公司成立大会

(1) 以发起设立方式设立股份有限公司,成立大会的召开和表决程序由公司章程或者发起人协议规定。

(2) 募集设立股份有限公司的发起人应当自公司设立时应发行股份的股款缴足之日起三十日内召开公司成立大会。发起人应当在成立大会召开十五日前将会议日期通知各认股人或者予以公告。

成立大会应当有持有表决权过半数的认股人出席,方可举行。成立大会作出决议,应当经出席会议的认股人所持表决权过半数通过。

5. 公司成立大会行使下列职权

审议发起人关于公司筹办情况的报告;通过公司章程;选举董事、监事;对公司的设立费用进行审核;对发起人非货币财产出资的作价进行审核;发生不可抗力或者经营条件发生重大变化直接影响公司设立的,可以作出不设立公司的决议。

(三) 发起人应当承担的筹办公司事务责任

(1) 发起人不依照规定缴纳出资的,应当按照发起人协议承担违约责任。

(2) 发起人不按照其认购的股份缴纳股款,或者作为出资的非货币财产的实际价额显著低于所认购的股份的,其他发起人与该发起人在出资不足的范围内承担连带责任。

(3) 公司设立时应发行的股份未募足,或者发行股份的股款缴足后,发起人在三十日内未召开成立大会的,认股人可以按照所缴股款并加算银行同期存款利息,要求发起人返还。

六、公司开业

(一) 公司成立后的开业手续

(1) 持公司营业执照、公司法人代表身份证到当地公安部门备案,刻制公司的公章、财务铜质章、公司法人代表人名章、合同专用章。

(2) 持公司营业执照原件、复印件和指定代表或委托代理人登记表到当地质量技术监督局办理组织机构代码证。

(3) 持营业执照原件、身份证、组织机构代码证、公司公章、财务章、法人代表私章,去银行开立基本账号,办理开户许可证。

(4) 公司成立三十日内持营业执照原件、组织机构代码证、公司公章、财务章、法人代表私章,公司会计的身份证和会计资格证到当地税务部门办理税务登记。

(二) 开业责任

公司成立后无正当理由超过六个月未开业的,或者开业后自行停业连续六个月以上的,公司登记机关可以吊销营业执照,但公司依法办理歇业的除外。

《市场主体登记管理条例》规定了市场主体歇业制度，即市场主体因自然灾害、事故灾难、公共卫生事件、社会安全事件等原因造成经营困难的，可以自主决定在最长不超过3年期限内歇业。

【讨论提示】

正确答案：ABC

理由：《公司法》第四十九条规定："股东应当按期足额缴纳公司章程中规定的各自所认缴的出资额。股东以货币出资的，应当将货币出资足额存入有限责任公司在银行开设的账户；以非货币财产出资的，应当依法办理其财产权的转移手续。股东不按照前款规定缴纳出资的，除应当向公司足额缴纳外，还应当对给公司造成的损失承担赔偿责任。"依照该条规定，股东没有实际履行出资义务的，不影响其股东地位，选项A说法是正确的。《公司法》第二百一十条规定："有限责任公司按照股东实缴的出资比例分配利润，全体股东约定不按照出资比例分配利润的除外。"本案中股东之间没有特别约定，所以按照实缴的出资比例分配利润，因为甲没有实缴出资，所以无利润可以分配，B的说法是正确的。因为公司股东对公司债务承担有限责任，所以在公司全部资产不足以清偿全部债务的时候，足额交纳出资的股东不再承担责任，但是，甲因为没有交纳出资，所以应该在自己应该交纳的出资范围内承担公司债务，而且要对其他股东承担违约责任，选项C说法是正确的。D的说法是错误的。

【能力测试】

1. 甲、乙、丙三人共同成立了一有限责任公司，其中甲以非专利技术出资，乙、丙则以现金出资。公司成立后，丁经全体股东同意成为新的投资人。但不久发现甲出资的非专利技术的实际价额显著低于公司章程所定价额，此时应（　　）。

A. 重新估价并重新确定出资额
B. 取消甲的股东资格，其不足部分由乙、丙、丁三人分担
C. 由甲补足出资，乙、丙二人对此承担连带责任
D. 由甲补足出资，乙、丙、丁三人对此承担连带责任

2. 在股份有限公司的设立中，关于发起人应当承担责任的说法不正确的是（　　）。

A. 公司不能成立时，发起人对设立行为所产生的债务和费用负连带责任
B. 公司成立后，发起人对公司在设立时的债务和费用承担相应的责任
C. 公司不能成立时，对认股人已缴纳的股款，负返还股款并加算银行同期存款利息的连带责任
D. 在公司设立过程中，由于发起人的过失，致使公司利益受到损害的，应当对公司承担赔偿责任

3. 设立股份有限公司，在中国境内有住所的发起人应占发起人总数的（　　）以上。

A. 四分之一

B. 三分之一

C. 三分之二

D. 半数

4. 关于股份有限公司创立大会，说法错误的是（　　）。

A. 募集设立股份有限公司的发起人应当在成立大会召开十五日前将会议日期通知各认股人或者予以公告

B. 募集设立股份有限公司的成立大会应当有持有表决权过半数的认股人出席，方可举行

C. 成立大会审议发起人关于公司筹办情况的报告后，对报告所列事项作出决议，必须经全体认股人所持表决权过半数通过

D. 以发起设立方式设立股份有限公司，成立大会的召开和表决程序由公司章程或者发起人协议规定

5. 股份有限公司创立大会必须有（　　），方可举行。

A. 全体发起人出席

B. 全体认股人出席

C. 代表股份总数过半数的发起人、认股人出席

D. 发起人、认股人出席人数占总人数三分之二以上

6. 下列哪项不属于股份有限公司创立大会的职权？（　　）

A. 选举董事会成员

B. 选举监事会成员

C. 决定公司内部管理机构的设置

D. 对公司的设立费用进行审核

7. 甲、乙二公司与刘某、王某欲共同设立一注册资本为220万元的有限责任公司，他们在拟订公司章程时约定以下出资方式。下列哪项出资是合法的？（　　）

A. 甲公司以其企业商誉评估作价80万元出资

B. 乙公司以其获得的某知名品牌特许经营权评估作价60万元出资

C. 刘某以估价20万元的机器出资

D. 王某以其设定了抵押担保的房屋评估作价60万元出资

8. 甲、乙二公司拟募集设立一股份有限公司。它们在获准向社会募股后实施的下列哪些行为是合法的？（　　）

A. 其认股书上记载：认股人一旦认购股份就不得撤回

B. 与某银行签订承销股份和代收股款协议，由该银行代售股份和代收股款

C. 在招股说明书上告知：公司章程由认股人在创立大会上共同制订

D. 在招股说明书上告知：股款募足后将在30日内召开创立大会

9. 关于一人公司，以下说法正确的有（　　）。

A. 只有一个自然人股东

B. 一人公司只能是一人有限责任公司

C. 一人公司的财务会计报告，必须经过会计事务所依法进行审计

D. 一人公司只能是一人股份有限公司

10. 在下列哪种情形下,发起人、认股人不能抽回股本?(　　)

A. 发起人未按期召开创立大会

B. 创立大会决议不设立公司

C. 未按期募足股份

D. 公司登记机关要求补充申请文件

正确答案:1.C　2.B　3.D　4.C　5.C　6.C　7.C　8.D　9.C　10.D

【任务简析】

1. 一元钱能注册开公司,但并非所有的公司都可以一元钱注册。股东应当按照公司章程缴纳出资。法律、行政法规以及国务院决定对公司注册资本实缴、注册资本最低限额另有规定的,从其规定。

2. 注册资本在一定程度上代表了公司的资产状况和承担责任能力。特别是在公司成立之初,股东出资是公司的全部财产,其缴付的出资应当能够承担公司成立和启动生产经营活动的必要费用。

3. 虽然一元钱能注册开公司,但是从实际操作来说,这么做的非常少。

工作项目四　公司治理

工作任务 7　股东会、董事会、监事会行使职权

【学习目标】

探究知识：股东会、董事会、监事会的组成和职权，股东会、董事会、监事会的会议决议的效力，董事、监事和高管人员的任职资格与义务等。

获取能力：能够构建公司的组织机构，依法治理公司和组织公司的运行。

【导入任务】

某股份有限公司召开董事会临时会议，出席这次会议的有刘某等5位董事，公司全体7位董事中有2人未出席。公司监事会成员为3人（包括职工代表）。董事会临时会议一致通过了召开临时股东会的事项。之后，在公司召开的临时股东会上，经出席会议的股东所持表决权的80%表决通过公司增加注册资本、更换全部监事、更换公司经理的决定。问：

1. 临时董事会的召开符合法定人数吗？
2. 董事会作出的召开临时股东会议的决议是否合法？
3. 临时股东会作出的决议是否都合法？

【法律快递】

《中华人民共和国公司法》：1993年12月29日第八届全国人民代表大会常务委员会第五次会议通过，1994年7月1日起施行，于1999年、2004年、2005年、2013年与2018年历经五次修订。最近的一次修订是2023年12月29日第十四届全国人民代表大会常务委员会第七次会议通过的，自2024年7月1日起施行。

公司治理，是指适应公司的产权结构，以出资者与经营者分离、整合为基础，规范股东会、董事会（执行董事）及经理、监事会（监事）相互之间权力、利益、责任关系的制度安排。

一、股东会

（一）有限责任公司的股东会

1. 股东会的组成和职权

有限责任公司股东会由全体股东组成。

股东会是公司的权力机构。股东会行使下列职权：

选举和更换董事、监事，决定有关董事、监事的报酬事项；审议批准董事会的报告；审议批准监事会的报告；审议批准公司的利润分配方案和弥补亏损方案；对公司增加或者减少注册资本作出决议；对发行公司债券作出决议；对公司合并、分立、解散、清算或者变更公司形式作出决议；修改公司章程；公司章程规定的其他职权。

对上述事项股东以书面形式一致表示同意的，可以不召开股东会会议，直接做出决定，并由全体股东在决定文件上签名、盖章。

股东会可以授权董事会对发行公司债券作出决议。

只有一个股东的有限责任公司不设股东会。股东作出有关事项的决定时，应当采用书面形式，并由股东签名或者盖章后置备于公司。

2. 股东会会议的召开

股东会会议分为定期会议和临时会议。

定期会议应当依照公司章程的规定按时召开。代表十分之一以上表决权的股东，三分之一以上的董事，监事会或者不设监事会的公司的监事提议召开临时会议的，应当召开临时会议。

除首次股东会会议由出资最多的股东召集和主持外，有限责任公司设立董事会的，股东会会议由董事会召集，董事长主持；董事长不能履行职务或者不履行职务的，由副董事长主持；副董事长不能履行职务或者不履行职务的，由半数以上董事共同推举一名董事主持。有限责任公司不设董事会的，股东会会议由执行董事召集和主持；董事会或者执行董事不能履行或者不履行召集股东会会议职责的，由监事会或者不设监事会的公司的监事召集和主持；监事会或者监事不召集和主持的，代表十分之一以上表决权的股东可以自行召集和主持。

召开股东会会议，应当于会议召开十五日前通知全体股东；但是，公司章程另有规定或者全体股东另有约定的除外。

股东会应当对所议事项的决定做成会议记录，出席会议的股东应当在会议记录上签名。

3. 股东会的议事和表决

股东会会议由股东按照出资比例行使表决权；但是，公司章程另有规定的除外。

股东会作出决议应当经代表过半数表决权的股东通过。股东会会议做出修改公司章程、增加或者减少注册资本的决议，以及公司合并、分立、解散或者变更公司形式的决议，必须经代表三分之二以上表决权的股东通过。

股东会的议事方式和表决程序，除《公司法》另有规定外，由公司章程规定。

（二）股份有限公司的股东会

1. 股东会的组成和职权

股份有限公司股东会由全体股东组成。股东会是公司的权力机构。

只有一个股东的股份有限公司不设股东会。

关于有限责任公司股东会职权的规定，适用于股份有限公司股东会。

2. 股东会的召开

（1）定期会议和临时会议。

股东会会议分为定期会议和临时会议。

股东会应当每年召开一次年会。

有下列情形之一的，应当在两个月内召开临时股东会：董事人数不足规定人数的三分之二时；公司未弥补的亏损达实收股本总额三分之一时；单独或者合计持有公司百分之十以上股份的股东请求时；董事会认为必要时；监事会提议召开时；公司章程规定的其他情形。

（2）会议的召集与主持。

股东会会议由董事会召集，董事长主持；董事长不能履行职务或者不履行职务的，由副董事长主持；副董事长不能履行职务或者不履行职务的，由半数以上董事共同推举一名董事主持。董事会不能履行或者不履行召集股东会会议职责的，监事会应当及时召集和主持；监事会不召集和主持的，连续九十日以上单独或者合计持有公司百分之十以上股份的股东可以自行召集和主持。

公司转让、受让重大资产或者对外提供担保等事项必须经股东会作出决议的，董事会应当及时召集股东会会议，由股东会就上述事项进行表决。

（3）会议通知与会议记录。

召开股东会会议，应当将会议召开的时间、地点和审议的事项于会议召开二十日前通知各股东；临时股东会应当于会议召开十五日前通知各股东；股东会不得对通知中未列明的事项做出决议。

股东会应当对所议事项的决定做成会议记录，主持人、出席会议的董事应当在会议记录上签名。会议记录应当与出席股东的签名册及代理出席的委托书一并保存。

3. 股东会的表决

股东出席股东会会议，所持每一股份有一表决权，类别股股东除外。公司持有的本公司股份没有表决权。股东可以委托代理人出席股东会会议，代理人应当向公司提交股东授权委托书，并在授权范围内行使表决权。

股东会选举董事、监事，可以依照公司章程的规定或者股东会的决议，实行累积投票制。累积投票制，是指股东会选举董事或者监事时，每一股份拥有与应选董事或者监事人数相同的表决权，股东拥有的表决权可以集中使用。

股东会作出决议，必须经出席会议的股东所持表决权过半数通过。但是，股东会做出修改公司章程、增加或者减少注册资本的决议，以及公司合并、分立、解散或者变更公司形式的决议，必须经出席会议的股东所持表决权的三分之二以上通过。

上市公司在一年内购买、出售重大资产或者向他人提供担保的金额超过公司资产总额百分之三十的，应当由股东会作出决议，并经出席会议的股东所持表决权的三分之二以上通过。

上市公司，是指其股票在证券交易所上市交易的股份有限公司。

二、董事会及经理

（一）有限责任公司的董事会及经理

1. 董事会的组成和董事任期

有限责任公司设董事会的，董事会设董事长一人，可以设副董事长。董事长、副董事长的产生办法由公司章程规定。

规模较小或者股东人数较少的有限责任公司，可以不设董事会，设一名董事，行使董事会的职权。该董事可以兼任公司经理。

董事任期由公司章程规定，但每届任期不得超过三年。董事任期届满，连选可以连任。董事辞任的，应当以书面形式通知公司。公司收到通知之日辞任生效，但是董事任期届满未及时改选，或者董事在任期内辞职导致董事会成员低于法定人数的，在改选出的董事就任前，原董事仍应当依照法律、行政法规和公司章程的规定，履行董事职务。

股东会可以决议解任董事，决议作出之日解任生效。

无正当理由，在任期届满前解任董事的，该董事可以要求公司予以赔偿。

【案例解读1】

[案情概述] 南通某实业有限公司由两名法人股东投资设立。公司章程规定，公司设董事会，成员三人，由股东会选举产生，董事会设董事长一人，为法定代表人。郁某经公司股东选举为董事，并被任命为董事长，即法定代表人。公司成立后不久，两股东就因出资款问题纠纷不断并引发诉讼，致使公司不能正常开展经营活动，股东之一为了索要房屋租金还将该公司告上了法庭。

郁某虽为公司的法定代表人，但实际根本无法决定公司的任何事务。不仅如此，她还得应付来自股东提起的各类诉讼，甚至还因该公司未能履行相关判决而受到牵连，被法院发出了限制消费令，直接影响了其个人的正常生活。在董事任期内，郁某数次申请辞去董事长（法定代表人）职务，并且在任期届满后要求召开股东会，改选董事、变更法定代表人。

无论在任期内还是在任期届满后，公司及其两名法人股东对郁某的请求均未予理睬。为此，郁某向法院提起诉讼，请求变更公司法定代表人登记。

[处理结果] 2020年11月10日，江苏省南通市中级人民法院对这起请求变更公司登记纠纷案作出终审判决，要求被告南通某实业有限公司于判决生效之日起三十日内办理法定代表人变更登记，两法人股东予以配合。如南通某实业有限公司未按期变更，则郁某自上述期限届满后不再具有南通某实业有限公司法定代表人身份，不再履行法定代表人职务。

[解读意见] 虽然董事辞任和离任应受《公司法》第四十五条规定的约束，但该约束应当有必要的限制。本案中，因公司的股东怠于履行改选董事义务，具有明显过错，致郁某长期处于无法离任的状态，其作为董事的权利与义务严重失衡。

（案例来源：2020年11月17日《人民法院报》）

2. 董事会职权

董事会对股东会负责，行使下列职权：召集股东会会议，并向股东会报告工作；执行股东会的决议；决定公司的经营计划和投资方案；制订公司的年度财务预算方案、决算方案；制订公司的利润分配方案和弥补亏损方案；制订公司增加或者减少注册资本以及发行公司债券的方案；制订公司合并、分立、解散或者变更公司形式的方案；决定公司内部管理机构的设置；决定聘任或者解聘公司经理及其报酬事项，并根据经理的提名决定聘任或者解聘公司副经理、财务负责人及其报酬事项；制定公司的基本管理制度；公司章程规定的其他职权。

3. 董事会会议

董事会会议由董事长召集和主持；董事长不能履行职务或者不履行职务的，由副董事长召集和主持；副董事长不能履行职务或者不履行职务的，由半数以上董事共同推举一名董事召集和主持。

董事会决议的表决，实行一人一票。

董事会的议事方式和表决程序，除《公司法》有规定的外，由公司章程规定。

董事会应当对所议事项的决定作成会议记录，出席会议的董事应当在会议记录上签名。

4. 国有独资公司的董事会

国有独资公司董事会成员中外部董事应当过半数。董事会设董事长一人，可以设副董事长。董事长、副董事长由履行出资人职责的机构从董事会成员中指定。

《公司法》关于董事会职权的规定，适用于国有独资公司的董事会。

5. 经理

有限责任公司可以设经理，由董事会决定聘任或者解聘。

经理对董事会负责，根据公司章程的规定或者董事会的授权行使职权。经理列席董事会会议。

国有独资公司的经理由董事会聘任或者解聘。经履行出资人职责的机构同意，董事会成员可以兼任经理。

（二）股份有限公司的董事会、经理

1. 董事会的组成和职权

股份有限公司设董事会的，董事会设董事长一人，可以设副董事长。董事长和副董事长由董事会以全体董事的过半数选举产生。

规模较小或者股东人数较少的股份有限公司，可以不设董事会，设一名董事，行使董事会的职权。该董事可以兼任公司经理。

《公司法》关于有限责任公司董事任期、董事会职权的规定，分别适用于股份有限公司董事、董事会。

上市公司设立独立董事，具体管理办法由国务院证券监督管理机构规定。上市公司设董事会秘书，负责公司股东会和董事会会议的筹备、文件保管以及公司股东资料的管理，办理信息披露事务等事宜。

2. 董事会会议

《公司法》关于有限责任公司董事会的议事方式和表决程序的规定，适用于股份有限公司董事会。

董事会每年度至少召开两次会议，每次会议应当于会议召开十日前通知全体董事和监事。

代表十分之一以上表决权的股东、三分之一以上董事或者监事会，可以提议召开董事会临时会议。董事长应当自接到提议后十日内，召集和主持董事会会议。董事会召开临时会议，可以另定召集董事会的通知方式和通知时限。

董事会会议应有过半数的董事出席方可举行。董事会作出决议，必须经全体董事的过半数通过。董事会决议的表决，实行一人一票。

董事会会议，应由董事本人出席；董事因故不能出席，可以书面委托其他董事代为出席，委托书中应载明授权范围。

董事会应当对会议所议事项的决定作成会议记录，出席会议的董事应当在会议记录上签名。

董事应当对董事会的决议承担责任。董事会的决议违反法律、行政法规或者公司章程、股东大会决议，致使公司遭受严重损失的，参与决议的董事对公司负赔偿责任。但经证明在表决时曾表明异议并记载于会议记录的，该董事可以免除责任。

3. 经理

股份有限公司设经理，由董事会决定聘任或者解聘。董事会可以决定由董事会成员兼任经理。

经理对董事会负责，根据公司章程的规定或者董事会的授权行使职权。经理列席董事会会议。

三、监事会（监事）

（一）有限责任公司的监事会（监事）

1. 监事会的组成

有限责任公司可以按照公司章程的规定在董事会中设置由董事组成的审计委员会，行使监事会的职权，不设监事会或者监事。规模较小或者股东人数较少的有限责任公司，可以不设监事会，设一名监事；对于规模较小或者股东人数较少的有限责任公司，经全体股东一致同意，可以不设监事。

董事、高级管理人员不得兼任监事。

监事会设主席一人，由全体监事过半数选举产生。

监事的任期每届为三年。监事任期届满，连选可以连任。

监事任期届满未及时改选，或者监事在任期内辞职导致监事会成员低于法定人数的，在改选出的监事就任前，原监事仍应当依照法律、行政法规和公司章程的规定，履行监事职务。

国有独资公司在董事会中设置由董事组成的审计委员会行使监事会职权的，不设监事会或者监事。

2. 监事会的职权

监事会、不设监事会的公司的监事行使下列职权：检查公司财务；对董事、高级管理人员执行公司职务的行为进行监督，对违反法律、行政法规、公司章程或者股东会决议的董事、高级管理人员提出罢免的建议；当董事、高级管理人员的行为损害公司的利益时，要求董事、高级管理人员予以纠正；提议召开临时股东会会议，在董事会不履行规定的召集和主持股东会会议职责时召集和主持股东会会议；向股东会会议提出提案；对董事、高级管理人员提起诉讼；公司章程规定的其他职权。

监事会、不设监事会的公司的监事行使职权所必需的费用，由公司承担。

监事可以列席董事会会议，并对董事会决议事项提出质询或者建议。

监事会、不设监事会的公司的监事发现公司经营情况异常，可以进行调查；必要时，可以聘请会计师事务所等协助其工作，费用由公司承担。

3. 监事会会议

监事会主席召集和主持监事会会议；监事会主席不能履行职务或者不履行职务的，由半数以上监事共同推举一名监事召集和主持监事会会议。

监事会每年度至少召开一次会议，监事可以提议召开临时监事会会议。

监事会的议事方式和表决程序，除《公司法》有规定的外，由公司章程规定。

监事会决议的表决，应当一人一票。

监事会决议应当经半数以上监事通过。

监事会应当对所议事项的决定作成会议记录，出席会议的监事应当在会议记录上签名。

（二）股份有限公司的监事会

1. 监事会的组成和职权

股份有限公司设监事会的，监事会成员为三人以上。

股份有限公司可以按照公司章程的规定在董事会中设置由董事组成的审计委员会，行使监事会的职权，不设监事会或者监事。

规模较小或者股东人数较少的股份有限公司，可以不设监事会，设一名监事，行使监事会的职权。

董事、高级管理人员不得兼任监事。

《公司法》关于有限责任公司监事任期、监事会职权的规定，分别适用于股份有限公司监事、监事会。

监事会行使职权所必需的费用，由公司承担。

2. 监事会会议

监事会每六个月至少召开一次会议。监事可以提议召开临时监事会会议。

监事会主席召集和主持监事会会议；监事会主席不能履行职务或者不履行职务的，由监事会副主席召集和主持监事会会议；监事会副主席不能履行职务或者不履行职务的，由半数以上监事共同推举一名监事召集和主持监事会会议。

监事会的议事方式和表决程序，除《公司法》有规定的外，由公司章程规定。

监事会决议应当经半数以上监事通过。

监事会应当对所议事项的决定作成会议记录，出席会议的监事应当在会议记录上签名。

四、股东会、董事会的决议的效力

（一）决议无效

公司股东会、董事会的决议内容违反法律、行政法规的无效。

（二）可撤销的决议

公司股东会、董事会的会议召集程序、表决方式违反法律、行政法规或者公司章程，或者决议内容违反公司章程的，股东自决议作出之日起六十日内，可以请求人民法院撤销。但是，股东会、董事会的会议召集程序或者表决方式仅有轻微瑕疵，对决议未产生实质影响的除外。

未被通知参加股东会会议的股东自知道或者应当知道股东会决议作出之日起六十日内，可以请求人民法院撤销；自决议作出之日起一年内没有行使撤销权的，撤销权消灭。

（三）决议不成立

有下列情形之一的，公司股东会、董事会的决议不成立：

（1）未召开股东会、董事会会议作出决议；

（2）股东会、董事会会议未对决议事项进行表决；

（3）出席会议的人数或者所持表决权数未达到本法或者公司章程规定的人数或者所持表决权数；

（4）同意决议事项的人数或者所持表决权数未达到本法或者公司章程规定的人数或者所持表决权数。

（四）法律后果

公司股东会、董事会决议被人民法院宣告无效、撤销或者确认不成立的，公司应当向公司登记机关申请撤销根据该决议已办理的登记。

股东会、董事会决议被人民法院宣告无效、撤销或者确认不成立的，公司根据该决议与善意相对人形成的民事法律关系不受影响。

【案例解读2】

[案情概述]原告李建军系被告佳动力公司的股东，并担任总经理。佳动力公司股权结构为：葛永乐持股40%，李建军持股46%，王泰胜持股14%。三位股东共同组成董事会，由葛永乐担任董事长，另两人为董事。公司章程规定：董事会行使包括聘任或者解聘公司经理等职权；董事会须由三分之二以上的董事出席方才有效；董事会对所议事项作出的决定应由占全体股东三分之二以上的董事表决通过方才有效。2009年7月18日，佳动力公司董事长葛永乐召集并主持董事会，三位董事均出席，会议形成了"鉴于总经理李建军不经董事会同意私自动用公司资金在二级市场炒股，造成巨大损失，现免去其总经理职务，即日生效"等内容的决议。该决议由葛永乐、王泰胜及监事签名，李建军未在该决议上签名。李建军诉称：被告佳动力公司免除其总经理职务的决议所依据的事实和理由不成立，且董事会的召集程序、表决方式及决议内容均违反了《公司法》的规定，请求法院依法撤销该董事会决议。

[处理结果]上海市黄浦区人民法院于2010年2月5日作出（2009）黄民二（商）初字第4569号民事判决：撤销被告佳动力公司于2009年7月18日形成的董事会决议。宣判后，佳动力公司提出上诉。上海市第二中级人民法院于2010年6月4日作出（2010）沪二中民四（商）终字第436号民事判决：一、撤销上海市黄浦区人民法院（2009）黄民二（商）初字第4569号民事判决；二、驳回李建军的诉讼请求。

[解读意见]人民法院在审理公司决议撤销纠纷案件中应当审查：公司股东会、董事会的决议内容是否违反法律、行政法规；股东会、董事会的会议召集程序、表决方式是否违反法律、行政法规或者公司章程，或者决议内容违反公司章程。佳动力公司的章程中并未规定董事会解聘公司经理必须要有一定原因。法院应当尊重公司自治，无须审查佳动力公司董事会解聘公司经理的理由是否成立。

（案例来源：最高人民法院第三批指导案例10号）

【课堂讨论】

[材料]汪某和胡某是母子。2010年2月，汪某与胡某共同出资成立了某公司，其中汪某出资100万元，占公司股份的20%，胡某出资400万元，占公司股份的80%，胡某为该公司的法定代表人并实际负责公司的经营管理，公司的注册登记事宜由汪某委托胡某办理。2011年12月，汪某在浏览工商局网站时发现该公司竟然已被整体转让给第三人何某了，经调查得知，2011年11月，胡某代表自己与汪某分别和何某签订了两份股权转让协

议,且在该公司召开股东会,讨论股权转让事宜,并形成股东会决议同意该股权转让。无奈之下,汪某向法院提起诉讼,要求法院判决确认公司于2011年11月作出的股东会决议无效。

在庭审中,该公司辩称,汪某和胡某是母亲和儿子的关系,两人共同居住生活,胡某已经代表公司通知汪某要召开该次公司股东会并研究股权转让事宜,胡某虽为口头通知,但母子之间实属正常,同时,基于母子之间的家事代理关系,胡某代表汪某的签字合法有效,如果胡某的代理行为导致汪某利益受损,汪某应另行起诉胡某,而不是起诉该公司。该公司要求法院驳回汪某的诉讼请求。

[问题] 该公司关于股权转让的股东会决议是否有效?

(案例来源:2012年11月11日《每日商报》)

五、公司董事、监事、高级管理人员的资格和义务

(一) 公司董事、监事、高级管理人员的任职资格的禁止性规定

《公司法》规定有下列情形之一的,不得担任公司的董事、监事、高级管理人员:

(1) 无民事行为能力或者限制民事行为能力。

(2) 因贪污、贿赂、侵占财产、挪用财产或者破坏社会主义市场经济秩序,被判处刑罚,执行期满未逾五年,或者因犯罪被剥夺政治权利,执行期满未逾五年;被宣告缓刑的,自缓刑考验期满之日起未逾二年。

(3) 担任破产清算的公司、企业的董事或者厂长、经理,对该公司、企业的破产负有个人责任的,自该公司、企业破产清算完结之日起未逾三年。

(4) 担任因违法被吊销营业执照、责令关闭的公司、企业的法定代表人,并负有个人责任的,自该公司、企业被吊销营业执照、责令关闭之日起未逾三年。

(5) 个人因所负数额较大债务到期未清偿被人民法院列为失信被执行人。

公司违反上述规定选举、委派董事、监事或者聘任高级管理人员的,该选举、委派或者聘任无效。

董事、监事、高级管理人员在任职期间出现上述所列情形的,公司应当解除其职务。

国有独资公司的董事长、副董事长、董事、高级管理人员,未经国有资产监督管理机构同意,不得在其他有限责任公司、股份有限公司或者其他经济组织兼职。

《中华人民共和国公务员法》第五十三条规定:公务员不得"从事或者参与营利性活动,在企业或者其他营利性组织中兼任职务"。

(二) 董事、监事、高级管理人员的义务和责任

1. 忠实义务和勤勉义务

董事、监事、高级管理人员对公司负有忠实义务,应当采取措施避免自身利益与公司利益冲突,不得利用职权牟取不正当利益。

董事、监事、高级管理人员对公司负有勤勉义务,执行职务应当为公司的最大利益

尽到管理者通常应有的合理注意。

公司的控股股东、实际控制人不担任公司董事但实际执行公司事务的，也对公司负有忠实义务和勤勉义务。

董事、高级管理人员不得有下列行为：

（1）侵占公司财产、挪用公司资金；
（2）将公司资金以其个人名义或者以其他个人名义开立账户存储；
（3）利用职权贿赂或者收受其他非法收入；
（4）接受他人与公司交易的佣金归为己有；
（5）擅自披露公司秘密；
（6）违反对公司忠实义务的其他行为。

董事、高级管理人员违反上述规定所得的收入应当归公司所有。

【案例解读3】

[案情概述] 国美电器前董事会主席黄光裕及其妻子即国美前董事杜鹃，他们二人于2008年1月22日至2008年2月5日进行股份购回，以筹措现金向一家财务机构偿还一笔个人贷款。当时黄光裕让国美购回1.36937亿股由他个人持有的股份，这些股份相当于国美当次回购总数的约70％。

[处理结果] 国美电器前董事会主席黄光裕及其妻子即国美前董事杜鹃与香港证监会达成协议，同意向国美赔偿4.2亿港元。香港证监会表示，此次补偿完成后，证监会将搁置法律程序，并且不会再就该案件采取进一步行动。

[解读意见] 香港证监会认为，黄杜二人违反了对国美所负有的董事责任，没有以符合国美最佳利益的方式行事。

（案例来源：2014年3月11日新华网）

2. 股东会要求董事、监事、高级管理人员列席会议的，董事、监事、高级管理人员应当列席并接受股东的质询

3. 董事、高级管理人员应当如实向监事会或者不设监事会的有限责任公司的监事提供有关情况和资料，不得妨碍监事会或者监事行使职权

4. 董事、监事、高级管理人员执行公司职务时违反法律、行政法规或者公司章程的规定，给公司造成损失的，应当承担赔偿责任

公司的控股股东、实际控制人指示董事、高级管理人员从事损害公司或者股东利益的行为的，与该董事、高级管理人员承担连带责任。

【讨论提示】

该公司既无证据表明其就该次股东会的召开通知了汪某，也无证据表明汪某就该次股东会会议委托胡某出席并履行表决权，这家公司召开该次股东会及形成的决议违反了《公司法》的相关规定，损害了汪某依法享有的股东权利，该股东会决议依法应归于无效。

【能力测试】

1. 下列有关有限责任公司的监事会的表述中，不符合法律规定的是（　　）。
A. 对于股东人数较少的有限责任公司，经全体股东一致同意，可以不设监事
B. 公司的董事长不得兼任公司的监事
C. 监事的任期每届为4年，任期届满，连选可以连任
D. 公司经理不得兼任公司的监事

2. 2020年5月15日，某股份公司股东会选举产生的第二届董事会由7名董事组成，任期3年。2021年4月15日董事王某提出辞去董事职务，同年6月15日，该公司股东会年会表决通过王某辞去董事职务，同时选举李某担任公司董事。李某担任公司董事的任期应当是（　　）。
A. 2020年5月15日至2023年5月15日为止
B. 2021年4月15日至2023年5月15日为止
C. 2021年6月15日至2023年5月15日为止
D. 2021年6月15日至2024年6月15日为止

3. 赵某是甲有限责任公司的董事兼总经理。该公司主要经营计算机销售业务。任职期间，赵某代理乙公司从国外进口一批计算机并将其销售给丙公司。甲公司得知后提出异议。本案应如何认定和处理？（　　）
A. 赵某的行为与甲公司无关，甲公司无权提出异议
B. 赵某违反竞业禁止义务，其代理乙公司与丙公司签订的销售合同无效，所进口的计算机应由甲公司优先购买
C. 赵某违反竞业禁止义务，但这并不影响销售合同的效力，由这笔买卖所得的收益应当归甲公司所有
D. 赵某违反竞业禁止义务，但这并不影响销售合同的效力，也不影响他由这一买卖所得的收益，仅存在被罢免的可能性

4. 山水有限公司共有股东3人，同意不设董事会，由股东王某一人任公司董事。在公司章程无特别规定的情形下，王某可以行使下列哪一职权？（　　）
A. 决定公司的投资计划
B. 否决其他股东对外转让股权行为的效力
C. 决定聘任公司经理
D. 决定公司的利润分配方案

5. 下列有关国有独资公司的说法，错误的有（　　）。
A. 董事及高级管理人员未经国有资产监督管理机构同意，不得在其他经济组织兼职
B. 国有独资公司不设股东会
C. 董事会成员中应当有公司职工代表
D. 监事会成员不得少于三人

6. 股份有限公司的董事长不能履行职务时，根据《公司法》的规定，有可能履行其职务的是（　　）。

A. 副董事长

B. 监事会主席

C. 工会主席

D. 董事会秘书

7. 股份有限公司监事会主席的产生方式是（　　）。

A. 股东会选举产生

B. 董事会聘任

C. 全体监事过半数选举产生

D. 职工民主选举产生

8. 下列有关股份有限公司董事的陈述，错误的是（　　）。

A. 每届任期不得超过3年

B. 任期届满可以连选连任

C. 董事可以兼任经理

D. 董事在任期内辞职导致董事会成员低于法定人数，在改选出的董事就任前，辞职董事也不应再履行其董事职务

9. 下列关于监事会的说法正确的是（　　）。

A. 监事会行使职权所必需的费用，由公司承担

B. 监事会的议事方式和表决程序，完全由《公司法》规定

C. 股份有限公司监事会的成员不得少于5人

D. 监事会主席和副主席由全体股东过半数选举产生

10. 根据既往履历，以下任职不符合《公司法》规定的是（　　）。

A. 甲，原为教育局局长，两年前退休，现担任某公司经理

B. 丙，原为某厂厂长，两年前因对该厂破产负个人责任被免职，现担任某公司监事

C. 乙，因交通肇事被判刑，1年前刑满释放，现担任某公司董事

D. 丁，原为某公司财务负责人，两年前因对该公司违法被吊销营业执照负有个人责任被停职，现担任某厂工会主席

正确答案：1. C　2. C　3. C　4. C　5. D　6. A　7. C　8. D　9. A　10. B

【任务简析】

1. 临时董事会的召开符合法定人数。《公司法》规定董事会会议应有过半数的董事出席方可举行。

2. 合法。《公司法》规定董事会认为必要时可以召开临时股东会。

3. 增加注册资本的决议有效。其表决符合《公司法》规定的经出席会议的股东所持表决权的2/3以上通过。股东会不能选举、更换全部监事，因为其中有公司职工选出的监事，股东会只能选举更换由股东代表出任的监事。更换聘任公司经理，是董事会的职权，不是股东会的职权。

工作任务 8　股东资格认定与股东行使权利

【学习目标】

探究知识：出资证明书、股东名册、股东权利的内容、公司法人人格否认。
获取能力：能够确认股东资格，懂得如何依法行使股东权利。

【导入任务】

甲、乙、丙三人一起筹资创业。考虑到经营风险，乙在投资公司时犹豫不决，不知道能不能赚钱，邀请他投资的甲、丙两人一方面对公司的未来充满信心，另一方面急于尽快筹资让公司A早日成立，就向乙承诺公司将给予股东年投资回报率不低于12%，并且签订了书面协议。半年后，公司A设立了全资子公司B。B公司的执行董事是由A公司任命的，且B公司的经营策略也必须由A公司批准。A公司在经营过程中赚取利润，以A公司名义向银行获取贷款后，就通过与B公司签订合同、转移定价的方式，高价购买B公司的设备，从而将公司的利润、资金转移给B公司，而A公司自己呈现出亏损的状态，当银行要求A公司偿还贷款时，发现A公司已经资不抵债，无力偿还贷款。银行要求法院判令甲、乙、丙三人承担偿还责任。甲、乙、丙三人都说如果公司发生资不抵债，只能是公司破产，股东永远承担有限责任。问：

1. 公司是否应该按照协议给予乙投资回报？
2. 甲、乙、丙三位股东是否应该对银行贷款承担偿还责任？

【法律快递】

《中华人民共和国公司法》，最近的一次修订是2023年12月29日第十四届全国人民代表大会常务委员会第七次会议通过的，自2024年7月1日起施行。

一、股东资格

股东，就是公司的出资人，亦即股份的持有人。

（一）股东资格的取得

股东资格，是行使股东权利、承担股东义务的基础。股东资格的取得包括原始取得和继受取得。

（1）原始取得是指直接向公司认购股份，包括设立取得和增资取得。

（2）继受取得，包括转让取得、继承取得、赠与取得和因公司合并而取得股东资格。

（二）有限责任公司股东资格的确认

1. 签发出资证明书

有限责任公司成立后，应当向出资人签发出资证明书。出资证明书应当载明下列事项：公司名称；公司成立日期；公司注册资本；股东的姓名或者名称、认缴和实缴的出资额、出资方式和出资日期；出资证明书的编号和核发日期。出资证明书由法定代表人签名，并由公司盖章。

2. 置备股东名册

有限责任公司应当置备股东名册，记载下列事项：股东的姓名或者名称及住所；股东认缴和实缴的出资额、出资方式和出资日期；出资证明书编号；取得和丧失股东资格的日期。

记载于股东名册的股东，可以依股东名册主张行使股东权利。

股权转让后，公司应当注销原股东的出资证明书，向新股东签发出资证明书，并相应修改公司章程和股东名册中有关股东及其出资额的记载。对公司章程的该项修改不需再由股东会表决。

自然人股东死亡后，其合法继承人可以继承股东资格；但是，公司章程另有规定的除外。

3. 向公司登记机关登记

公司应当将股东的姓名或者名称及其出资额向公司登记机关登记；登记事项发生变更的，应当办理变更登记。未经登记或者变更登记的，不得对抗第三人。

（三）股份有限公司股东资格的确认

（1）股份有限公司成立后，即向股东正式交付股票。公司成立前不得向股东交付股票。

（2）股份有限公司应当制作股东名册并置备于公司。股东名册应当记载下列事项：股东的姓名或者名称及住所；各股东所认购的股份种类及股份数；发行纸面形式的股票的，股票的编号；各股东取得股份的日期。

（四）股东资格的丧失

依据我国《公司法》，有以下情形之一的股东资格丧失：

（1）公司法人资格消灭，如解散、破产、被合并；

（2）自然人股东死亡或法人股东终止；

（3）股东将其所持有的股份转让；
（4）股份被人民法院强制执行；
（5）股份被公司依法回购；
（6）受到法律制裁被剥夺股权（如没收财产）；
（7）其他法定事由。

【课堂讨论1】

[材料] 甲公司由4位发起人设立，每人出资25万元，注册资本100万元。其中，股东李某因缺乏足够的出资能力，拟向朋友王某借款25万元。王某听李某介绍该公司前景后，产生投资意愿，两人遂商定王某作为隐名股东，投入该25万元，股权登记在李某名下，相应的红利均由王某享有。设立后的前四年，公司经营红火，王某每年均从李某处取得分红款。第五年开始，王某未能再收到分红款，李某解释称公司经营不善。王某对该解释不予认可，以股东身份要求行使知情权，被甲公司拒绝。

王某诉至法院，要求确认其为甲公司股东，享有25%的股权。诉讼中，王某、李某确认纠纷发生前甲公司及其他股东并不知晓两人关于隐名出资的约定。在此情况下，法院征求其他三位股东的意见，仅有一人不反对王某成为公司股东，另两人明确表示基于之前与王某不认识，不同意其成为公司股东。

[问题] 王某是否具备股东身份？

二、股东的主要权利

1. 资产收益权、认缴新资（认购新股）权

资产收益权，也可以称为股利分配请求权，它是股东权益的核心。

有限责任公司增加注册资本时，股东在同等条件下有权优先按照实缴的出资比例认缴出资。但是，全体股东约定不按照出资比例优先认缴出资的除外。股份有限公司为增加注册资本发行新股时，股东不享有优先认购权，公司章程另有规定或者股东会决议决定股东享有优先认购权的除外。

2. 分配剩余财产请求权

公司清算，公司财产在依照规定清偿后，股东有权请求分配公司的剩余财产。

3. 股权转让及优先购买权、股份转让权，请求公司收购股权或者股份权

4. 提议召开股东会临时会议，自行召集和主持股东会，参加股东会及表决权

5. 通过董事会向股东会提出临时提案

单独或者合计持有公司百分之一以上股份的股东，可以在股东大会召开十日前提出临时提案并书面提交董事会；董事会应当在收到提案后二日内通知其他股东，并将该临时提案提交股东大会审议。但临时提案违反法律、行政法规或者公司章程的规定，或者不属于股东会职权范围的除外。公司不得提高提出临时提案股东的持股比例。

小股东可以提出临时提案将自己关心的议案提交股东大会讨论，这就避免了小股东在股东大会上只能被动对大股东的提案说"是"和"否"。

6. 提起诉讼与请求提起诉讼

（1）请求人民法院撤销股东会或者董事会的有关决议。

符合规定的股东与公司不能达成股权收购协议的，股东可以自股东会会议决议通过之日起九十日内向人民法院提起诉讼。

股东对失权有异议的，应当自接到失权通知之日起三十日内，向人民法院提起诉讼。

公司拒绝向股东提供查阅会计账簿、会计凭证的，股东可以内向人民法院提起诉讼。

（2）董事、高级管理人员执行公司职务时违反法律、行政法规或者公司章程的规定，给公司造成损失的，有限责任公司的股东、股份有限公司连续一百八十日以上单独或者合计持有公司百分之一以上股份的股东，可以书面请求监事会或者不设监事会的有限责任公司的监事向人民法院提起诉讼；监事有前述情形的，前述股东可以书面请求董事会或者不设董事会的有限责任公司的执行董事向人民法院提起诉讼。

监事会或者董事会收到前述股东书面请求后拒绝提起诉讼，或者自收到请求之日起三十日内未提起诉讼，或者情况紧急、不立即提起诉讼将会使公司利益受到难以弥补的损害的，前述股东有权为了公司的利益以自己的名义直接向人民法院提起诉讼。

他人侵犯公司合法权益，给公司造成损失的，股东可以依照上述规定向人民法院提起诉讼。

（3）公司全资子公司董事、监事、高级管理人员等有前述情形的，股东可以提起代表诉讼。

（4）董事、高级管理人员违反法律、行政法规或者公司章程的规定，损害股东利益的，股东可以向人民法院提起诉讼。

7. 请求人民法院解散公司

根据《公司法》第二百三十一条，公司经营管理发生严重困难，继续存续会使股东利益受到重大损失，通过其他途径不能解决的，持有公司全部股东表决权百分之十以上的股东，可以请求人民法院解散公司。

公司经营管理发生严重困难，例如：

（1）公司持续两年以上无法召开股东会；

（2）股东表决时无法达到法定或者公司章程规定的比例，持续两年以上不能做出有效的股东会决议；

（3）公司董事长期冲突，且无法通过股东会解决。

8. 知情权

（1）有限责任公司股东有权查阅、复制公司及全资子公司的公司章程、股东名册、股东会会议记录、董事会会议决议、监事会会议决议和财务会计报告。

股东可以要求查阅公司会计账簿、会计凭证。股东要求查阅公司会计账簿、会计凭证的，应当向公司提出书面请求，说明目的。公司有合理根据认为股东查阅会计账簿、会计凭证有不正当目的，可能损害公司合法利益的，可以拒绝提供查阅，并应当自股东提出书面请求之日起十五日内书面答复股东并说明理由。公司拒绝提供查阅的，股东可以向人民法院提起诉讼。

股东查阅材料，可以委托会计师事务所、律师事务所等中介机构进行。

（2）股份有限公司股东有权查阅、复制公司及全资子公司的公司章程、股东名册、股东会会议记录、董事会会议决议、监事会会议决议、财务会计报告，对公司的经营提出建议或者质询。

连续一百八十日以上单独或者合计持有公司百分之三以上股份的股东要求查阅公司的会计账簿、会计凭证的，与有限责任公司的规定相同。公司章程对持股比例有较低规定的，从其规定。

上市公司股东查阅、复制相关材料的，应当遵守《中华人民共和国证券法》等法律、行政法规的规定。

（3）公司应当定期向股东披露董事、监事、高级管理人员从公司获得报酬的情况。

（4）上市公司必须依照法律、行政法规的规定，公开其财务状况、经营情况及重大诉讼，在每会计年度内半年公布一次财务会计报告。上市公司应当依法披露股东、实际控制人的信息。

9. 参与重大决策和选择管理者的权利

【案例解读1】

[案情概述] 真功夫公司董事长蔡达标因犯职务侵占罪和挪用资金罪，于2013年12月12日，被广州市天河区法院判处有期徒刑十四年。真功夫公司与蔡达标之间的这场股东知情权纠纷诉讼起源于蔡达标被刑事羁押后，委托其妹蔡春红代为行使股东知情权被真功夫公司拒绝。2012年5月25日、6月1日、6月14日，蔡达标及其代理人蔡春红分别向真功夫公司发出《关于查阅、复制公司有关资料的函》等函件，真功夫公司则两次回函称，由于其无法确认和核实函件中"蔡达标"的签名及其授权是否真实等原因，未向蔡春红提供相关材料。蔡达标因此以股东知情权受损害为由向广州市天河区人民法院提起诉讼，请求真功夫公司安排蔡达标委托的代理人，查阅公司自2011年3月至2013年7月18日止的全部股东会会议记录及决议、董事会会议记录及决议、监事报告、财务会计报告及审计报告；安排其代理人及聘请的会计专业人员查阅公司上述期间的会计账簿；向蔡达标提供上述期间未经股东会、董事会审议批准而作出的可能影响股东权益的各项重大决策和行动的批准文件或决策程序信息，提供公司内部公司治理架构变更及高管人员变更及其职能等可能影响股东权益的信息。

[处理结果] 天河区法院一审判决支持了蔡达标的大部分请求。真功夫公司不服一审判决，提出上诉。广州中院对一审进行了部分改判，二审判决：真功夫公司于判决生效后十日内，将2011年3月17日至2013年7月18日止的会计账簿提供给蔡达标委托的代理人及会计专业人员查阅，将此期间的董事会会议决议、监事报告、财务会计报告提供给蔡达标委托的代理人查阅、复制，驳回蔡达标的其他诉讼请求。此外，由于真功夫公司未设股东会，故一、二审法院均未支持蔡达标要求查阅、复制真功夫公司股东会会议记录及决议的请求。

[解读意见] 股东知情权是股东行使其他权利的前提。股东知情权的范围应当遵守《公司法》的规定。《公司法》关于有限责任公司股东知情权的规定中没有关于股东可以

查阅、复制审计报告的内容,在《会计法》中也无相关规定。蔡达标是以股东的身份提起诉讼,其要求行使的是股东知情权而非董事权利。

(案例来源:中国法院网)

三、股东应当依法行使权利

1. 股东滥用股东权利应当承担赔偿责任

公司股东应当遵守法律、行政法规和公司章程,依法行使股东权利,不得滥用股东权利损害公司或者其他股东的利益;不得滥用公司法人独立地位和股东有限责任损害公司债权人的利益。公司股东滥用股东权利给公司或者其他股东造成损失的,应当依法承担赔偿责任。

【课堂讨论2】

[材料]有限责任公司甲是乙公司设立的全资子公司,甲公司的董事长及董事成员全部是由乙公司任命的,且甲公司的经营策略也必须由乙公司批准。甲公司在经营过程中赚取利润,以甲公司名义向银行获取贷款后,就通过与乙公司签订合同、转移定价的方式,以远远高出市场价格的高价购买乙公司的设备,从而将公司的利润、资金转移给乙公司,而甲公司自己呈现出亏损的状态,则当银行向甲公司要求偿还贷款时,发现甲公司已经资不抵债,无力偿还贷款。

[问题]公司乙是否应当以其财产对甲公司的贷款承担偿还责任?

2. 公司法人人格否认

公司法人人格否认,又称为"揭开公司的面纱"。当公司股东滥用公司法人独立地位和股东有限责任,逃避债务,严重损害公司债权人利益的,该股东即丧失依法享有的仅以其对公司的出资为限对公司承担有限责任的权利,而应当对公司债务承担连带责任。

股东利用其控制的两个以上公司滥用股东权利,逃避债务,严重损害公司债权人利益的,各公司应当对任一公司的债务承担连带责任。

股东滥用股东权利的具体表现形式是:财产混同、人格混同(如母子公司用一块牌子)、管理混同、财务混同等。

公司法人人格否认并不是对公司的存在给予全面否定,而是在承认其法人存在的同时,只就特定个案否定公司的独立人格,将公司与其股东在法律上视为同一体。这一制度安排,是对股东有限责任制度的一种补充,对于保障公司债权人的利益、维护交易安全,是十分必要的。

此外,一人公司的股东不能证明公司财产独立于股东自己的财产的,应当对公司债务承担连带责任。

【案例解读2】

[案情概述]广东省东莞市杰美讯能源科技有限公司(简称杰美讯公司)于2010年6

月成立,汪芳为该公司唯一股东,由其丈夫徐国鸿负责经营。2010年3月至7月间,杰美讯公司多次向四川省绵阳市龙华薄膜有限公司(简称龙华公司)购买货物,但未支付货款。2012年2月,汪芳将所持杰美讯公司股权转让给他人,并办理了股权变更登记。同年3月,徐国鸿与汪芳离婚。同年10月,龙华公司提起诉讼,要求杰美讯公司、徐国鸿及汪芳承担连带清偿责任。汪芳以其股权转让为由拒绝清偿,徐国鸿则以其行为属于职务行为为由,主张应由杰美讯公司承担。

[处理结果]广东省东莞市第二人民法院一审判决:杰美讯公司支付龙华公司货款,徐国鸿、汪芳承担连带清偿责任。汪芳不服判决,提起上诉。东莞市中级人民法院经审理后判决:驳回上诉,维持原判。

[解读意见]根据我国《公司法》的规定,除非一人公司的股东能举证证明公司财产独立于股东个人财产,否则就应当对公司债务承担连带责任。汪芳在涉案期间是杰美讯公司的股东,其未能证明在涉案交易期间杰美讯公司财产独立于其个人财产。又因涉案债务发生于徐国鸿与汪芳婚姻关系存续期间,应按夫妻共同债务处理。

(案例来源:中国法院网)

【讨论提示1】

根据《最高人民法院关于适用〈中华人民共和国公司法〉若干问题的规定(三)》第二十四条之规定,实际出资人未经公司其他股东半数以上同意,请求公司变更股东、签发出资证明书、记载于股东名册、记载于公司章程并办理公司登记机关登记的,人民法院不予支持。

实际出资人成为股东的意愿能否实现,关键在于有无半数以上的其他股东表示同意。一旦达不到这个要求,实际出资人将面临显名失败的结局。

【讨论提示2】

本案中,由于母公司乙滥用对子公司甲的控制权,侵害了债权人的利益,银行可以要求法院判令由母公司乙以其财产对甲公司的贷款承担偿还责任。

【能力测试】

1. 关于股东的表述,下列哪一选项是正确的?(　　)
A. 股东应当具有完全民事行为能力
B. 自然人股东死亡后,其合法继承人可以继承股东资格
C. 非法人组织不能成为公司的股东
D. 股份有限公司成立前可以向股东交付股票

2. 甲、乙、丙拟共同出资50万元设立一有限公司。公司成立后,在其设置的股东名册中记载了甲、乙、丙的姓名与出资额等事项,但在办理公司登记时遗漏了丙,使得公司登记的文件中股东只有甲、乙。下列哪一说法是正确的?(　　)

A. 丙不能取得股东资格

B. 丙取得股东资格，但不能参与当年的分红

C. 丙取得股东资格，但不能对抗第三人

D. 丙不能取得股东资格，但可以参与当年的分红

3. 王某为甲有限公司的经理，利用职务之便为其妻李某经营的乙公司谋取本来属于甲公司的商业机会，致甲公司损失30万元。甲公司小股东张某欲通过诉讼维护公司利益。关于张某的做法，下列哪一选项是正确的？（　　）

A. 必须先书面请求甲公司董事会对王某提起诉讼

B. 必须先书面请求甲公司监事会对王某提起诉讼

C. 只有在董事会拒绝起诉情况下，才能请求监事会对王某提起诉讼

D. 只有在其股权达到1%时，才能请求甲公司有关部门对王某提起诉讼

4. 以下说法符合《公司法》的有（　　）。

A. 会计账账簿因其保密性，股东查阅时应经董事会准许

B. 有限责任公司3年以上不分配红利，同时这3年公司符合《公司法》规定的分配利润的条件，中小股东可以请求公司收购股权

C. 公司经过股东大会决议进行合并或分立时，提反对意见的股东可以请求公司收购他的股权

D. 公司经营管理发生严重困难，继续存续会使股东利益受到重大损失时，持有公司全部股东表决权百分之十以上的股东，可以请求人民法院解散公司

5. 张某系一家有限责任公司的小股东，由于对公司的经营状况不满，想通过查阅公司账簿去深入调查公司经营出现的问题。下列哪一选项是错误的？（　　）

A. 张某必须向公司提出书面申请

B. 公司有权以可能会泄露公司商业秘密为由拒绝张某的查账申请

C. 若张某聘请专业机构人员帮助查阅账簿，公司不得拒绝

D. 公司拒绝张某查阅时，张某可以请求法院要求公司提供查阅

6. 下列说法正确的是（　　）。

A. 参与重大决策权是股东权益的核心

B. 董事、高级管理人员违反法律、行政法规或者公司章程的规定，损害公司利益的，股东可以向人民法院提起诉讼

C. 董事、高级管理人员违反股东会的决议，股东可以向人民法院提起诉讼

D. 有限责任公司股东有权查阅、复制公司章程、股东会会议记录、董事会会议决议、监事会会议决议和财务会计报告

7. 李某为蓝天有限责任公司股东，又为该公司的董事长，同时，蓝天有限责任公司又是宏宇有限责任公司的控股股东，且由李某担任该公司董事长。宏宇有限责任公司欠某企业货款达300万元，为了逃避债务，李某将宏宇有限责任公司的财产转到蓝天有限责任公司名下，致使宏宇有限责任公司无法清偿货款。对该300万元的债务，应如何处理？（　　）

A. 只能由宏宇有限责任公司承担

B. 只能由蓝天有限责任公司承担

C. 由宏宇有限责任公司承担，蓝天有限责任公司负连带责任

D. 由宏宇有限责任公司承担，李某负连带责任

8. 根据《公司法》，单独或合计持有股份有限公司（　　）以上股份的股东，有权通过董事会向股东会提出临时提案。

A. 百分之一

B. 百分之五

C. 百分之十

D. 百分之十五

9. 下列说法错误的是（　　）。

A. 股份有限公司股东有权查阅公司章程和股东名册

B. 股份有限公司股东有权查阅股东大会会议记录、董事会会议决议、监事会会议决议、财务会计报告

C. 股东会选举董事、监事，可以依照公司章程的规定或者股东会的决议，实行累积投票制

D. 一人有限责任公司的股东不能证明公司财产独立于股东自己的财产的，应当对公司债务承担补充责任

10. 甲、乙等六位股东各出资30万元于2015年2月设立一家有限责任公司，五年来公司效益一直不错，但为了扩大再生产一直未向股东分配利润。2021年股东会上，乙提议进行利润分配，但股东会仍然作出不分配利润的决议。对此，下列哪项表述是正确的？（　　）

A. 该股东会决议无效

B. 乙可请求法院撤销该股东会决议

C. 乙有权请求公司以合理价格收购其股权

D. 乙可不经其他股东同意而将其股份转让给第三人

正确答案：1. B　2. C　3. B　4. C　5. C　6. D　7. C　8. A　9. D　10. C

【任务简析】

1. 保证一年给股东多少投资回报率，并且签订了书面协议，这样的协议对公司无效。作为公司的股东，其收益是对公司未来经营利润的分红。公司经营有风险，股东是否有分红以及分红多少是不能确定的。

2. 公司股东滥用公司法人独立地位和股东有限责任，逃避债务，严重损害公司债权人利益的，应当对公司债务承担连带责任。

工作任务 9　公司资本的制度安排

【学习目标】

探究知识：公司资本与公司资产，股票、股份与债券，普通股与类别股，关联关系、控股股东与实际控制人，股东的优先购买权、公司回购股权等。

获取能力：理解公司资本确定、维持、不变三原则，了解股份发行的原则与步骤，了解股票与债券的区别。知道关于公司发起人、董事、监事、高级管理人员转让其所持有的本公司股份的限制性规定。掌握有限公司股东转让股权的规则，能够依法对内对外转让股权，并且懂得股东如何要求公司回购股权。

【导入任务】

两年前，小王与小李、小张共同开办了一家有限责任公司，其中小王、小李、小张分别占8%、60%、32%的股权。现在，公司经营到期了。尽管小王投了反对票，股东会仍按另外两股东的意见修改了公司章程，延长了经营期限使公司存续。小王担心以后的利益得不到保障，就想退出公司，但小李却不同意。

问：小王怎样才可以依法退出公司？

【法律快递】

《中华人民共和国公司法》最近的一次修订是2023年12月29日第十四届全国人民代表大会常务委员会第七次会议通过的，自2024年7月1日起施行。

一、公司资本概述

（一）公司资本的概念与资本形态

公司资本是注册登记的由股东向公司实缴或承诺缴付的出资总额。公司资本一般由现金、实物和无形财产构成。公司注册资本是与其他市场主体进行交易的资本基础，是公司对外承担债务的担保财产，是公司获得独立法人资格的必要法律条件。

公司资本通常表现为注册资本。注册资本又称账面资本，是在公司登记机关登记的资本额。有限责任公司的注册资本为在公司登记机关登记的全体股东认缴的出资额。股份有限公司的注册资本为在公司登记机关登记的已发行股份的股本总额。

公司资本还有其他不同的形态，例如：

认购资本（认缴资本），指出资人同意缴付的出资总额，即公司的发行资本。

实缴资本，指出资人已经缴付的出资额，即公司的实收资本。

未缴付资本，指认购资本中出资人应缴付而未缴付的出资。

催缴资本，指公司已向出资人发出缴付催告的未缴资本。

（二）公司资本与公司资产不同

公司资产通常是指公司可以支配的能以货币计量的经济资源。公司资产是公司资金的存在方式。公司的资金，是指可供公司支配的以货币形式表现出来的公司资产的价值，它主要包括公司股东对公司的永久性投资、公司发行的债券、向银行的贷款等。根据资产 = 负债 + 所有者权益这一会计公式，可知公司资本是公司资产的构成部分。

所谓负债，是指公司所承担的能以货币计量、需要以资产或劳务偿付的债务。所谓所有者权益，是指股东对公司净资产的所有权，即股权。股权包括股东投入公司的资本以及所形成的公积金、未分配利润等。

二、公司资本原则

为保证公司资本的真实和稳定，大陆法系规定了公司资本三原则，即资本确定原则、资本维持原则和资本不变原则。

（一）资本确定原则

资本确定原则，就是要求确保公司作为资本实体拥有必要的财产基础。在如何实现资本确定的问题上，存在着三种制度模式。

1. 法定资本制

法定资本制要求公司在设立时，必须在章程中对公司的资本总额作出明确规定，并且必须全部募足，否则公司不能成立。这是传统大陆法的体制。

2. 授权资本制

授权资本制允许公司在成立时只募足其公司章程中规定的资本总额的一部分，其余部分则授权董事会在公司成立以后依据公司经营需要再行募集。这主要为英美法系国家所采用。

3. 折中资本制

折中资本制度是法定资本制与授权资本制的规制理念的折中，即"法定与授权"之间的一种妥协安排；折中资本制是董事会的经营决策权与法律的事先安排之间的折中设计。法定资本制以注重交易安全见长，授权资本制则有利于公司的设立、成长，有利于提高资本的运作效率。折中资本制兼顾了公平、安全与效率。因此，折中资本制已成为现代大陆法系国家公司资本制度的发展趋势。

2023年12月29日新修订的《公司法》，明确规定全体股东认缴的出资额由股东按照公司章程的规定自公司成立之日起五年内缴足。同时，将实缴出资信息作为公司强制公示事项，再配套规定了催缴出资、股东失权以及出资加速到期等制度，并加大了对违反实缴出资相关法律责任的行政处罚力度。一系列规定将有效引导新设公司合理确定注册资本数额及出资期限，对规范股东出资和股权交易、维护交易安全、建设诚信市场环境具有重要意义。

（二）资本维持原则

【案例解读1】

[案情概述] 2016年年底陈某向李某借款70万元，约定借期一年，月息两分。到期后陈某未能偿还款项，约定再续借一年，为了保障债权的实现，李某让陈某为其债务找一担保人。后陈某持其为股东的某A公司印章在借据上担保人处盖章。到期后陈某仍未能偿还款项，李某索款无果，遂以陈某、A公司为被告起诉至法院，要求陈某还款，A公司承担连带清偿责任。庭审中，A公司称其并未为陈某的借款提供担保，陈某的盖章行为系个人行为，并不能代表公司，公司股东会并不知情。

[处理结果] 淮安市清江浦区人民法院判决驳回了原告李某对A公司的诉讼请求。

[解读意见] 本案中，A公司的股东陈某以公司名义为其个人借款提供担保是否经股东会决议，理应成为担保权人李某"应当知道"的内容。李某作为担保权人，在陈某向其提供A公司盖章担保的借据时没有要求陈某提供该公司的股东会决议，其对陈某的代理权没有尽到与合理注意义务相当的形式审查义务，其主观上有过错，不构成善意相对人。而陈某以A公司名义盖章担保的行为亦未经公司追认，故该担保行为对公司不发生效力，该公司在本案中不应承担担保责任。

（案例来源：江苏法院网）

资本维持原则，又称资本充实原则，指公司在存续过程中，应经常保持与其资本额相当的财产的原则。我国《公司法》从以下几个方面贯彻了资本维持原则。

（1）公司成立后，股东不得抽逃出资。

公司成立后，股东不得抽逃出资。违反规定的，股东应当返还抽逃的出资；给公司造成损失的，负有责任的董事、监事、高级管理人员应当与该股东承担连带赔偿责任。

根据《关于适用〈中华人民共和国公司法〉若干问题的规定（三）》第十二条，公司成立后，公司、股东或者公司债权人以相关股东的行为符合下列情形之一且损害公司权益为由，请求认定该股东抽逃出资的，人民法院应予支持：制作虚假财务会计报表虚增利润进行分配；通过虚构债权债务关系将其出资转出；利用关联交易将出资转出；其他未经法定程序将出资抽回的行为。

（2）股东、发起人承担出资不实责任。

（3）面额股股票的发行价格可以按票面金额，也可以超过票面金额，但不得低于票面金额。

（4）除《公司法》有特别规定外，公司不得收购本公司股份。

（5）公司不得接受以本公司的股票作为质押权的标的。

（6）公司的所余税后利润，只有在弥补亏损和依法提取公积金之后，才能进行分配。

（7）除法律另有规定外，公司不得成为对所投资企业的债务承担连带责任的出资人。

（8）公司向其他企业投资或者为他人提供担保，依照公司章程的规定，由董事会或者股东会决议；公司章程对投资或者担保的总额及单项投资或者担保的数额有限额规定的，不得超过规定的限额。

公司为公司股东或者实际控制人提供担保的，必须经股东会决议。要求公司提供担保的股东或者受实际控制人支配的股东不得参加担保事项的表决。该项表决由出席会议的其他股东所持表决权的过半数通过。

（9）公司不得为他人取得本公司或者其母公司的股份提供赠与、借款、担保以及其他财务资助，公司实施员工持股计划的除外。

为公司利益，经股东会决议，或者董事会按照公司章程或者股东会的授权作出决议，公司可以为他人取得本公司或者其母公司的股份提供财务资助，但财务资助的累计总额不得超过已发行股本总额的百分之十。董事会作出决议应当经全体董事的三分之二以上通过。

违反规定，给公司造成损失的，负有责任的董事、监事、高级管理人员应当承担赔偿责任。

（10）规制关联关系。

所谓关联关系，是指公司控股股东、实际控制人、董事、监事、高级管理人员与其直接或者间接控制的企业之间的关系，以及可能导致公司利益转移的其他关系。但是，国家控股的企业之间不仅因为同受国家控股而具有关联关系。

控股股东，是指其出资额占有限责任公司资本总额百分之五十以上或者其持有的股份占股份有限公司股本总额百分之五十以上的股东；出资额或者持有股份的比例虽然不足百分之五十，但依其出资额或者持有的股份所享有的表决权已足以对股东会、股东大会的决议产生重大影响的股东。

实际控制人，是指虽不是公司的股东，但通过投资关系、协议或者其他安排，能够实际支配公司行为的人。

高级管理人员，是指公司的经理、副经理、财务负责人，上市公司董事会秘书和公司章程规定的其他人员。

公司的控股股东、实际控制人、董事、监事、高级管理人员不得利用其关联关系损害公司利益。利用其关联关系给公司造成损失的，应当承担赔偿责任。

董事、监事、高级管理人员，直接或者间接与本公司订立合同或者进行交易，应当就与订立合同或者进行交易有关的事项向董事会或者股东会报告，并按照公司章程的规定经董事会或者股东会决议通过。董事、监事、高级管理人员的近亲属，董事、监事、高级管理人员或者其近亲属直接或者间接控制的企业，以及与董事、监事、高级管理人员有其他关联关系的关联人，与公司订立合同或者进行交易，同样适用此规定。

上市公司董事与董事会会议决议事项所涉及的企业或者个人有关联关系的，该董事应当及时向董事会书面报告。有关联关系的董事不得对该项决议行使表决权，也不得代理其他董事行使表决权。该董事会会议由过半数的无关联关系董事出席即可举行，董事会会议所作决议须经无关联关系董事过半数通过。出席董事会会议的无关联关系董事人数不足三人的，应当将该事项提交上市公司股东会审议。

(三) 资本不变原则

资本不变原则，是指公司的注册资本额一经确定，非经法定程序不得变更。

1. 增资、减资应当由股东会作出决议
2. 公司减资应当向债权人通知和公告

公司减少注册资本，应当编制资产负债表及财产清单。

公司应当自股东会作出减少注册资本决议之日起十日内通知债权人，并于三十日内在报纸上或者国家企业信用信息公示系统公告。债权人自接到通知书之日起三十日内，未接到通知的自公告之日起四十五日内，有权要求公司清偿债务或者提供相应的担保。

3. 违反规定减资的法律后果

违反规定减少注册资本的，股东应当退还其收到的资金，减免股东出资的应当恢复原状；给公司造成损失的，股东及负有责任的董事、监事、高级管理人员应当承担赔偿责任。

公司增资除了可以调整股东结构和持股比例、改变公司管理机构的组成外，还可以筹集资金、扩大经营规模、增强公司实力。公司增加资本有利于保护债权人利益和交易安全。因此，《公司法》对公司增资没有像对减资同样严格的要求。

公司增加或者减少注册资本，应当依法向公司登记机关办理变更登记。

【案例解读2】

[案情概述] 2010年8月17日，乙公司注册成立，股东为董某、郑某、金某、连某、徐某、张某。乙公司申请登记的注册资本为1亿元，其中董某认缴出资额1800万元，占出资比例18%；郑某认缴出资额2000万元，占出资比例20%；金某认缴出资额1000万元，占出资比例10%；连某认缴出资额700万元，占出资比例7%；徐某认缴出资额500万元，占出资比例5%；张某认缴出资额4000万元，占出资比例40%。乙公司成立时各股东实际出资金额为：董某360万元，郑某400万元，金某200万元，连某140万元，徐某100万元，张某800万元，实收资本合计2000万元。此后，董某、郑某、金某、连某、徐某、张某再未实际出资。2012年5月20日，乙公司股东会决议，将乙公司注册资本从1亿元减至2000万元，并办理了注册资本的变更登记。

2010年9月27日至2011年4月21日期间，甲公司与乙公司订立碳化硅销售合同共12份，合同约定乙公司向甲公司购买总计数量80吨，货款216万元的碳化硅，交货方式为甲公司将货物运至乙公司指定地点，付款方式为乙公司在收到货物之日起45天内付清货款，如逾期未付款，按货款的5‰/天计算违约金，各合同对交货时间均作了约定。合同签订后，甲公司按约交付货物，乙公司仅支付货款109万元，尚余107万元未付。并且乙公司未清偿甲公司债务或者提供相应的担保，即向工商登记机关变更登记。甲公司遂起诉至法院，要求乙公司支付货款107万元及违约金334 568.8元，股东董某、郑某、金某、连某、徐某、张某在出资不足的范围内承担补充赔偿责任，各股东之间承担连带责任。

[处理结果] 法院判决：

1. 乙公司应于判决发生法律效力之日起十日内偿付甲公司货款107万元，违约金334 568.80元，合计1 404 568.80元。

2. 在乙公司的资产不足以清偿上述债务的情况下，董某在1440万元、郑某在1600万元、金某在800万元、连某在560万元、徐某在400万元、张某在3200万元出资不足的范围内对上述款项承担补充赔偿责任。董某、郑某、金某、连某、徐某、张某互负连带责任。一审宣判后，双方当事人均未在法定期限内提出上诉，判决已发生法律效力。

[解读意见] 公司股东的有限责任以足额出资为前提。董某、郑某、金某、连某、徐某、张某作为乙公司的股东，在公司成立后未缴足出资即作出减资决议，客观上使基于信赖公司的实际资本符合公司所公示的内容而与公司发生业务往来的债权人的利益受损。

（案例来源：江苏法院网）

三、股份有限公司的股份发行

（一）股份的概念

对公司而言，股份是以货币价值量计量的均等的资本单位或单位资本；对股东而言，股份是股东基于出资而享有的法律地位和权利的总称。

（二）股份的形式与种类

1. 股票

股份有限公司的股份采取股票的形式。

股票是公司签发的证明股东所持股份的凭证。

公司发行的股票，应当为记名股票。

公司的资本划分为股份。公司的全部股份，根据公司章程的规定择一采用面额股或者无面额股。采用面额股的，每一股的金额相等。公司可以根据公司章程的规定将已发行的面额股全部转换为无面额股或者将无面额股全部转换为面额股。采用无面额股的，应当将发行股份所得股款的二分之一以上计入注册资本。

面额股股票的发行价格可以按票面金额，也可以超过票面金额，但不得低于票面金额。

股票采用纸面形式或者国务院证券监督管理机构规定的其他形式。

股票采用纸面形式的，应当载明下列主要事项：公司名称；公司成立日期或者股票发行的时间；股票种类、票面金额及代表的股份数，发行无面额股的，股票代表的股份数。

股票采用纸面形式的,还应当载明股票的编号,由法定代表人签名,公司盖章。发起人股票采用纸面形式的,应当标明发起人股票字样。

股份有限公司成立后,即向股东正式交付股票。公司成立前不得向股东交付股票。

2. 普通股与类别股

股份有限公司可以按照公司章程的规定发行下列与普通股权利不同的类别股:

（1）优先或者劣后分配利润或者剩余财产的股份;

（2）每一股的表决权数多于或者少于普通股的股份;

（3）转让须经公司同意等转让受限的股份;

（4）国务院规定的其他类别股。

公开发行股份的公司不得发行特殊表决权股、转让受限股;公开发行前已发行的除外。

公司发行优先股和劣后股、特殊表决权股的,对于监事或者审计委员会成员的选举和更换,类别股与普通股每一股的表决权数相同。

普通股指的是在公司的经营管理和盈利及财产的分配上享有普通权利的股份,代表满足所有债权偿付要求及优先股东的收益权与求偿权要求后对企业盈利和剩余财产的索取权。

（三）股份有限公司的股份发行

股份发行是指股份有限公司通过公开或非公开的方式向投资者发出要约,投资者通过缴纳出资获得股权的过程。公司在成立前可以为募集资本而发行股份,成立后可以为扩充资本而发行新股。

1. 股份的发行原则

股份的发行,实行公平、公正的原则。

同类别的每一股份应当具有同等权利。同次发行的同类别股份,每股的发行条件和价格应当相同;认购人所认购的股份,每股应当支付相同价额。公司的全部股份,根据公司章程的规定择一采用面额股或者无面额股。采用面额股的,每一股的金额相等。

2. 发行新股的主要步骤

（1）股东会作出决议。

公司发行新股,股东会应当对下列事项作出决议:新股种类及数额;新股发行价格;新股发行的起止日期;向原有股东发行新股的种类及数额;发行无面额股的,新股发行所得股款计入注册资本的金额。

公司发行新股,可以根据公司经营情况和财务状况,确定其作价方案。

（2）可以授权董事会发行股份。

公司章程或者股东会可以授权董事会在三年内决定发行不超过已发行股份百分之五十的股份。但以非货币财产作价出资的应当经股东会决议。

公司章程或者股东会授权董事会决定发行新股的,董事会决议应当经全体董事三分之二以上通过。

（3）公告。

公司向社会公开募集股份,应当经国务院证券监督管理机构注册,公告招股说明书。

公司向社会公开募集股份，应当由依法设立的证券公司承销，签订承销协议；公司还应当同银行签订代收股款协议。

公司发行股份募足股款后，应予公告。

四、股份有限公司的股份转让

（一）对特定股份持有人的转让限制

股份有限公司的股东持有的股份可以向其他股东转让，也可以向股东以外的人转让；公司章程对股份转让有限制的，其转让按照公司章程的规定进行。

为了保护交易当事人和公司的权益，《公司法》也对特定股份持有人转让股份设定了以下规则：

（1）公司公开发行股份前已发行的股份，自公司股票在证券交易所上市交易之日起一年内不得转让。法律、行政法规或者国务院证券监督管理机构对上市公司的股东、实际控制人转让其所持有的本公司股份另有规定的，从其规定。

（2）公司董事、监事、高级管理人员应当向公司申报所持有的本公司的股份及其变动情况，在就任时确定的任职期间每年转让的股份不得超过其所持有本公司股份总数的百分之二十五；所持本公司股份自公司股票上市交易之日起一年内不得转让。上述人员离职后半年内，不得转让其所持有的本公司股份。公司章程可以对公司董事、监事、高级管理人员转让其所持有的本公司股份作出其他限制性规定。

股份在法律、行政法规规定的限制转让期限内出质的，质权人不得在限制转让期限内行使质权。

（二）股份转让场所与方式

股东转让其股份，应当在依法设立的证券交易场所进行或者按照国务院规定的其他方式进行。上市公司的股票，依照有关法律、行政法规及证券交易所交易规则上市交易。

股票的转让，由股东以背书方式或者法律、行政法规规定的其他方式转让；转让后由公司将受让人的姓名或者名称及住所记载于股东名册。

股东会会议召开前二十日内或者公司决定分配股利的基准日前五日内，不得进行转让记名股票的股东名册的变更登记。但是，法律对上市公司股东名册变更登记另有规定的，从其规定。

无记名股票的转让，由股东将该股票交付给受让人后即发生转让的效力。

（三）对公司收购本公司股份的限制

公司不得收购本公司股份。但是，有下列情形之一的除外：

（1）减少公司注册资本；

（2）与持有本公司股份的其他公司合并；

（3）将股份奖励给本公司职工；

(4) 股东因对股东大会作出的公司合并、分立决议持异议，要求公司收购其股份的；
(5) 将股份用于转换上市公司发行的可转换为股票的公司债券；
(6) 上市公司为维护公司价值及股东权益所必需。

公司因上述第（1）项、第（2）项规定的情形收购本公司股份的，应当经股东大会决议；公司因第（3）项、第（5）项、第（6）项规定的情形收购本公司股份的，可以依照公司章程的规定或者股东大会的授权，经三分之二以上董事出席的董事会会议决议。

公司收购本公司股份后，属于第（1）项情形的，应当自收购之日起十日内注销；属于第（2）项、第（4）项情形的，应当在六个月内转让或者注销；属于第（3）项、第（5）项、第（6）项情形的，公司合计持有的本公司股份数不得超过本公司已发行股份总额的百分之十，并应当在三年内转让或者注销。

上市公司收购本公司股份的，应当依照《证券法》的规定履行信息披露义务。上市公司因第（1）项、第（5）项、第（6）项规定的情形收购本公司股份的，应当通过公开的集中交易方式进行。

公司不得接受本公司的股票作为质押权的标的。

五、有限责任公司的股权转让

（一）股权转让及优先购买权

由于有限责任公司具有人合性的特点，其股权转让必须考虑到公司股东之间的信任和协作关系。股权转让的，受让人自记载于股东名册时起可以向公司主张行使股东权利。

1. 一般转让规则

有限责任公司的股东之间可以相互转让其全部或者部分股权。股东向股东以外的人转让股权，应当经其他股东过半数同意。股东应就其股权转让事项书面通知其他股东征求同意，其他股东自接到书面通知之日起满三十日未答复的，视为同意转让。其他股东半数以上不同意转让的，不同意的股东应当购买该转让的股权；不购买的，视为同意转让。

经股东同意转让的股权，在同等条件下，其他股东有优先购买权。两个以上股东主张行使优先购买权的，协商确定各自的购买比例；协商不成的，按照转让时各自的出资比例行使优先购买权。

公司章程对股权转让另有规定的，从其规定。

2. 强制转让规则

人民法院依照法律规定的强制执行程序转让股东的股权时，应当通知公司及全体股东，其他股东在同等条件下有优先购买权。其他股东自人民法院通知之日起满二十日不行使优先购买权的，视为放弃优先购买权。

3. 变更股东名册、变更登记

股东转让股权的，应当书面通知公司，请求变更股东名册；需要办理变更登记的，并请求公司向公司登记机关办理变更登记。公司拒绝或者在合理期限内不予答复的，转让人、受让人可以依法向人民法院提起诉讼。

4. 转让人与受让人有关转让股权的责任

股东转让已认缴出资但未届出资期限的股权的，由受让人承担缴纳该出资的义务；受让人未按期足额缴纳出资的，转让人对受让人未按期缴纳的出资承担补充责任。

未按照公司章程规定的出资日期缴纳出资或者作为出资的非货币财产的实际价额显著低于所认缴的出资额的股东转让股权的，转让人与受让人在出资不足的范围内承担连带责任；受让人不知道且不应当知道存在上述情形的，由转让人承担责任。

【课堂讨论】

[材料] 王先生是某快递有限公司的股东。2019年，因公司经营不善，业绩不佳，王先生与同是该公司股东的张先生达成股权转让协议，将自己持有的该公司40%的股权作价人民币16万元转让给张先生，张先生在协议生效后支付了转让款，但因当时公司公章丢失未办理股东工商变更登记。2021年，该公司经营状况改善，王某见公司利润可观，遂以未办理工商变更登记为由，主张股权转让协议无效。

[问题] 该股权转让协议是否有效？

（二）股东请求公司收购股权

《公司法》第八十九条规定，有下列情形之一的，对股东会该项决议投反对票的股东可以请求公司按照合理的价格收购其股权：

（1）公司连续五年不向股东分配利润，而公司该五年连续盈利，并且符合本法规定的分配利润条件的；

（2）公司合并、分立、转让主要财产的；

（3）公司章程规定的营业期限届满或者章程规定的其他解散事由出现，股东会会议通过决议修改章程使公司存续的。

自股东会会议决议通过之日起六十日内，股东与公司不能达成股权收购协议的，股东可以自股东会会议决议通过之日起九十日内向人民法院提起诉讼。

公司的控股股东滥用股东权利，严重损害公司或者其他股东利益的，其他股东有权请求公司按照合理的价格收购其股权。

值得注意的是，上述规定中"对股东会该项决议投反对票的股东"该作何理解？是否表明只有在股东会当场投出反对票的股东才有权要求公司回购？

答案是否定的。在股东会上明确投出反对票的股东毫无疑问有权请求公司回购其股权。然而，若大股东根本未召开股东会或中小股东未被通知参加股东会，却实际产生了上述结果，又该怎么办呢？最高院公报案例（2014）民申字第2154号给出了答案。该案中，公司（被告）对其主要财产进行销售，从定价到转让均未取得原告（股东）的同意，也未通知原告参加股东会。最高院认为，从形式上看，原告确实未参加股东会，也未通过投反对票的方式表达对股东会决议的异议。但是《公司法》第七十四条的立法精神在于保护异议股东的合法权益，之所以对投反对票作出规定，意在要求异议股东将反对意见向其他股东明示。该案中原告未被通知参加股东会，无从了解股东会决议且针对股东会决议投反对票，因此依照《公司法》第七十四条之规定，应当认定原告有权请求被告以公平价格收购其股权。

《最高人民法院关于适用〈中华人民共和国公司法〉若干问题的规定（五）》第五条进一步规定，人民法院审理涉及有限责任公司股东重大分歧案件时，应当注重调解。当事人协商一致以下列方式解决分歧，且不违反法律、行政法规的强制性规定的，人民法院应予支持：

（1）公司回购部分股东股份；
（2）其他股东受让部分股东股份；
（3）他人受让部分股东股份；
（4）公司减资；
（5）公司分立；
（6）其他能够解决分歧，恢复公司正常经营，避免公司解散的方式。

【案例解读3】

[**案情概述**] 国贸大厦于2015年9月10日组织召开临时股东会议，讨论公司经营期限延长至2023年12月31日，意达开发公司不同意延长经营期限。在双方未达成股权收购协议的情况下，意达开发公司在法定期限内提起诉讼请求国贸大厦收购股权。

[**处理结果**] 意达开发公司在法定期限内提起诉讼请求国贸大厦收购股权，是符合法律规定的，应予支持。

[**解读意见**] 最高人民法院在审理丹东国贸大厦有限责任公司、丹东意达房地产开发经营有限公司请求公司收购股份纠纷案[（2019）最高法民申1837号]中认为，根据《公司法》第七十四条的规定，当公司章程规定的营业期限届满或者章程规定的其他解散事由出现，股东会会议通过决议修改章程使公司存续的，对股东会该项决议投反对票的股东可以请求公司按照合理的价格收购其股权。如果自股东会会议决议通过之日起六十日内，股东与公司未能达成股权收购协议的，股东可以自股东会会议决议通过之日起九十日内向人民法院提起诉讼。

（案例来源：中国法院网）

六、公司债券

（一）公司债券的概念

公司债券，是指公司依照法定程序发行的，约定在一定期限还本付息的有价证券。公司债券可以公开发行，也可以非公开飞行。

发行公司债券是公司以借贷方式向公众筹集资金的一个重要方式。与发行股份相比，公司债券利率固定，风险较小，易于吸引投资者，但必须到期还本付息，对公司有一定压力。

(二) 关于发行公司债券的规定

1. 公司债券的发行和交易应当符合《证券法》等法律、行政法规的规定
2. 公告公司债券募集办法

公开发行公司债券,应当经国务院证券监督管理机构注册,公告公司债券募集办法。

公司债券募集办法中应当载明下列主要事项:公司名称;债券募集资金的用途;债券总额和债券的票面金额;债券利率的确定方式;还本付息的期限和方式;债券担保情况;债券的发行价格、发行的起止日期;公司净资产额;已发行的尚未到期的公司债券总额;公司债券的承销机构。

3. 公司以纸面形式发行公司债券的,必须在债券上载明公司名称、债券票面金额、利率、偿还期限等事项,并由法定代表人签名,公司盖章
4. 公司发行公司债券应当置备公司债券持有人名册。

公司债券应当为记名债券。

5. 发行可转换为股票的公司债券的特别规定

股份有限公司经股东会决议,或者经公司章程、股东会授权由董事会决议,可以发行可转换为股票的公司债券,并规定具体的转换办法。上市公司发行可转换为股票的公司债券,应当经国务院证券监督管理机构注册。

发行可转换为股票的公司债券,应当在债券上标明可转换公司债券字样,并在公司债券持有人名册上载明可转换公司债券的数额。发行可转换为股票的公司债券的,公司应当按照其转换办法向债券持有人换发股票,但债券持有人对转换股票或者不转换股票有选择权。法律、行政法规另有规定的除外。

6. 公开发行公司债券的,应当为同期债券持有人设立债券持有人会议,聘请债券受托管理人

(三) 公司债券的转让

公司债券可以转让,转让价格由转让人与受让人约定。

公司债券由债券持有人以背书方式或者法律、行政法规规定的其他方式转让;转让后由公司将受让人的姓名或者名称及住所记载于公司债券持有人名册。

【讨论提示】

工商登记只是股权变更的公示方式,不作为股权转让合同成立和生效的要件。本案中,王先生与张先生签订的股权转让协议合法有效,王先生以未办理工商变更登记为由主张股权转让协议无效是没有法律依据的。值得提醒的是,为减少纠纷,股份转让协议履行后应及时办理工商变更登记手续。

《公司登记管理条例》规定:有限责任公司股东转让股权的,应当自转让股权之日起30日内申请变更登记,并应当提交新股东的主体资格证明或者自然人身份证明。

【能力测试】

1. 关于股票与债券的比较，下列哪一表述是正确的？（　　）
   A. 有限责任公司和股份有限公司都可以成为股票和债券的发行主体
   B. 股票和债券具有相同的风险性
   C. 债券的流通性强于股票的流通性
   D. 股票代表股权，债券代表债权

2. 甲、乙、丙为某有限责任公司股东。现甲欲对外转让其股份，下列哪一判断是正确的？（　　）
   A. 甲必须就此事书面通知乙、丙并征求其意见
   B. 在任何情况下，乙、丙均享有优先购买权
   C. 在符合对外转让条件的情况下，受让人应当将股权转让款支付给公司
   D. 未经工商变更登记，受让人不能取得公司股东资格

3. 香云餐饮有限公司有股东甲、乙、丙三人，分别持股53%、12%与35%。经营数年后，公司又开设一家分店，由丙任其负责人。后因公司业绩不佳，甲召集股东会，决议将公司的分店转让。对该决议，丙不同意。下列哪一表述是正确的？（　　）
   A. 丙可以该决议程序违法为由，主张撤销
   B. 丙可以该决议损害其利益为由，提起解散公司之诉
   C. 丙可以要求公司按照合理的价格收购其股权
   D. 公司可以丙不履行股东义务为由，以股东会决议解除其股东资格

4. 甲、乙、丙是某有限公司的股东，各占54%、28%和18%的股份。乙欲对外转让其所拥有的股份，丙表示同意，甲表示反对，但又不愿意购买该股份。乙便与丁签订了一份股权转让协议，约定丁一次性将股权转让款支付给乙。此时甲表示愿以同等价格购买，只是要求分期付款。对此，各方发生了争议。下列哪一选项是错误的？（　　）
   A. 甲最初表示不愿意购买即应视为同意转让
   B. 甲后来表示愿意购买，则乙只能将股份转让给甲，因为甲享有优先购买权
   C. 乙与丁之间的股份转让协议有效
   D. 如果甲、丙都行使优先购买权，就购买比例而言，如双方协商不成，则双方应按照3∶1的比例行使优先购买权

5. 依照《公司法》的规定，公开发行股份的公司不得发行下列哪类股票？（　　）
   A. 优先股
   B. 劣后股
   C. 面额股
   D. 特殊表决权股

6. 下列关于股份有限公司股份转让的说法，哪项是正确的？（　　）
   A. 董事所持有的本公司股份自公司股票上市交易之日起满一年，可以自由转让
   B. 董事所持有的本公司股份自公司股票上市交易之日起半年内不得转让

C. 董事在任职期间不得转让其所持有的本公司股份

D. 董事离职后半年内,不得转让其所持有的本公司股份

7. 甲、乙等五位股东各出资30万元于2016年2月设立一有限责任公司,五年来公司效益一直不错,但为了扩大再生产一直未向股东分配利润。2021年9月股东会上,乙提议进行利润分配,但股东会仍然作出不分配利润的决议。对此,下列哪项表述是正确的?(　　)

A. 该股东会决议无效

B. 乙可请求法院撤销该股东会决议

C. 乙有权请求公司以合理价格收购其股权

D. 乙可不经其他股东同意而将其股份转让给第三人

8. 关于有限责任公司股东向股东以外的人转让股权,下列说法错误的是(　　)。

A. 经其他股东三分之二以上同意

B. 书面通知其他股东征求同意

C. 其他股东半数以上不同意转让的,不同意的股东应当购买该转让的股权;不购买的,视为同意转让

D. 经股东同意转让的股权,其他股东在同等条件下有优先购买权

9. 人民法院依强制执行程序转让有限责任公司股东的股权时,其他股东应当在法院通知之日起(　　)内行使优先购买权。

A. 十日　　　　　　　　　　B. 十五日

C. 二十日　　　　　　　　　D. 三十日

10. 当有限责任公司股东请求公司按照合理的价格收购其股权时,股东与公司不能达成股权收购协议,可以自股东会会议决议通过之日起(　　)内向人民法院提起诉讼。

A. 30日　　　　　　　　　　B. 45日

C. 60日　　　　　　　　　　D. 90日

正确答案:1. D　2. A　3. C　4. B　5. D　6. D　7. C　8. A　9. C　10. D

【任务简析】

在现有情况下,小王可以依照《公司法》对内或对外转让股权,也可以请求公司按照合理的价格收购其股权,如果小王与公司不能达成股权收购协议,可以自股东会会议决议通过之日起90天内向人民法院提起诉讼。

工作项目五　公司经营

工作任务 10　订立合同

【学习目标】

探究知识： 合同的概念、特征和分类；合同法的基本原则；要约与承诺；缔约过失责任；合同的有效要件；合同的效力类型。

获取能力： 掌握合同订立的程序，能够分析合同的效力，能够订立有效合同。

【导入任务】

建华建筑有限责任公司向前进钢材有限责任公司和大成钢材有限责任公司发函，在函中说明："我公司因为建设所需，标号为×××钢材1000吨，如贵公司有货，请速与我公司联系。我公司希望购买此类钢材。"建华公司于同一天收到两家钢材公司的复函，都说自己公司备有现货，并将价格一并通知了建华公司。前进钢材有限责任公司在发出复函的第二天，派本公司车队载运200吨钢材送往建华公司。建华公司在收到两家公司的复函后，认为大成公司所提出的价格更为合理，并且产品质量信得过，所以于当天下午即去函称将向其购买1000吨钢材，请其速备货。大成公司随即复函建华公司，说其有现货并于第三天将钢材运往建华公司。在建华公司收到大成公司复函的第二天，前进公司的车队运送钢材到了建华公司，要求建华公司收货并支付货款。建华公司当即函电大成公司，请其仅运送800吨钢材到河北。大成钢厂复电说，全部1000吨钢材已经发往建华公司。建华公司收到大成复电后，就对前进公司说，为照顾其损失，只收下其100吨钢材，其余的不收。前进公司对此不服，认为建华公司应当收取全部钢材。建华公司同时再次向大成公司发函称，本公司将仅收其中的900吨钢材，如因大成公司多运送钢材而造成的损失，由大成自行负责。第三天，大成公司的1000吨钢材运到建华公司，建华公司仅收取了其中的900吨，剩余的100吨不予收货，为此双方发生纠纷。

问：建华公司应当收下多少吨钢材？

【法律快递】

《中华人民共和国民法典》：2020年5月28日第十三届全国人民代表大会第三次会议通过，自2021年1月1日起施行。

《中华人民共和国民法典》是新中国第一部以法典命名的法律，在法律体系中居于基础性地位，也是市场经济的基本法。

一、合同的概念和特征

合同，又称为契约、协议。《民法典》第四百六十四条规定："合同是民事主体之间设立、变更、终止民事法律关系的协议。"

我国《民法典》合同编一共分为三个分编（通则、典型合同、准合同），共计526条，占《民法典》条文总数的40%以上，在《民法典》中具有举足轻重的地位。

合同具有以下特征：

（1）合同因当事人意思表示一致而成立。

合同的本质是一种合意，合同成立就是各方当事人的意思表示一致，达成合意。

（2）合同的当事人是平等主体的自然人、法人或其他组织。

行政合同、劳动合同，都并非《民法典》意义上的合同。行政合同的当事人是行政主体与行政相对人，劳动合同的当事人是用人单位与劳动者。行政合同是行政主体以实现行政管理目标为目的，与行政相对人就有关事项经协商而达成的协议。行政主体在行政合同的履行中除了享有《合同法》规定的权利和合同约定的权利外，还享有一般民事合同主体所不享有的行政优益权，具体表现为对合同履行的监督权、指挥权，以及单方变更和解除合同权。劳动合同是用人单位与劳动者确立劳动关系、明确相互权利与义务的协议。在劳动合同履行期间，用人单位依法制定的各项劳动规章制度适用于劳动者，劳动者应当接受用人单位的劳动管理。

（3）合同以设立、变更、终止民事权利义务关系为内容。

婚姻、收养、监护等有关身份关系的协议，适用有关该身份关系的法律规定；没有规定的，可以根据其性质参照适用《民法典》之合同编的规定。

二、合同的分类

合同可以按照不同的标准进行分类，常见的合同分类如下。

（一）单务合同与双务合同

以双方是否互负义务作为划分标准，合同可分为双务合同与单务合同。单务合同是当事人一方负担债务，而对方不负担债务的合同。双务合同是当事人双方互负债务的合同。

(二) 有偿合同与无偿合同

以当事人有无对价的给付为标准，合同可分为有偿合同与无偿合同。有偿合同是当事人双方各因给付而取得对价的合同。无偿合同是当事人一方只为给付而无对价的合同。

(三) 诺成合同与实践合同

按照是否尚须交付标的物合同才能成立的标准，合同可分为诺成合同与实践合同。诺成合同，是指只要当事人各方的意思表示一致即可成立的合同。实践合同，是指除当事人意思表示一致外，还必须有一方实际交付标的物才能成立的合同。

(四) 要式合同与不要式合同

按照法律、法规是否特别要求具备某种形式或手续为标准，合同可分为要式合同与不要式合同。要式合同，是指法律要求必须具备一定的形式和手续的合同；反之，为不要式合同。

(五) 有名合同与无名合同

按照法律、法规是否确定合同的名称及规则为标准，可分为有名合同与无名合同。有名合同是法律规定其内容并赋予一定名称的合同。我国《民法典》所规定的买卖合同，供用电、水、气、热力合同，赠与合同，借款合同，租赁合同，融资租赁合同，承揽合同，建设工程合同，运输合同，技术合同，保管合同，仓储合同，委托合同，物业服务合同，行纪合同等都属于有名合同。无名合同，是指法律上并未确定一定的名称及规则的合同。

(六) 主合同与从合同

按照相互有联系的合同之间的依附关系为划分标准，可以将合同分为主合同与从合同。不需要依附其他合同而能独立存在的合同为主合同，反之为从合同。

(七) 格式合同与非格式合同

按照合同条款是否是当事人协商确定的标准，可以将合同分为格式合同与非格式合同。格式合同是指一方当事人为了重复使用而预先拟定未与对方协商的条款，对方当事人只能概括地接受或不接受的合同。非格式合同是指合同条款是经当事人双方协商确定的合同。

三、合同法的基本原则

合同法原则是基本的民事活动准则。合同法的基本原则贯穿于整个合同法律制度之中，是合同当事人在合同活动中应当遵守的行为准则，也是关于合同关系的立法、执法、司法活动应当遵循的原则。

（一）平等原则

平等原则要求的是合同当事人的法律地位平等，要求合同当事人的权利义务对等，一方不得有凌驾于对方之上的特权，不得将自己的意志强加给另一方，更不得以欺诈、胁迫手段订立合同。

（二）自愿原则

当事人依法享有自愿订立合同的权利，任何单位和个人不得非法干预。自愿原则反映了市场经济的客观要求，在法律允许的范围内，当事人有权按照自己的意愿决定是否与他人订立合同，有权决定与谁订立合同，有权决定合同的内容与形式，有权变更或解除合同。

（三）公平原则

公平原则要求在合同的订立、合同的内容、合同的履行以及违约责任的承担等方面都要做到各方权利和义务的对等。

（四）诚实信用原则

当事人行使权利、履行义务应当遵循诚实信用原则。依法成立的合同，对当事人具有法律约束力。当事人应当按照约定全面履行自己的义务，不得擅自变更或者解除合同。当事人应当根据合同的性质、目的和交易习惯履行通知、协助、保密等义务。

（五）合法与尊重社会公德原则

当事人订立、履行合同，应当遵守法律、行政法规，尊重社会公德，不得损害社会公共利益。

四、合同的形式和内容

（一）合同订立的形式

当事人订立合同，可以采取书面形式、口头形式和其他形式。法律、行政法规规定采用书面形式的，应当采用书面形式。例如，《民法典》第七百八十九条规定，建设工程合同应当采用书面形式；第九百三十八条第三款规定，物业服务合同应当采用书面形式。

（1）书面形式，是指合同书、信件和数据电文（包括电报、电传、传真、电子数据交换和电子邮件）等可以有形地表现所载内容的形式。书面合同较口头合同明确，便于固定证据，在当事人发生纠纷时举证方便，容易分清责任，有利于防止争议和解决纠纷。

（2）口头形式，是指当事人只以口头意思表示达成一致的合同。口头合同简便易行，在日常生活中运用广泛。但是，口头合同在发生纠纷时难以举证，不易分清责任。对于不及时结清的和较重要的合同，不宜采用口头形式。

除了书面形式和口头形式，合同订立的其他形式是推定形式、默示形式。

（3）推定形式，指依据交易习惯或一方的要求，不用语言文字，只用行为表达意思达成一致。推定形式，如上车投币。

（4）默示形式，既无语言文字表示也无行为表示，但根据法律的明确规定或者当事人的约定，可以认定当事人的某种客观事实状态就是表达合同内容的意思表示。

（二）合同的内容

《民法典》第四百七十条规定，合同的内容由当事人约定，一般应当包括以下条款：当事人的名称或者姓名和住所；标的；数量；质量；价款或者报酬；履行期限、地点和方式；违约责任；解决争议的方法。

以上条款是对缔约当事人的提示，当事人还应当根据交易的类型与交易的内容确定具体的合同内容。

五、合同订立的一般程序

（一）要约

1. 要约的概念

要约是希望和他人订立合同的意思表示。发出要约的当事人称为要约人，要约所指向的对方当事人则称为受要约人。

2. 要约的构成要件

一项要约要取得法律效力，必须符合下列规定：

（1）主体特定。要约必须是特定人的意思表示。一项要约，可以由任何一方当事人提出，但是，发出要约的人必须是明确的，即人们能够确定发出要约的是谁。只有这样，受要约人才能对其承诺。

（2）内容具体确定。要约的内容必须具备合同的必要因素。要约既然是订立合同的提议，就必须包括能够足以决定合同必要条款的内容。否则，受要约人难以承诺，合同无法成立。

（3）要约人受要约约束。当事人发出要约，是为了与对方订立合同，要约人负有与相对人订立合同的义务，受要约人一旦承诺，合同即告成立。

3. 要约邀请

要约邀请是希望他人向自己发出要约的意思表示。寄送的价目表、拍卖公告、招标公告、招股说明书、商业广告和宣传等为要约邀请。

商业广告和宣传的内容符合要约规定的，视为要约，如电视购物。

4. 要约的生效时间

根据《民法典》第一百三十七条，要约的生效时间是：

（1）以对话方式作出的意思表示，相对人知道其内容时生效。

（2）以非对话方式作出的意思表示，到达相对人时生效。以非对话方式作出的采用数据电文形式的意思表示，相对人指定特定系统接收数据电文的，该数据电文进入该特定系统时生效；未指定特定系统的，相对人知道或者应当知道该数据电文进入其系统时生效。当事人对采用数据电文形式的意思表示的生效时间另有约定的，按照其约定。

5. 要约的撤回、撤销

（1）撤回要约的通知应当在要约到达受要约人之前或者与要约同时到达受要约人。

合同法律制度之所以规定要约可以撤回，原因在于撤回要约不会对交易秩序产生不良影响。

（2）撤销要约的通知应当在受要约人发出承诺通知之前到达受要约人。

撤销要约可能会给受要约人带来不利的影响，损害受要约人的利益，因此，《民法典》规定，对于要约人确定了承诺期限或者以其他形式明示要约不可撤销，或者受要约人有理由认为要约是不可撤销的，并已经为履行合同作了合理准备工作的，要约为不可撤销要约。要约人不得撤销要约的，一旦受要约人承诺，合同即成立。

6. 要约失效

要约失效，即丧失拘束力。要约一旦失效，受要约人不再有承诺的权利。根据《民法典》，具备下列情形之一的要约失效：

（1）要约被拒绝；

（2）要约被依法撤销；

（3）承诺期限届满，受要约人未作出承诺；

（4）受要约人对要约的内容作出实质性变更。

（二）承诺

1. 承诺的概念

承诺是受要约人同意要约的意思表示。

2. 承诺的要件

（1）承诺必须由受要约人向要约人作出。如由代理人作出承诺，则代理人须有合法的委托手续。

（2）承诺的内容必须与要约的内容一致。承诺就是对要约的实质性内容或者要约人明确受要约人必须接受的条件，不得有改变。否则，就是反要约。

（3）承诺必须在承诺的有效期限内作出。逾期作出的承诺，被视为新要约。

3. 承诺的撤回

承诺可以撤回。撤回承诺的通知应当在承诺通知到达要约人之前或者与承诺通知同时到达要约人。

4. 承诺的迟延

受要约人在承诺期限内发出承诺，按照通常情形能够及时到达要约人，但因其他原因承诺到达要约人时超过承诺期限的,因承诺人不知其承诺迟延,按诚实信用原则,要约人负有及时通知义务,要约人若怠于履行此项义务则承诺视为未迟到,承诺有效;要约人及时通知受要约人因承诺超过期限不接受该承诺的,该承诺无效。

受要约人超过承诺期限发出承诺的,除要约人及时通知受要约人该承诺有效的以外,为新要约。

5. 承诺生效时间

《民法典》第四百八十四条规定,以通知方式作出的承诺,生效的时间适用第一百三十七条的规定。

承诺不需要通知的,根据交易习惯或者要约的要求作出承诺的行为时生效。

(三) 合同的成立

从要约到承诺,是合同订立的必要步骤,也是合同订立的一般程序。在合同订立的过程中,往往要经过不止一轮的要约、反要约,才能取得一方当事人的承诺。合同的成立是合同订立过程中的一个特定阶段,有其特定的时间与地点。

1. 合同成立的时间

承诺生效时合同成立,但是法律另有规定或者当事人另有约定的除外。

当事人采用合同书形式订立合同的,自当事人均签名、盖章或者按指印时合同成立。在签名、盖章或者按指印之前,当事人一方已经履行主要义务,对方接受时,该合同成立。

法律、行政法规规定或者当事人约定合同应当采用书面形式订立,当事人未采用书面形式但是一方已经履行主要义务,对方接受时,该合同成立。

2. 合同成立的地点

承诺生效的地点为合同成立的地点。

采用数据电文形式订立合同的,收件人的主营业地为合同成立的地点;没有主营业地的,其住所地为合同成立的地点。当事人对合同成立的地点另有约定的,按照其约定确定。

当事人采用合同书形式订立合同的,最后签名、盖章或者按指印的地点为合同成立的地点,但是当事人另有约定的除外。

六、缔约过失责任

(一) 缔约过失责任的概念

依据《民法典》第五百条,当事人在订立合同过程中有下列情形之一,造成对方损失的,应当承担赔偿责任:

(1) 假借订立合同,恶意进行磋商;

(2) 故意隐瞒与订立合同有关的重要事实或者提供虚假情况;

(3) 有其他违背诚信原则的行为。

（二）缔约过失责任的构成要件

（1）当事人双方有缔约行为。

（2）当事人一方有过错，过错包括故意和过失。当事人一方违背依诚实信用原则所应尽的义务，包括通知、说明、协力、诚实、照顾等义务。

（3）另一方当事人信赖利益受到损失。

（4）一方当事人的过错与另一方当事人信赖利益的损失之间有因果关系。

【课堂讨论1】

[材料] 李某不具有工程转包资格，李某以向张某转包某工程为由，收取了张某160 000元的工程保证金，并出具了收条。张某进场后准备施工，工程分包人刘某以该工程已向他人转包为由予以拒绝，为此，给张某造成了施工前期的设备费和人工费损失67 900元。

[问题] 如果张某提起诉讼，有权要求李某赔偿损失吗？具体包括哪些损失？

七、合同的效力

合同的效力，是指生效合同对当事人乃至第三人产生的法律约束力。

合同生效后，一方面，对当事人具有法律约束力，即当事人应当按照合同约定，享有权利，履行义务，不得擅自变更合同或解除合同。当事人违反合同应当承担违约责任。另一方面，对第三人产生法律约束力，即任何第三人不得侵犯当事人的合同权利，不得非法干预当事人履行合同义务；为了保全合同利益，当事人可以在特定情况下依法对第三人主张代位权和撤销权。

（一）合同的生效要件

（1）当事人具有与订立合同相应的民事行为能力。

（2）当事人意思表示真实。

（3）合同不违反法律、行政法规的强制性规定，不违背公序良俗。

合同成立并不当然就是合同生效。只有完全符合上述条件，合同才生效，合同才获得了法律约束力。

（二）合同的生效方式

合同生效方式具体有以下三种情形：

（1）依法成立的合同，自成立时生效，但是法律另有规定或者当事人另有约定的除外。

例如，如果合同约定双方当事人签字、盖章时生效，"签字、盖章"中的顿号，是并列词语之间的停顿，它表示签字与盖章是并列关系，只有在既签字又盖章的情况下，该合同方可生效。

(2) 依照法律、行政法规的规定，合同应当办理批准等手续的，依照其规定。

《民法典》第五百零二条规定：依照法律、行政法规的规定，合同应当办理批准等手续的，依照其规定。未办理批准等手续影响合同生效的，不影响合同中履行报批等义务条款以及相关条款的效力。应当办理申请批准等手续的当事人未履行义务的，对方可以请求其承担违反该义务的责任。

依照法律、行政法规的规定，合同的变更、转让、解除等情形应当办理批准等手续的，适用前款规定。

(3) 附生效条件或者附生效期限。

当事人对合同的效力可以约定附条件。附生效条件的合同，自条件成就时生效。附解除条件的合同，自条件成就时失效。当事人为自己利益不正当地阻止条件成就的，视为条件已成就；不正当地促成条件成就的，视为条件不成就。

所附条件是指合同当事人自己约定的，未来有可能发生的，用来限定合同效力的附属意思表示，是合同的附属内容，所附条件必须是合法的事实。

当事人对合同的效力可以约定附期限。附生效期限的合同，自期限届至时生效。附终止期限的合同，自期限届满时失效。

(三) 效力待定合同

效力待定合同是指合同生效与否尚未确定，需要由特定的第三人对合同的效力予以肯定或者否定。

合同效力待定概括而言是因合同主体资格欠缺所致，主要的情形是：

1. 限制民事行为能力人订立的合同

限制民事行为能力人订立的合同，经法定代理人同意或追认后，该合同有效。但纯获利益的合同或者与其年龄、智力、精神健康状况相适应而订立的合同有效。相对人可以催告法定代理人自收到通知之日起三十日内予以追认。法定代理人未作表示的，视为拒绝追认。合同被追认之前，善意相对人有撤销的权利，撤销应当以通知的方式作出。

2. 无权代理人订立的合同

无权代理人以被代理人的名义订立合同，被代理人已经开始履行合同义务或者接受相对人履行的，视为对合同的追认。

3. 无处分权人订立的合同

无处分权人处分他人财产，经权利人追认或者无处分权人订立合同后取得处分权的，该合同有效。

对于效力待定合同，追认的意思表示自到达相对人时生效，合同自订立时起生效。如果丙于1月1日无权代理甲与乙订立买卖合同，1月2日，乙发货。若甲的追认通知于1月10日到达乙，该买卖合同则从1月1日订立时即为生效。

4. 不属于效力待定合同的两种特殊情形

表见代理，是指行为人无代理权而以本人名义与第三人为民事行为，但有足以使第三人相信行为人有代理权的事实和理由，善意相对人与行为人实施民事法律行为的，该民事法律行为的后果由本人承担。

法人的法定代表人或者非法人组织的负责人超越权限订立的合同，除相对人知道或者应当知道其超越权限外，该代表行为有效，订立的合同对法人或者非法人组织发生效力。

【课堂讨论2】

[材料] 涂料公司系家族企业，涂料公司法定代表人的儿子王某曾多次代表涂料公司与吕某签订合同、请款单及欠条等。吕某因工程需要向涂料公司购买进口涂料，后发现进口涂料存在质量问题，遂与涂料公司协商处理。王某持涂料公司印章，与吕某签订赔偿协议书。后因涂料公司未支付赔偿款，吕某遂诉至法院。涂料公司辩称双方不存在买卖合同关系，王某无权代表公司对外签订协议，赔偿协议中印章系假章，申请法院对印章真伪进行鉴定。

[问题] 王某的行为是否构成表见代理？

（案例来源：江苏法院网）

（四）可撤销合同

可撤销合同，是指因合同的意思表示不真实，法律允许当事人通过行使撤销权，使已经生效的合同表示归于消灭的合同。

1. 根据《民法典》，有以下情形之一的，合同可撤销

（1）基于重大误解订立的合同，行为人有权请求人民法院或者仲裁机构予以撤销。所谓重大误解，是指由于一方当事人对合同的性质、标的物的品种、质量规格和数量、价金、对方当事人等产生误解，误解导致了合同的订立，合同一旦履行就会使误解者的利益受到较大损害。

（2）一方以欺诈手段，使对方在违背真实意思的情况下订立的合同，受欺诈方有权请求人民法院或者仲裁机构予以撤销。

第三人实施欺诈行为，使一方在违背真实意思的情况下订立的合同，对方知道或者应当知道该欺诈行为的，受欺诈方有权请求人民法院或者仲裁机构予以撤销。

（3）一方或者第三人以胁迫手段，使对方在违背真实意思的情况下订立的合同，受胁迫方有权请求人民法院或者仲裁机构予以撤销。

（4）一方利用对方处于危困状态、缺乏判断能力等情形致使订立的合同，显失公平的，受损害方有权请求人民法院或者仲裁机构予以撤销。

所谓显失公平，是指合同当事人之间的权利义务严重不对等。

【课堂讨论3】

[材料] 某天猫店铺因操作失误，错将"26元4500克"的脐橙设置成了"26元4500斤"，一夜之间大批买家下单后又以店家不按时发货为由向天猫平台投诉，致使店铺保证金被扣完关店。

网店在店铺首页发文称，由于店铺负责人操作失误，店内的脐橙货品标价出错，导

致一晚上来了几万条订单，发不了货，涉及700万元。希望买下脐橙的用户能将订单退掉。

[问题] 如果买家不同意撤单，该店铺怎样可以避免重大损失？

2. 撤销权消灭

有下列情形之一的，撤销权消灭：

（1）当事人自知道或者应当知道撤销事由之日起一年内、重大误解的当事人自知道或者应当知道撤销事由之日起九十日内没有行使撤销权；

（2）当事人受胁迫，自胁迫行为终止之日起一年内没有行使撤销权；

（3）当事人知道撤销事由后明确表示或者以自己的行为表明放弃撤销权。

当事人自合同订立之日起五年内没有行使撤销权的，撤销权消灭。

（五）无效合同

1. 根据《民法典》，有以下情形之一的，合同无效

（1）行为人与相对人以虚假的意思表示订立合同；

（2）无民事行为能力人订立合同；

（3）违反法律、行政法规的效力强制性规定；

（4）违背公序良俗；

（5）行为人与相对人恶意串通，损害他人合法权益。

2. 合同中的下列免责条款无效

（1）造成对方人身损害的；

（2）因故意或者重大过失造成对方财产损失的。

3. 格式条款无效的情形

《民法典》第四百九十六条规定，提供格式条款的一方未履行提示或者说明义务，致使对方没有注意或者理解与其有重大利害关系的条款的，对方可以主张该条款不成为合同的内容。

《全国法院贯彻实施民法典工作会议纪要》第7点明确指出：提供格式条款的一方对格式条款中免除或者减轻其责任等与对方有重大利害关系的内容，在合同订立时采用足以引起对方注意的文字、符号、字体等特别标识，并按照对方的要求以常人能够理解的方式对该格式条款予以说明的，人民法院应当认定符合民法典第四百九十六条所称"采取合理的方式"。提供格式条款一方对已尽合理提示及说明义务承担举证责任。

4. 合同无效或者被撤销的法律后果

无效的或者被撤销的合同自始没有法律约束力。

合同部分无效，不影响其他部分效力的，其他部分仍然有效。

合同无效、被撤销或者确定不发生效力后，行为人因该行为取得的财产，应当予以返还；不能返还或者没有必要返还的，应当折价补偿。有过错的一方应当赔偿对方由此所受到的损失；各方都有过错的，应当各自承担相应的责任。法律另有规定的，依照其规定。

【案例解读】

[**案情概述**] 被告刘某系原告某公司股东之一。2003年1月,原告某公司资金周转困难,急需银行贷款。后得知若能将公司房屋过户登记于股东个人名下,便可获取银行贷款。同年5月,原告与被告签订一份房屋买卖合同,约定将原告所有的9间房屋以40万元价格出售给被告。同年12月,上述房屋全部过户至被告名下。刘某未实际支付房价,房屋过户后,由原告将上述房屋出租,收取出租收益。但最终原告未能得到银行贷款。后原告要求被告将房屋产权恢复登记于原告名下未果。

[**处理结果**] 湖南省津市市人民法院当庭判决原告某公司与被告刘某签订的房屋买卖合同无效,被告刘某于判决生效之日起十日内协助配合将诉争房屋的产权户名恢复登记至原告某公司名下。

[**解读意见**] 本案中,原、被告签订的房屋买卖合同,双方的本意并不是为了实现房屋产权的转移,只是为了帮助原告获取银行贷款,解决资金周转问题。根据原《合同法》关于无效合同的规定,原告某公司与被告刘某签订的房屋买卖合同无效;根据《民法典》第一百四十六条,行为人与相对人以虚假的意思表示实施的民事法律行为无效。

(案例来源:津市法院网)

【讨论提示1】

张某提起诉讼,有权要求李某承担缔约过失责任,具体来说包括要求李某返还保证金,赔偿前期垫资费用损失、利息损失,承担本案诉讼费用。

【讨论提示2】

吕某有理由相信王某能够代表涂料公司签订赔偿协议书,故涂料公司应当承担相应责任。至于印章真伪,因不足以推翻王某的行为构成表见代理的事实,并无鉴定必要。

【讨论提示3】

如果买家不同意撤单,商家因此难以承受重大损失的,可以向法院或者仲裁机构申请撤销。因为此事符合法律关于重大误解的规定。

【能力测试】

1. 甲公司于5月10日向乙公司发出要约订购一批红木,要求乙公司于5月15日前答复。5月12日,甲公司欲改向丙公司订购红木,遂向乙公司发出撤销要约的信件,于5月14日到达乙公司。而5月13日,甲公司收到乙公司的回复,乙公司表示红木缺货,问甲公司能否用杉木代替。甲公司的要约于何时失效?( )

A. 5月12日

B. 5月13日

C. 5月14日

D. 5月15日

2. 甲因治病而急需用钱，但又求借无门。乙知道后表示愿借给甲10 000元，但半年后须加倍偿还。万般无奈下，甲表示同意。根据规定，甲与乙之间的合同行为（　　）。

A. 因存在欺诈而可撤销

B. 因存在欺诈而无效

C. 因存在乘人之危而无效

D. 因存在乘人之危而可撤销

3. 下列关于合同成立地点的说法中，错误的有（　　）。

A. 承诺生效的地点为合同成立的地点

B. 采用数据电文形式订立合同的，收件人的主营业地为合同成立的地点

C. 采用数据电文形式订立合同的，发件人的主营业地为合同成立的地点

D. 当事人可以自己约定合同成立的地点

4. 王某是甲公司的法定代表人，以甲公司名义向乙公司发出书面要约，愿以12万元价格出售甲公司的一件收藏品。王某在函件发出3小时后意外死亡，乙公司回函表示愿意以该价格购买。甲公司新任法定代表人以王某死亡，且未经董事会同意为由拒绝。关于该要约，下列哪一表述是正确的？（　　）

A. 无效

B. 效力待定

C. 可撤销

D. 有效

5. 甲17岁，以个人积蓄1200元在慈善拍卖会拍得明星乙表演用过的道具，市价约150元。事后，甲觉得道具价值与其价格很不相称，很后悔。关于这一买卖，下列哪一说法是正确的？（　　）

A. 买卖显失公平，甲有权要求撤销

B. 买卖存在重大误解，甲有权要求撤销

C. 买卖无效，甲为限制行为能力人

D. 买卖有效

6. 甲欲将一套住房以60万元出售。乙找到甲，出价42万元，甲拒绝。乙对甲说："我有你受贿的材料，不答应我就举报你。"甲信以为真，以42万元将该房卖与乙。关于该房屋买卖合同的效力，下列哪一说法是正确的？（　　）

A. 存在欺诈行为，属可撤销合同

B. 存在胁迫行为，属可撤销合同

C. 存在乘人之危的行为，属可撤销合同

D. 存在重大误解，属可撤销合同

7. 无权代理人签订的合同（　　）。

A. 非表见代理的，不产生任何法律后果

B. 一律无效

C. 相对人催告，本人在法定期间未作表示的视为追认
D. 构成表见代理的，本人应承担责任

8. 甲厂业务员张某被开除后，为报复甲厂，用盖有甲厂公章的空白合同书与乙厂订立一份购销合同。乙厂并不知情，并按时将货送至甲厂所在地。甲厂拒绝，引起纠纷。下列说法中，正确的是（　　）。

　A. 张某的行为为无权代理，合同无效
　B. 张某的行为为表见代理，合同有效
　C. 张某的行为为表见代理，合同可撤销
　D. 张某的行为为委托代理，合同有效

9. 甲、乙同为红酒经销商。春节前夕，丙与甲商谈进货事宜。乙知道后向丙提出更优惠条件，并指使丁假借订货与甲接洽，报价高于丙以阻止甲与丙签约。丙经比较与乙签约，丁随即终止与甲的谈判，甲因此遭受损失。对此，下列哪一说法是正确的？（　　）

　A. 乙应对甲承担缔约过失责任
　B. 丙应对甲承担缔约过失责任
　C. 丁应对甲承担缔约过失责任
　D. 乙、丙、丁无须对甲承担缔约过失责任

10. 张某和李某采用书面形式签订一份买卖合同，双方在甲地谈妥合同的主要条款，张某于乙地在合同上签字，最后，李某于丙地在合同上摁了手印，合同在丁地履行。关于该合同签订地，下列哪一选项是正确的？（　　）

　A. 甲地
　B. 乙地
　C. 丙地
　D. 丁地

11. 装修公司在完成一项工程后，将剩余的木地板卖给了物业管理公司。但装修公司营业执照上的核准经营范围并无销售木地板的业务。该买卖行为法律效力如何？（　　）

　A. 属于有效法律行为
　B. 属于无效民事行为
　C. 属于可撤销民事行为
　D. 属于效力待定民事行为

12. 王某为参加求职面试，特地去定做高级西服一套。后因笔试成绩不佳，未被允许参加面试，则王某订制西服的合同（　　）。

　A. 有效
　B. 存在重大误解，可变更
　C. 存在重大误解，可撤销
　D. 因目的落空而无效

13. 甲与乙签订一份购房合同，乙提出，为少交契税建议将部分购房款算作装修费用，甲未表示反对。后发生纠纷，甲以所付装修费用远远高于装修标准为由，请求法院

对装修费用予以变更。该装修费用条款效力应如何认定？（　　）

A. 是双方当事人真实意思表示，有效

B. 显失公平，可变更

C. 以合法形式掩盖非法目的，无效

D. 违反法律禁止性规定，无效

14. 某手表厂为纪念千禧年特制纪念手表2000只，每只售价1万元。其广告宣传主要内容为：纪念表镶有进口钻石。后经证实，"进口钻石"为进口人造钻石，每粒价格为1元，手表成本约800元。为此，购买者与该手表厂发生纠纷。该纠纷应如何处理？（　　）

A. 按无效合同处理，理由为欺诈

B. 按可撤销合同处理，理由为欺诈

C. 按可撤销合同处理，理由为重大误解

D. 按有效合同处理

15. 甲、乙两人合开了一家干洗店，丙将一件皮衣拿到干洗店清洗，交给甲，并向甲交付清洗费100元。该合同关系的主体是（　　）。

A. 甲和丙

B. 乙和丙

C. 甲、乙和丙

D. 该干洗店和丙

16. 张某14周岁，智力超常，大学二年级学生。张某因有某项发明，而与刘某达成转让该发明的协议。该转让协议的效力如何？（　　）

A. 该转让协议有效

B. 该转让协议效力待定

C. 该转让协议无效

D. 该转让协议可撤销

17. 甲公司于6月5日以传真方式向乙公司求购一台机床，要求"立即回复"。乙公司当日回复"收到传真"。6月10日，甲公司电话催问，乙公司表示同意按甲公司报价出售，要其于6月15日来人签订合同书。6月15日，甲公司前往签约，乙公司要求加价，未获同意，乙公司遂拒绝签约。对此，下列哪一种说法是正确的？（　　）

A. 买卖合同于6月5日成立

B. 买卖合同于6月10日成立

C. 买卖合同于6月15日成立

D. 甲公司有权要求乙公司承担缔约过失责任

18. 下列哪种情形中，在当事人之间产生合同法律关系？（　　）

A. 甲拾得乙遗失的一块手表

B. 甲邀请乙看球赛，乙因为有事没有前去赴约

C. 甲因有事外出，将一台电脑请乙保管

D. 甲树上的苹果落入乙家院内

19. 某商场设有自动售报机，顾客只要按要求投入硬币，即可得到当天日报一份，

此种成立买卖合同的形式为（　　）。

A. 书面形式

B. 口头形式

C. 推定形式

D. 默示形式

20. 债务人欲将合同的义务全部或者部分转移给第三人，则（　　）。

A. 应当通知债权人

B. 应当经债权人同意

C. 不必经债权人同意

D. 不必通知债权人

正确答案：1. B　2. D　3. C　4. D　5. D　6. B　7. D　8. B　9. C　10. C　11. A　12. A　13. C　14. B　15. D　16. B　17. D　18. C　19. C　20. B

【任务简析】

处理本案关键是要把握当事人之间的合同是否已经成立。如果合同没有成立，当事人之间无合同权利义务，也就没有合同履行问题，建华公司拒收前进公司的100吨钢材和拒收大成公司的100吨钢材就不产生任何责任。如果合同成立，则当事人应当认真履行合同，否则构成违约，应当承担违约责任。

首先应当看建华公司与前进公司之间是否成立合同。建华公司向前进公司和大成公司同时发出的函，本身只是了解两公司是否有该标号的钢材，只能是要约邀请，而不能构成要约。前进公司在复函中告知建华公司自己有钢材的同时，向建华发送钢材，是一种要约行为，而不是承诺行为。所以说两者之间没有成立购买钢材合同。建华公司没有收取该200吨钢材的义务。但之后收取了其中的100吨，说明两者达成了一个100吨钢材的购买合同。所以建华公司拒收另外100吨钢材没有构成违约，前进公司的请求不能成立。

再看建华公司与大成公司之间的合同关系。在收到大成公司的复函确认大成有该标号钢材后，建华公司又去函要求按照大成所报价格购买其1000吨钢材，遂构成要约。大成公司在收到建华公司的要约后，随即复函同意，这是承诺。在建华公司收到大成的承诺时，双方之间的钢材购买合同已经成立。对此双方应当全面履行合同义务。在合同成立后建华两次要求变更合同，都没有得到大成公司的同意。所以建华公司拒不接收大成公司的其余100吨钢材是违约行为，应当对此承担违约责任。

结论：建华公司应当收下1100吨钢材。

工作任务 11　担保

【学习目标】

探究知识：担保的概念、特征、方式，担保合同的无效及责任承担，保证、抵押、质押、留置的具体法律规定。

获取能力：能够订立担保合同；能够解决履行担保合同中出现的法律问题。

【导入任务】

甲向乙借款90万元，借款期限为2年，甲以自己拥有的利达公司的价值50万元的股份出质给乙作为担保。甲和乙于2021年3月2日签订了借款合同和质押合同，并于3月3日进行了质押登记。甲又请丙为该借款合同提供保证，保证合同约定丙承担一般保证责任。问：

1. 甲、乙之间的质押合同于何时生效？

2. 如果在丙不知情的情况下，甲和乙约定将其中10万元的债务转让给丁，则丙承担保证责任的范围是多少？为什么？

3. 还款期限已到，甲没有按期还款，乙起诉丙要求丙承担保证责任，是否可以得到法院支持？为什么？

【法律快递】

《中华人民共和国民法典》：2020年5月28日第十三届全国人民代表大会第三次会议通过，自2021年1月1日起施行。

《最高人民法院关于适用〈中华人民共和国民法典〉有关担保制度的解释》，自2021年1月1日起施行。

一、担保概述

（一）担保的概念与特征

1. 担保的概念

担保是保障债权实现的一种方式，它是指为确保特定的债权人实现债权，以债务人或第三人的信用或者特定财产来督促债务人履行债务的制度。

在借贷、买卖等民事活动中，债权人需要以担保方式保障其债权实现的，可以依照法律规定设定担保物权。

2. 担保的特征

（1）从属性。担保的从属性是指为确保相应的债权得以清偿而成立的担保，以债权的发生和存在为前提，是从属于主债权的从债。

（2）补充性。补充性是指债的担保一经成立，就在主债关系的基础上补充了某种权利义务关系，如保证法律关系、抵押法律关系等。这些补充的权利义务关系增强了保障债权人的债权得以实现的可能性。而且，只有在担保有效期内，债务人不履行债务时，债权人向债务人提出担保请求，债权人才能行使担保权或取得担保利益。

（二）担保方式

1. 担保类型

我国《民法典》规定的担保方式是：保证、抵押、质押、留置。在这几种担保方式中，保证属于人的担保，是用他人的信用而非直接用他人的财产做担保；抵押、质押、留置属于物的担保，是用债务人或第三人的财产直接承担担保责任，由此形成的权利为担保物权。

2. 反担保

第三人为债务人向债权人提供担保时，可以要求债务人提供反担保。反担保是指为了换取担保人提供保证、抵押和质押等担保方式，而由债务人或第三人向该担保人提供的担保，该项担保相对于担保而言被称为反担保。

（三）担保合同的无效与责任承担

担保合同是主债权债务合同的从合同。主债权债务合同无效的，担保合同无效，但是法律另有规定的除外。

担保合同被确认无效后，债务人、担保人、债权人有过错的，应当根据其过错各自承担相应的民事责任。

二、保证

（一）保证合同和保证人

1. 保证合同的概念

保证合同是为保障债权的实现，保证人和债权人约定，当债务人不履行到期债务或者发生当事人约定的情形时，保证人履行债务或者承担责任的合同。

2. 不得作为保证人的情形

机关法人不得为保证人，但是经国务院批准为使用外国政府或者国际经济组织贷款进行转贷的除外。

以公益为目的的非营利法人、非法人组织不得为保证人。

(二) 保证合同的订立

保证合同可以是单独订立的书面合同，也可以是主债权债务合同中的保证条款。

第三人单方以书面形式向债权人作出保证，债权人接收且未提出异议的，保证合同成立。

保证合同应当包括以下内容：被保证的主债权种类、数额；债务人履行债务的期限；保证的方式；保证担保的范围；保证的期间。

保证人与债权人可以协商订立最高额保证的合同，约定在最高债权额限度内就一定期间连续发生的债权提供保证。

(三) 保证的方式

1. 一般保证

当事人在保证合同中约定，债务人不能履行债务时，由保证人承担保证责任的，为一般保证。

一般保证的保证人在主合同纠纷未经审判或者仲裁，并就债务人财产依法强制执行仍不能履行债务前，有权拒绝向债权人承担保证责任，但是有下列情形之一的除外：

(1) 债务人下落不明，且无财产可供执行；
(2) 人民法院已经受理债务人破产案件；
(3) 债权人有证据证明债务人的财产不足以履行全部债务或者丧失履行债务能力；
(4) 保证人书面表示放弃本款规定的权利。

2. 连带责任保证

当事人在保证合同中约定保证人和债务人对债务承担连带责任的，为连带责任保证。

连带责任保证的债务人不履行到期债务或者发生当事人约定的情形时，债权人可以请求债务人履行债务，也可以请求保证人在其保证范围内承担保证责任。

当事人在保证合同中对保证方式没有约定或者约定不明确的，按照一般保证承担保证责任。

当事人在保证合同中约定了保证人在债务人不能履行债务或者无力偿还债务时才承担保证责任等类似内容，具有债务人应当先承担责任的意思表示的，人民法院应当将其认定为一般保证。

当事人在保证合同中约定了保证人在债务人不履行债务或者未偿还债务时即承担保证责任、无条件承担保证责任等类似内容，不具有债务人应当先承担责任的意思表示的，人民法院应当将其认定为连带责任保证。

一般保证和连带责任保证的保证人享有债务人的抗辩权。债务人放弃对债务的抗辩权的，保证人仍有权抗辩。

同一债务有两个以上保证人的，保证人应当按照保证合同约定的保证份额，承担保证责任，没有约定保证份额的，保证人承担连带责任，债权人可以要求任何一个保证人承担全部保证责任，保证人都负有担保全部债权实现的义务。已经承担保证责任的保证人，有权向债务人追偿，或者要求承担连带责任的其他保证人清偿其应当承担的份额。按份共同保证的保证人按照保证合同约定的保证份额承担保证责任后，在其履行保证责任的范围内对债务人行使追偿权。

（四）保证期间

保证期间是确定保证人承担保证责任的期间，不发生中止、中断和延长。

一般保证的债权人未在保证期间对债务人提起诉讼或者申请仲裁的，保证人不再承担保证责任。

连带责任保证的债权人未在保证期间请求保证人承担保证责任的，保证人不再承担保证责任。

1. 一般规定

债权人与保证人可以约定保证期间，但是约定的保证期间早于主债务履行期限或者与主债务履行期限同时届满的，视为没有约定；没有约定或者约定不明确的，保证期间为主债务履行期限届满之日起六个月。

债权人与债务人对主债务履行期限没有约定或者约定不明确的，保证期间自债权人请求债务人履行债务的宽限期届满之日起计算。

2. 计算保证债务的诉讼时效

一般保证的债权人在保证期间届满前对债务人提起诉讼或者申请仲裁的，从保证人拒绝承担保证责任的权利消灭之日起，开始计算保证债务的诉讼时效。

连带责任保证的债权人在保证期间届满前请求保证人承担保证责任的，从债权人请求保证人承担保证责任之日起，开始计算保证债务的诉讼时效。

【课堂讨论1】

[材料] 2020年4月22日，赵某向刘某借款3万元，借期一年，金某为此款保证，约定承担保证责任直至借款还清时为止。刘某将借款当即给付。后因赵某意外去世，刘某多次向赵某的法定继承人小赵和孙某协商借款归还事宜，但小赵和孙某的还款态度消极。

刘某感到其债权面临很大风险，故于2021年2月22日，诉至法院，要求金某承担保证责任。

[问题] 刘某的诉求能得到法院支持吗？

（五）未经保证人书面同意的保证责任

（1）债权人和债务人未经保证人书面同意，协商变更主债权债务合同内容，减轻债务的，保证人仍对变更后的债务承担保证责任；加重债务的，保证人对加重的部分不承担保证责任。

债权人和债务人变更主债权债务合同的履行期限，未经保证人书面同意的，保证期间不受影响。

(2) 债权人转让全部或者部分债权,未通知保证人的,该转让对保证人不发生效力。

保证人与债权人约定禁止债权转让,债权人未经保证人书面同意转让债权的,保证人对受让人不再承担保证责任。

(3) 债权人未经保证人书面同意,允许债务人转移全部或者部分债务,保证人对未经其同意转移的债务不再承担保证责任,但是债权人和保证人另有约定的除外。

第三人加入债务的,保证人的保证责任不受影响。

【案例解读】

[案情概述] 2017年6月,被告韩某向原告姚某借款80 000元,由被告高某提供担保,并出具借条一张,当事人在借条中并未约定借款利息。同日,原告姚某以银行转账的方式向被告韩某支付借款80 000元。2020年5月,姚某诉至法院,要求被告韩某偿还借款80 000元、利息5000元,并要求高某对借款本金和利息承担担保责任。韩某表示对借款金额无异议,且因欠款时间太长,对韩某主张的5000元借款利息表示接受和认可。高某认为,虽然担保属实,但借款时双方并未约定借款利息,所以对5000元利息不应承担担保责任。

[处理结果] 法院最终认定,被告高某对5000元借款利息不承担担保责任。

[解读意见]《民法典》第六百九十五条规定,"债权人和债务人未经保证人书面同意,协商变更主债权债务合同内容,减轻债务的,保证人仍对变更后的债务承担保证责任;加重债务的,保证人对加重的部分不承担保证责任"。

(案例来源:江苏法院网)

(六) 保证责任的承担

(1) 保证担保的范围包括主债权及利息、违约金、损害赔偿金和实现债权的费用。保证合同另有约定的,按照约定。

(2) 一般保证的保证人在主债务履行期限届满后,向债权人提供债务人可供执行财产的真实情况,债权人放弃或者怠于行使权利致使该财产不能被执行的,保证人在其提供可供执行财产的价值范围内不再承担保证责任。

(3) 同一债务有两个以上保证人的,保证人应当按照保证合同约定的保证份额,承担保证责任;没有约定保证份额的,债权人可以请求任何一个保证人在其保证范围内承担保证责任。

(4) 保证人承担保证责任后,除当事人另有约定外,有权在其承担保证责任的范围内向债务人追偿,享有债权人对债务人的权利,但是不得损害债权人的利益。

(5) 保证人可以主张债务人对债权人的抗辩。债务人放弃抗辩的,保证人仍有权向债权人主张抗辩。

(6) 债务人对债权人享有抵销权或者撤销权的,保证人可以在相应范围内拒绝承担保证责任。

(7) 被担保的债权既有物的担保又有人的担保的情形。

《民法典》第三百九十二条规定，被担保的债权既有物的担保又有人的担保的，债务人不履行到期债务或者发生当事人约定的实现担保物权的情形，债权人应当按照约定实现债权；没有约定或者约定不明确，债务人自己提供物的担保的，债权人应当先就该物的担保实现债权；第三人提供物的担保的，债权人可以就物的担保实现债权，也可以请求保证人承担保证责任。提供担保的第三人承担担保责任后，有权向债务人追偿。

三、抵押权

（一）抵押权的界定

为担保债务的履行，债务人或者第三人不转移财产的占有，将该财产抵押给债权人的，债务人不履行到期债务或者发生当事人约定的实现抵押权的情形，债权人有权就该财产优先受偿。

债务人或者第三人为抵押人，债权人为抵押权人，提供担保的财产为抵押财产。

抵押权人在债务履行期限届满前，与抵押人约定债务人不履行到期债务时抵押财产归债权人所有的，只能依法就抵押财产优先受偿。

（二）抵押财产

1. 抵押财产的范围

（1）债务人或者第三人有权处分的下列财产可以抵押：

建筑物和其他土地附着物；建设用地使用权；海域使用权；生产设备、原材料、半成品、产品；正在建造的建筑物、船舶、航空器；交通运输工具；法律、行政法规未禁止抵押的其他财产。

抵押人可以将所列财产一并抵押。

（2）禁止抵押的财产范围：

土地所有权；宅基地、自留地、自留山等集体所有土地的使用权，但是法律规定可以抵押的除外；学校、幼儿园、医疗机构等为公益目的成立的非营利法人的教育设施、医疗卫生设施和其他公益设施；所有权、使用权不明或者有争议的财产；依法被查封、扣押、监管的财产；法律、行政法规规定不得抵押的其他财产。

2. 抵押规则

（1）动产浮动抵押规则。

企业、个体工商户、农业生产经营者可以将现有的以及将有的生产设备、原材料、半成品、产品抵押，债务人不履行到期债务或者发生当事人约定的实现抵押权的情形，债权人有权就抵押财产确定时的动产优先受偿。

（2）一并抵押规则。

以建筑物抵押的，该建筑物占用范围内的建设用地使用权一并抵押。以建设用地使用权抵押的，该土地上的建筑物一并抵押。

未一并抵押的，未抵押的财产视为一并抵押。

乡镇、村企业的建设用地使用权不得单独抵押。以乡镇、村企业的厂房等建筑物抵押的，其占用范围内的建设用地使用权一并抵押。

（三）抵押合同

设立抵押权，当事人应当以书面形式订立抵押合同。

抵押合同一般包括以下内容：被担保的主债权种类、数额；债务人履行债务的期限；抵押财产的名称、数量等情况；抵押担保的范围。

（四）抵押权登记

（1）应当办理登记的抵押。

以法定的不动产抵押应当办理抵押登记。抵押权自登记时设立。

（2）自愿办理登记的抵押。

以动产抵押的，抵押权自抵押合同生效时设立；未经登记，不得对抗善意第三人。

（五）抵押权的效力限制

（1）以动产抵押的，不得对抗正常经营活动中已经支付合理价款并取得抵押财产的买受人。

（2）对租赁关系的影响。

抵押权设立前，抵押财产已经出租并转移占有的，原租赁关系不受该抵押权的影响。

四、抵押期间抵押财产的转让

抵押期间，抵押人可以转让抵押财产。当事人另有约定的，按照其约定。抵押财产转让的，抵押权不受影响。

抵押人转让抵押财产的，应当及时通知抵押权人。抵押权人能够证明抵押财产转让可能损害抵押权的，可以请求抵押人将转让所得的价款向抵押权人提前清偿债务或者提存。转让的价款超过债权数额的部分归抵押人所有，不足部分由债务人清偿。

五、抵押财产价值减少

抵押人的行为足以使抵押财产价值减少的，抵押权人有权请求抵押人停止其行为；抵押财产价值减少的，抵押权人有权请求恢复抵押财产的价值，或者提供与减少的价值相应的担保。抵押人不恢复抵押财产的价值，也不提供担保的，抵押权人有权请求债务人提前清偿债务。

六、抵押权的实现方式

（1）债务人不履行到期债务或者发生当事人约定的实现抵押权的情形，抵押权人可以与抵押人协议以抵押财产折价或者以拍卖、变卖该抵押财产所得的价款优先受偿。协议损害其他债权人利益的，其他债权人可以请求人民法院撤销该协议。

抵押权人与抵押人未就抵押权实现方式达成协议的，抵押权人可以请求人民法院拍卖、变卖抵押财产。

抵押财产折价或者拍卖、变卖后，其价款超过债权数额的部分归抵押人所有，不足部分由债务人清偿。

（2）同一财产向两个以上债权人抵押的，拍卖、变卖抵押财产所得的价款依照下列规定清偿：

抵押权已经登记的，按照登记的时间先后确定清偿顺序；

抵押权已经登记的先于未登记的受偿；

抵押权未登记的，按照债权比例清偿。

（3）同一财产既设立抵押权又设立质权的，拍卖、变卖该财产所得的价款按照登记、交付的时间先后确定清偿顺序。

（4）动产抵押担保的主债权是抵押物的价款，标的物交付后十日内办理抵押登记的，该抵押权人优先于抵押物买受人的其他担保物权人受偿，但是留置权人除外。

（5）建设用地使用权抵押后，该土地上新增的建筑物不属于抵押财产。该建设用地使用权实现抵押权时，应当将该土地上新增的建筑物与建设用地使用权一并处分。但是，新增建筑物所得的价款，抵押权人无权优先受偿。

（6）抵押权人应当在主债权诉讼时效期间行使抵押权；未行使的，人民法院不予保护。

七、质押

（一）动产质押权

1. 概念

动产质押是指为担保债务的履行，债务人或者第三人将其动产交给债权人占有的，债务人不履行到期债务或者发生当事人约定的实现质权的情形，债权人有权就该动产优先受偿。债务人或者第三人为出质人，债权人为质权人，交付的动产为质押财产。

法律、行政法规禁止转让的动产不得出质。

2. 质押合同

设立质权，当事人应当采取书面形式订立质押合同。质押合同一般包括下列条款：被担保债权的种类和数额；债务人履行债务的期限；质押财产的名称、数量等情况；担保的范围；质押财产交付的时间、方式。

质权人在债务履行期限届满前，与出质人约定债务人不履行到期债务时质押财产归债权人所有的，只能依法就质押财产优先受偿。

3. 动产质权的设立、行使及责任

（1）质权自出质人交付质押财产时设立。

（2）质权人有权收取质押财产的孳息，但合同另有约定的除外。孳息应当先充抵收取孳息的费用。

（3）质权人在质权存续期间，未经出质人同意，擅自使用、处分质押财产，给出质人造成损害的，应当承担赔偿责任。

（4）质权人负有妥善保管质押财产的义务；因保管不善致使质押财产毁损、灭失的，应当承担赔偿责任。质权人的行为可能使质押财产毁损、灭失的，出质人可以要求质权人将质押财产提存，或者要求提前清偿债务并返还质押财产。

（5）因不能归责于质权人的事由可能使质押财产毁损或者价值明显减少，足以危害质权人权利的，质权人有权要求出质人提供相应的担保；出质人不提供的，质权人可以拍卖、变卖质押财产，并与出质人通过协议将拍卖、变卖所得的价款提前清偿债务或者提存。

（6）质权人在质权存续期间，未经出质人同意转质，造成质押财产毁损、灭失的，应当向出质人承担赔偿责任。

（7）质权人可以放弃质权。债务人以自己的财产出质，质权人放弃该质权的，其他担保人在质权人丧失优先受偿权益的范围内免除担保责任，但其他担保人承诺仍然提供担保的除外。

（8）债务人履行债务或者出质人提前清偿所担保的债权的，质权人应当返还质押财产。债务人不履行到期债务或者发生当事人约定的实现质权的情形，质权人可以与出质人协议以质押财产折价，也可以就拍卖、变卖质押财产所得的价款优先受偿。

（9）出质人可以请求质权人在债务履行期届满后及时行使质权；质权人不行使的，出质人可以请求人民法院拍卖、变卖质押财产。出质人请求质权人及时行使质权，因质权人怠于行使权利造成损害的，由质权人承担赔偿责任。

（10）质押财产折价或者拍卖、变卖后，其价款超过债权数额的部分归出质人所有，不足部分由债务人清偿。

（11）出质人与质权人可以协议设立最高额质权。

（二）权利质押

1. 权利质押的概念

权利质押，是指为了担保债权清偿，就债务人或第三人所享有的可转让的权利为标的的质押。

权利质押的标的是权利，但并不是说任何权利都可以作为权利质权的标的。能够作为权利质押的标的的权利，必须具有以下特征：

（1）必须是财产权利，包括物权、债权及无形财产权等可以用金钱价格评估的权利；

（2）必须是依法可转让的财产权利；

(3) 必须是债务人或者第三人有权处分的权利。

2. 可以质押的权利

债务人或者第三人有权处分的下列权利可以出质：

（1）汇票、支票、本票；

（2）债券、存款单；

（3）仓单、提单；

（4）可以转让的基金份额、股权；

（5）可以转让的注册商标专用权、专利权、著作权等知识产权中的财产权；

（6）应收账款；

（7）法律、行政法规规定可以出质的其他财产权利。

例如，2021年4月6日，"甘露青鱼"地理标志证明商标专用权质押在国家知识产权局网上备案成功，"甘露青鱼"地理标志证明商标质押金额为8000万元。

3. 权利质权的设立方式

（1）以汇票、本票、支票、债券、存款单、仓单、提单出质的，当事人应当订立书面合同。质权自权利凭证交付质权人时设立；没有权利凭证的，质权自有关部门办理出质登记时设立。

（2）汇票、本票、支票、债券、存款单、仓单、提单的兑现日期或者提货日期先于主债权到期的，质权人可以兑现或者提货，并与出质人协议将兑现的价款或者提取的货物提前清偿债务或者提存。

（3）以基金份额、股权出质的，当事人应当订立书面合同。以基金份额、证券登记结算机构登记的股权出质的，质权自证券登记结算机构办理出质登记时设立；以其他股权出质的，质权自工商行政管理部门办理出质登记时设立。

基金份额、股权出质后，不得转让，但经出质人与质权人协商同意的除外。出质人转让基金份额、股权所得的价款，应当向质权人提前清偿债务或者提存。

（4）以注册商标专用权、专利权、著作权等知识产权中的财产权出质的，当事人应当订立书面合同。质权自有关主管部门办理出质登记时设立。

知识产权中的财产权出质后，出质人不得转让或者许可他人使用，但经出质人与质权人协商同意的除外。出质人转让或者许可他人使用出质的知识产权中的财产权所得的价款，应当向质权人提前清偿债务或者提存。

（5）以应收账款出质的，当事人应当订立书面合同。质权自信贷征信机构办理出质登记时设立。

应收账款出质后，不得转让，但经出质人与质权人协商同意的除外。出质人转让应收账款所得的价款，应当向质权人提前清偿债务或者提存。

【课堂讨论2】

[材料]自然人甲与自然人乙是好友，甲因扩大店面急需资金向乙借款10万元，乙要求甲提供担保，甲将自己的奥迪车出质给乙，乙因自己不会开车，要求甲将该车开回。后甲向自然人丙借款10万元，又将该车出质给丙。丙对该车进行了占有。该奥迪车的价

值为50万元。在丙占有期间,因丁向丙租用该车,丙未经甲同意,即与丁签订了租赁合同。丁因违章驾驶造成该车灭失,为此引起纠纷。

[问题] 1. 本案中,甲、乙之间的质押合同是否生效?

2. 甲、丙之间存在何种法律关系?丙是否有权出租该车?

3. 甲可就该车损失向谁主张权利?

八、留置

(一)留置的概念和成立条件

1. 留置的概念

留置是指债务人不履行到期债务,债权人可以留置已经合法占有的债务人的动产,并有权就该动产优先受偿。

与其他担保方式不同,留置不是当事人约定的,而是由法律直接规定的。

留置权人对留置财产丧失占有或者留置权人接受债务人另行提供担保的,留置权消灭。

2. 留置权成立的条件

(1)因保管合同、运输合同、加工承揽合同以及法律规定可以留置的其他合同发生的债权,债务人不履行债务的,债权人有留置权。法律规定或者当事人约定不得留置的动产,不得留置。

(2)债权人留置的动产,应当与债权属于同一法律关系,但企业之间留置的除外。

(3)债权须已届满清偿期而债务人未按规定的期限履行义务。

(二)留置权的行使

(1)留置的范围。留置财产为可分物的,留置财产的价值应当相当于债务的金额。留置财产为不可分物的,留置全部财产。

(2)收取孳息。留置权人有权收取留置财产的孳息。孳息应当先充抵收取孳息的费用。

(3)妥善保管留置物。留置权人负有妥善保管留置财产的义务;因保管不善致使留置财产毁损、灭失的,应当承担赔偿责任。

(4)留置权的实现。留置权人与债务人应当约定留置财产后的债务履行期限;没有约定或者约定不明确的,留置权人应当给债务人六十日以上履行债务的期限,但是鲜活易腐等不易保管的动产除外。债务人逾期未履行的,留置权人可以与债务人协议以留置财产折价,也可以就拍卖、变卖留置财产所得的价款优先受偿。

债务人可以请求留置权人在债务履行期限届满后行使留置权;留置权人不行使的,债务人可以请求人民法院拍卖、变卖留置财产。

(5)优先受偿。同一动产上已设立抵押权或者质权,该动产又被留置的,留置权人优先受偿。

【课堂讨论3】

[材料] 王某自购了一辆货车跑运输，2020年6月王某将车送到某修理厂修理，用去费用3000元。王某与修理厂商量，因其未带现金，先将车开回，10日内交修理费，修理厂同意，但王某并未在10日内付款，其后修理厂找王某要修理费，王某以各种理由搪塞。2021年3月，王某的车被撞，因担心修理厂以上次未交钱为由不给修，就带上2000元交修理厂，要求将车修好，修理厂将车修好后，结算需修理费为1500元。但修理厂提出，因王某上次的修车费未付，不能将车交给王某，于是将车扣留而不让王某开走。王某因有运输任务急需用车，要求修理厂将车还给他，而修理厂则以王某不讲信用，扣车是行使留置权为由拒不还车。

[问题] 修理厂可以行使留置权吗？

【讨论提示1】

刘某的诉求不能得到法院支持。《最高人民法院关于适用〈中华人民共和国民法典〉有关担保制度的解释》第三十二条规定，保证合同约定保证人承担保证责任直至主债务本息还清时为止等类似内容的，视为约定不明，保证期间为主债务履行期限届满之日起六个月。本案的保证期间是自2021年4月22日起6个月。

【讨论提示2】

1. 未生效。质押合同自质物移交于质权人占有时生效。
2. 甲、丙之间存在质权法律关系。丙无权出租该车。质权为担保物权，质权人对质物不享有使用权和收益权，除非是为了保存质物价值的需要，因此，丙无权将该车出租。
3. 向丙主张权利。质权人擅自出租质物给出质人造成损失的，应依法承担赔偿责任。

【讨论提示3】

修理厂无权留置王某的车。债权人留置的动产，应当与债权属于同一法律关系。王某所欠的修理费是在前一修理关系中发生的，后一修理关系中王某已支付修理费。

【能力测试】

1. 债务人或者第三人有权处分的下列哪项财产可以抵押？（　　）
A. 建筑物和其他土地附着物
B. 土地所有权
C. 依法被监管的财产
D. 使用权不明或者有争议的财产

2. 甲向乙借款5万元，还款期限6个月，丙作保证人，约定丙承担保证责任直至甲向乙还清本息为止。丙的保证责任期间应如何计算？（　　）

A. 主债务履行期届满之日起6个月

B. 借款发生之日起2年

C. 借款发生之日起6个月

D. 主债务履行期届满之日起2年

3. 同一动产上已设立抵押权或者质权，该动产又被留置的，（　　）优先受偿。

A. 留置权人

B. 抵押权人

C. 质权人

D. 债权人

4. 债务人或者第三人有权处分的下列（　　）财产不可以抵押。

A. 建设用地使用权

B. 生产设备

C. 公办学校的教学大楼

D. 交通运输工具

5. 同一财产抵押权与留置权并存时（　　）。

A. 留置权人优先于抵押权人受偿

B. 抵押权人优先于留置权人受偿

C. 同时受偿

D. 先成立的先受偿

6. 下列关于实现留置权说法错误的是（　　）。

A. 留置权人与债务人应当约定留置财产后的债务履行期限

B. 没有约定或者约定不明确的，留置权人应当给债务人三十日以上履行债务的期限，但是鲜活易腐等不易保管的动产除外

C. 债务人逾期未履行的，留置权人可以与债务人协议以留置财产折价

D. 债务人逾期未履行的，留置权人可以就拍卖、变卖留置财产所得的价款优先受偿

7. 甲将自己的摩托车出质给乙，担保乙与丙之间的债务。当债权到期时，丙无力偿还乙的钱，于是乙按照合同约定将该摩托车变卖将该价款优先受偿。此时（　　）。

A. 甲、乙、丙三人之间的法律关系均终止

B. 甲自愿将摩托车出质给乙，所以无权要求丙返还相当的价款

C. 乙、丙之间的法律关系终止，但甲仍有权向丙追偿

D. 丙和甲应当分担乙的债务

8. 依据我国法律规定，下列选项不可以质押的有（　　）。

A. 应收账款

B. 汽车

C. 汇票

D. 宅基地使用权

9. 关于定金合同的陈述，正确的是（　　）。

A. 定金合同为诺成性合同

B. 收受定金的一方不履行债务或者履行债务不符合约定，致使不能实现合同目的的，应当双倍返还定金

C. 定金数额最高不得超过主合同标的额的25%

D. 收受定金的一方不履行债务或者履行债务不符合约定，应当双倍返还定金

10. 下列关于留置物的说法中，正确的是（　　）。

A. 留置物是债权标的物的从物

B. 留置物是债权标的物的孳息

C. 留置物是合同债权的标的物，是由债权人合法占有的动产

D. 留置物是合同债权的标的物，是由债务人合法占有的动产

正确答案：1. A　2. A　3. A　4. C　5. A　6. B　7. C　8. D　9. B　10. C

【任务简析】

1. 甲、乙之间的质押合同于2021年3月3日生效。

2. 丙承担保证责任的范围是30万元。保证人对债务人提供的物的担保以外的债权承担保证责任；在保证期间，债权人许可债务人转让部分债务未经保证人书面同意的，保证人对未经其同意转让的部分债务，不再承担保证责任，只对未转让部分的债务承担保证责任。

3. 不能。因为丙承担的是一般保证责任，一般保证的保证人在主合同未经审判或者仲裁，并就债务人财产依法强制执行仍不能履行债务前，对债权人可以拒绝承担保证责任。

工作任务 12　履行合同

【学习目标】

探究知识：合同履行的规则；履行中的抗辩权及债权保全；违约责任。

获取能力：掌握合同的履行规则、解释规则，懂得如何采取措施保障债权的实现，能够依法处理合同纠纷，能够实现合同目的。

【导入任务】

2021年8月7日，方某（以下称"买方"）与某计算机器材商店（以下称"卖方"）签订笔记本电脑买卖合同一份，主要内容为：买方向卖方购买售价为8500元的笔记本电脑一台；买方先交付预付款1500元，余款在提货时一并付清；交货时间为8月23日之前。但直到8月31日卖方才通知买方提货，买方则提出，由于卖方没有在合同约定的时间内履行交货义务，该笔记本电脑是准备送给自己的外甥考上北京某重点大学的礼物，本打算在他启程去北京的8月24日这天送给他，现在外甥已到北京，自己购买电脑的目的即合同目的已无法实现，因此提出解除合同。由于双方不能协商解决，卖方诉讼到法院，要求买方继续履行合同；买方则提起反诉，要求解除合同，返还1500元预付款。

问：法院将支持买方还是卖方的诉讼请求？

【法律快递】

《中华人民共和国民法典》：2020年5月28日第十三届全国人民代表大会第三次会议通过，自2021年1月1日起施行。

一、合同履行的规则

合同履行规则是指在合同履行过程中需要遵守的具体规范。

（一）当事人就有关合同内容约定不明确的履行规则

1. 按照约定或者交易习惯确定

就质量、价款或者报酬、履行地点等内容没有约定或者约定不明确的，可以协议补充；不能达成补充协议的，按照合同有关条款或者交易习惯确定。

所谓"交易习惯"是指不违反法律、行政法规强制性规定的下列情形：交易行为在当地或者某一领域、某一行业通常采用并为交易对方订立合同时所知道或者应当知道的做法；当事人双方经常使用的习惯做法。对于交易习惯，由提出主张的一方当事人承担举证责任。

2．不能按照约定或者交易习惯确定的，适用下列规定

（1）质量要求不明确的，按照强制性国家标准履行；没有强制性国家标准的，按照推荐性国家标准履行；没有推荐性国家标准的，按照行业标准履行；没有国家标准、行业标准的，按照通常标准或者符合合同目的的特定标准履行。

（2）价款或者报酬不明确的，按照订立合同时履行地的市场价格履行；依法应当执行政府定价或者政府指导价的，依照规定履行。

（3）履行地点不明确，给付货币的，在接受货币一方所在地履行；交付不动产的，在不动产所在地履行；其他标的，在履行义务一方所在地履行。

（4）履行期限不明确的，债务人可以随时履行，债权人也可以随时要求履行，但应当给对方必要的准备时间。

（5）履行方式不明确的，按照有利于实现合同目的的方式履行。

（6）履行费用的负担不明确的，由履行义务一方负担；因债权人原因增加的履行费用，由债权人负担。

（二）执行政府定价或者政府指导价的合同履行规则

执行政府定价或者政府指导价的，在合同约定的交付期限内政府价格调整时，按照交付时的价格计价。逾期交付标的物的，遇价格上涨时，按照原价格执行；价格下降时，按照新价格执行。逾期提取标的物或者逾期付款的，遇价格上涨时，按照新价格执行；价格下降时，按照原价执行。

（三）第三人代为履行或代为接受履行合同的规则

合同的履行，通常由合同当事人亲自履行和亲自接受履行。但是在不违反法定或约定的情况下，也可以由第三人代为履行或代为接受履行合同。

（1）当事人约定由债务人向第三人履行债务的，债务人未向第三人履行债务或者履行债务不符合约定，应当向债权人承担违约责任。

（2）当事人约定由第三人向债权人履行债务的，第三人不履行债务或者履行债务不符合约定，债务人应当向债权人承担违约责任。

（四）其他履行规则

（1）债权人分立、合并或者变更住所没有通知债务人，致使履行债务发生困难的，债务人可以中止履行或者将标的物提存。

（2）合同生效后，当事人不得因姓名、名称的变更或者法定代表人、负责人、承办

人的变动而不履行合同义务。

（3）债权人可以拒绝债务人提前履行债务，但提前履行不损害债权人利益的除外。债务人提前履行债务给债权人增加的费用，由债务人负担。

债权人可以拒绝债务人部分履行债务，但部分履行债务不损害债权人利益的除外。债务人部分履行债务给债权人增加的费用，由债务人负担。

（4）债务人的给付不足以清偿其对同一债权人所负的数笔相同种类的全部债务，应当优先抵充已到期的债务；几项债务均到期的，优先抵充对债权人缺乏担保或者担保数额最少的债务；担保数额相同的，优先抵充债务负担较重的债务；负担相同的，按照债务到期的先后顺序抵充；到期时间相同的，按比例抵充。但是，债权人与债务人对清偿的债务或者清偿抵充顺序有约定的除外。

（5）债务人除主债务之外还应当支付利息和费用，当其给付不足以清偿全部债务时，并且当事人没有约定的，人民法院应当按照下列顺序抵充：①实现债权的有关费用；②利息；③主债务。

（6）以支付金钱为内容的债，除法律另有规定或者当事人另有约定外，债权人可以请求债务人以实际履行地的法定货币履行。

（7）标的有多项而债务人只需履行其中一项的，债务人享有选择权；但是，法律另有规定、当事人另有约定或者另有交易习惯的除外。

享有选择权的当事人在约定期限内或者履行期限届满未作选择，经催告后在合理期限内仍未选择的，选择权转移至对方。

当事人行使选择权应当及时通知对方，通知到达对方时，标的确定。标的确定后不得变更，但是经对方同意的除外。

可选择的标的发生不能履行情形的，享有选择权的当事人不得选择不能履行的标的，但是该不能履行的情形是由对方造成的除外。

二、合同的解释原则

合同成立以后，或者在合同履行过程中，可能会出现当事人对合同条款有不同的理解，因此，对合同进行解释就成为解决分歧的有效途径。

（一）文义解释

所谓文义解释，就是对合同所使用的词句的含义作出通常解释。例如，合同条款中有"订金"字样，一方要求适用定金罚则而对方否定时，则依据所使用的词汇，认定该"订金"约定不属定金，不适用定金罚则。

从通常解释出发，而不是基于当事人的自身利益作主观任意解释，有利于维护交易安全。

（二）整体解释

所谓整体解释，是指不拘泥于合同的个别词句或个别条款，而是根据合同的全部条款以及条款之间的相关性，通观全文而作出解释。

（三）交易惯例解释

当事人对合同条款的理解有争议的，根据交易惯例解释该条款，也有利于解决纷争。如广东省就有以"三鸟"代表"鸡、鸭、鹅"三种家禽的习惯。当合同的当事人是广东人、合同中出现"三鸟"时，就应该依据习惯作出解释。

（四）合同的目的解释

合同目的，是指合同双方通过合同的订立和履行最终所期望得到的东西或者达到的状态。当事人订立合同均为达到一定目的，合同的各项条款及其用语均是达到该目的的手段。因此，确定合同用语的含义乃至整个合同内容自然须适合于合同目的。

合同目的是当事人真实意思的核心，是决定合同条款内容的指针。如果文义解释、整体解释、习惯解释的结果与依合同目的解释的结果不一致，应取后者。不过，如果合同目的模糊，通常会寻求文义解释等方法；合同目的违法，更不得依合同目的解释；适用情事变更原则，也不依合同目的解释合同条款。

【课堂讨论1】

[材料] 2009年3月23日，桐柏县饮食服务公司与何义荣签订承包经营协议，桐柏县饮食服务公司将其淮源宾馆部分房间及院落发包给何义荣经营。协议约定承包期限为2009年5月1日至2010年4月30日，承租费55 000元。其中协议第八条约定，"自签订协议之日起两年内若该房县政府不收购、拍卖、变卖，桐柏县饮食服务公司不得变更承包人，不得提高租金，双方继续履行该协议"。后双方均按约定履行了协议，2009年5月1日，双方对房间物品进行了实物交接。2011年7月2日，何义荣对承租的宾馆进行装修时，桐柏县饮食服务公司进行阻止，认为何义荣的承租期限已届满，要求立即停止侵害，恢复原状，并在三日内按交接表返还房屋及其他全部财产，并赔偿损失。何义荣认为若承租房屋在签订协议之日起两年内县政府不收购、拍卖、变卖，合同就应继续履行，不受两年限制；两年内县政府并未对该房屋"收购、拍卖、变卖"，因此应按协议约定继续履行合同。

[问题] 对于该协议的第八条应当如何理解？

（案件来源：河南省高级人民法院网）

（五）诚实信用原则解释

诚实信用既是一种道德要求也是法律要求。以诚实信用原则来解释合同条款，有助于弥补合同的疏漏、模糊性、不合目的性等，也有利于降低交易成本，保障交易安全。

以上五种解释方法，应当结合使用，以确定争议条款的真实含义。

【课堂讨论2】

[材料] 某化纤公司与某设备公司签订买卖合同，约定：化纤公司向设备公司订购两种规格的油雾废气净化系统，规格1的设备1套，单价为4万元；规格2的设备1套，单价为4.5万元，共9万元，合同总价13万元。合同订立后化纤公司支付货款9万元，设备公司开具13万元增值税发票，余款未付。后设备公司向化纤公司发送告知函：因化纤公司已使用2套设备1年多，尚欠货款4万元，已构成逾期付款。诉讼中，化纤公司辩称合同明确载明标的物为两种规格的设备各1套，其实际也仅收到2套设备，且设备公司发送的告知函中再次确认共2套设备。设备公司称合同中规格2的设备数量记载属于笔误，实际共交付3套设备。

[问题] 化纤公司实际收到两种规格的设备共有几套？

（案件来源：江苏法院网）

（六）不利解释规则

对于采用格式条款订立合同的，提供格式条款的一方应当遵循公平原则确定当事人之间的权利和义务，并采取合理的方式提请对方注意免除或限制其责任的内容，按照对方的要求，对该条款予以提示或说明。所谓"采取合理的方式"是指，在合同订立时采用足以引起对方注意的文字、符号、字体等特别标识，并按照对方的要求对该格式条款予以说明。提供格式条款的一方当事人违反关于提示和说明义务的规定，导致对方没有注意免除或者限制其责任的条款，对方当事人申请撤销该格式条款的，人民法院应当支持。

对格式条款的理解发生争议的，应当按照通常理解予以解释。对格式条款有两种以上解释的，应当作出不利于提供格式条款的一方的解释。格式条款和非格式条款不一致的，应当采用非格式条款。

【课堂讨论3】

[材料] 王某提前两周以600元订购了某航空公司全价1000元的六折机票，后因临时改变行程，王某于航班起飞前一小时前往售票处办理退票手续，该航空公司对外有提示，即起飞前两小时内退票按机票价格收取25%手续费。

[问题] 下列哪种说法是正确的？
1. 退票手续费的规定是无效格式条款；
2. 王某应当支付250元的退票手续费；
3. 王某应当支付150元的退票手续费。

三、双务合同履行中的抗辩权

抗辩权，是指在双务合同中，一方当事人对抗他人请求权的权利。在双务合同中，当事人互负对等给付义务，如果一方履行了义务，而得不到对方的履行，将使自己的合同债权受到损害。《合同法》规定了同时履行抗辩权、后履行抗辩权和不安抗辩权三种。

（一）同时履行抗辩权

当事人互负债务，没有先后履行顺序的，应当同时履行。一方在对方履行之前有权拒绝其履行要求。一方在对方履行债务不符合约定时，有权拒绝其相应的履行要求。

（二）后履行抗辩权

当事人互负债务，有先后履行顺序，先履行一方未履行的，后履行一方有权拒绝其履行要求。先履行一方履行债务不符合约定的，后履行一方有权拒绝其相应的履行要求。

（三）不安抗辩权

应当先履行债务的当事人，有确切证据证明对方有下列情形之一的，可以中止履行合同：
（1）经营状况严重恶化；
（2）转移财产、抽逃资金，以逃避债务；
（3）丧失商业信誉；
（4）有丧失或者可能丧失履行债务能力的其他情形。
当事人没有确切证据中止履行的，应当承担违约责任。
当事人依法中止履行，应当及时通知对方；对方提供适当担保时，应当恢复履行。中止履行后，对方在合理期限内未恢复履行能力并且未提供适当担保的，中止履行的一方可以解除合同并可以请求对方承担违约责任。

四、合同的保全

合同的保全，是为了防止因债务人的财产不当减少给债权人的债权造成损害，法律允许债权人为保全其债权的实现而采取的法律措施。保全措施包括代位权和撤销权两种。通过采取保全措施，能起到间接强制债务人履行合同的作用。

（一）代位权

1. 代位权的行使条件

因债务人怠于行使其债权或者与该债权有关的从权利，影响债权人的到期债权实现的，债权人可以向人民法院请求以自己的名义代位行使债务人对相对人的权利，但是该权利专属于债务人自身的除外。

债权人的债权到期前，债务人的债权或者与该债权有关的从权利存在诉讼时效期间即将届满或者未及时申报破产债权等情形，影响债权人的债权实现的，债权人可以代位向债务人的相对人请求其向债务人履行、向破产管理人申报或者作出其他必要的行为。

专属于债务人自身的债权,是指基于扶养关系、抚养关系、赡养关系、继承关系产生的给付请求权和劳动报酬、退休金、养老金、抚恤金、安置费、人寿保险、人身伤害赔偿请求权等权利。

2. 代位权的行使范围和行使后果

代位权的行使范围以债权人的到期债权为限。债权人行使代位权的必要费用,由债务人负担。

相对人对债务人的抗辩,可以向债权人主张。

人民法院认定代位权成立的,由债务人的相对人向债权人履行义务,债权人接受履行后,债权人与债务人、债务人与相对人之间相应的权利义务终止。债务人对相对人的债权或者与该债权有关的从权利被采取保全、执行措施,或者债务人破产的,依照相关法律的规定处理。

3. 具有合法利益的第三人代为履行

《民法典》第五百二十四条规定,债务人不履行债务,第三人对履行该债务具有合法利益的,第三人有权向债权人代为履行;但是,根据债务性质、按照当事人约定或者依照法律规定只能由债务人履行的除外。债权人接受第三人履行后,其对债务人的债权转让给第三人,但是债务人和第三人另有约定的除外。

【案例解读1】

[案情概述] 某物流有限公司与吴某于2020年签订《货物运输合同》,约定该公司的郑州运输业务由吴某承接。合同还约定调运车辆、雇用运输司机的费用由吴某结算,与某物流有限公司无关。某物流有限公司与吴某之间已结清大部分运费,但因吴某未及时向承运司机结清运费,2020年11月某日,承运司机在承运货物时对货物进行扣留。基于运输货物的时效性,某物流有限公司向承运司机垫付了吴某欠付的46万元,并通知吴某,吴某当时对此无异议。后吴某仅向某物流有限公司支付了6万元。某物流有限公司向吴某追偿余款未果,遂提起诉讼。

[处理结果] 法院判决支持某物流有限公司请求吴某支付剩余运费的诉讼请求。

[解读意见] 《民法典》合同编新增了具有合法利益的第三人代为履行的规定,对于促进债权实现、维护交易安全具有重要意义。

(案例来源:中国法院网)

(二)撤销权

【案例解读2】

[案情概述] 2017年3月,张某因向李某借款30万元未能偿还,被李某起诉至法院,法院经审理后判决张某偿还该欠款本息。此后,张某经催讨仍未履行还款义务。李某于2017年4月13日向法院申请强制执行,法院向张某送达了执行案件通知书及相关材料。而张某于2017年4月18日,将其名下宝马小轿车一部过户至赵某名下,致其名下无其他

财产可供执行。李某得知后，以恶意逃债为由，提出了债权人撤销权之诉。

法院查明，张某与赵某系女婿和岳母关系，双方转让车辆时递交了《欠款抵车的协议》（落款2017年2月17日系倒签日期）。

[处理结果] 福建省永安市人民法院一审判决撤销张某和赵某的车辆转让行为。

[解读意见] 张某转让宝马轿车给赵某的行为并非其辩称的欠款抵车，该行为导致张某财产减少，清偿债务能力降低，且张某又未向法院提供其他可供执行的财产，造成李某的债权无法实现。

（案例来源：中国法院网）

1. 撤销权行使的条件

债务人以放弃其债权、放弃债权担保、无偿转让财产等方式无偿处分财产权益，或者恶意延长其到期债权的履行期限，影响债权人的债权实现的，债权人可以请求人民法院撤销债务人的行为。

债务人以明显不合理的低价转让财产、以明显不合理的高价受让他人财产或者为他人的债务提供担保，影响债权人的债权实现，债务人的相对人知道或者应当知道该情形的，债权人可以请求人民法院撤销债务人的行为。

所谓"明显不合理的低价"，应当以交易当地一般经营者的判断，并参考交易当时交易地的物价部门指导价或者市场交易价，结合其他相关因素综合考虑予以确认。转让价格达不到交易时交易地的指导价或者市场交易价百分之七十的，一般可以视为明显不合理的低价；对转让价格高于当地指导价或者市场交易价百分之三十的，一般可以视为明显不合理的高价。债务人以明显不合理的高价收购他人财产，债权人可以请求人民法院撤销债务人的行为。

债务人放弃其未到期的债权或者放弃债权担保，或者恶意延长到期债权的履行期，对债权人造成损害，债权人也可以请求人民法院撤销债务人的行为。这是因为：①债务人放弃其未到期的债权，同放弃到期债权的法律效果是一样的，都导致债务人责任财产的流失，从而损及债权人利益；②债务人放弃债权担保，债权人虽未放弃其债权，但放弃其债权担保，同样可能导致债务人责任财产的减少，损害债权人利益；③债务人恶意延长到期债权的履行期，这实质上是债务人通过侵害债权人的期限利益而损及其债权，甚至使债权人的债权事实上落空。

2. 撤销权的行使范围和行使后果

撤销权的行使范围以债权人的债权为限。

债权人行使撤销权的必要费用，由债务人负担。

债务人的行为一经被撤销，即从行为开始失去法律约束力。已经依据被撤销行为给付的，受领人负有返还财产的义务，不能返还的，应作价返还。

撤销权自债权人知道或者应当知道撤销事由之日起一年内行使。自债务人的行为发生之日起五年内没有行使撤销权的，该撤销权消灭。

五、合同的变更、转让

(一) 合同变更

合同的变更,是指合同成立后,合同的主体不变,合同的内容发生变化。

1. 合同变更的方式

(1) 协议。

一般情况下,当事人协商一致,就可以变更合同。但是,法律、行政法规规定变更合同内容应当办理批准、登记等手续的,依照其规定。

(2) 情事变更。

《民法典》第五百三十三条规定:合同成立后,合同的基础条件发生了当事人在订立合同时无法预见的、不属于商业风险的重大变化,继续履行合同对于当事人一方明显不公平的,受不利影响的当事人可以与对方重新协商;在合理期限内协商不成的,当事人可以请求人民法院或者仲裁机构变更或者解除合同。人民法院或者仲裁机构应当结合案件的实际情况,根据公平原则变更或者解除合同。

2. 合同变更的效力

当事人对合同变更的内容约定不明确的,推定为未变更。合同变更后,当事人应当按照变更后的内容履行合同。

(二) 合同的转让

合同的转让,一般由当事人自主决定。法律、行政法规规定转让权利或者转移义务应当办理批准、登记等手续的,依照其规定。

1. 合同权利转让

合同权利转让,是指由债权人将合同权利的全部或者部分转让给第三人。转让权利的人称为让与人,受让权利的人称为受让人。

债权人转让权利的,应当通知债务人。未经通知,该转让对债务人不发生效力。

有下列情形之一的不得转让:根据债权性质不得转让;按照当事人约定不得转让;依照法律规定不得转让。

当事人约定非金钱债权不得转让的,不得对抗善意第三人。当事人约定金钱债权不得转让的,不得对抗第三人。

合同权利全部转让的,原合同关系消灭,受让人取代原债权人的地位,成为新的债权人。合同权利部分转让的,受让人作为第三人加入到合同关系中,与原债权人共同享有债权。债权人转让权利的,受让人取得与债权有关的从权利,但该从权利专属于债权人自身的除外。

债权人转让权利的通知不得撤销,但经受让人同意的除外。

债务人接到债权转让通知后,债务人对让与人的抗辩,可以向受让人主张。

债务人接到债权转让通知时,债务人对让与人享有债权,并且债务人的债权先于转让的债权到期或者同时到期的，债务人可以向受让人主张抵销。

2. 合同义务转移

合同义务转移，是指债务人将合同的义务全部或者部分转移给第三人。

合同义务转移应当经债权人同意。

债务人全部转移合同义务时，新债务人完全取代了原债务人的地位，可以主张原债务人对债权人的抗辩。同时，与所转移的主债务有关的从债务，也应当由新债务人承担，但该从债务专属于原债务人自身的除外。债务人部分转移合同义务时，和原债务人一起向债权人履行义务。

3. 合同权利义务的一并转让

合同权利义务的一并转让，是指一方当事人将自己在合同中的权利和义务一并转让给第三人。一并转让又叫概括转移。

合同权利和义务一并转让的，有下列情形：

（1）合同承受。合同承受既转让合同权利，又转让合同义务，因而被移转的合同只能是双务合同。单务合同只能发生特定承受，即要么权利转让，要么义务移转。

（2）合并或分立引起合同权利义务的一并转让。当事人订立合同后合并的，由合并后的法人或者其他组织行使合同权利，履行合同义务。当事人订立合同后分立的，除债权人和债务人另有约定的以外，由分立的法人或者其他组织对合同的权利和义务享有连带债权、承担连带债务。

（3）基于法律的直接规定而发生。例如，《民法典》第七百二十五条规定："租赁物在承租人按照租赁合同占有期限内发生所有权变动的，不影响租赁合同的效力。"买受人除取得物的所有权外，还承受该租赁物上原已存在的租赁合同关系中出租人的权利义务。

六、合同终止

合同终止指合同当事人双方在合同关系建立以后，因一定的法律事实的出现，使合同确立的权利义务关系消灭。《合同法》规定，有下列情形之一的，合同的权利义务终止：

（一）债务已经按照约定履行

合同当事人按照约定履行合同，可以达到合同目的，使各方当事人的权利得以实现。清偿债务是当事人实现合同目的的基本形式。

（二）合同解除

合同解除有约定解除和法定解除两种情况：

1. 约定解除

当事人协商一致，可以解除合同。当事人可以约定一方解除合同的条件。解除合同的条件成就时，解除权人可以解除合同。

2. 法定解除

根据《民法典》的规定，有下列情形之一的，当事人可以解除合同：

（1）因不可抗力致使不能实现合同目的；

（2）在履行期限届满之前，当事人一方明确表示或者以自己的行为表明不履行主要债务；

（3）当事人一方迟延履行主要债务，经催告后在合理期限内仍未履行；

（4）当事人一方迟延履行债务或有其他违约行为致使不能实现合同目的；

（5）法律规定的其他情形。

以持续履行的债务为内容的不定期合同，当事人可以随时解除，但是应当在合理期限之前通知对方。

【课堂讨论4】

[材料] 李女士夫妇从某中介处以每月3600元租了一套新装修的两居室，入住没多久，李女士就感觉恶心、胸闷、咳嗽，找专业公司检测发现房屋甲醛浓度高达0.5毫克/米^3，超出国标5倍。李女士提出退房，中介却称提前退租是违约行为，要扣除1800元违约金。中介还称李女士签合同时明知房子刚装修完，甲醛在所难免，理应自己承担违约责任。

[问题] 李女士提前退租是违约行为吗？

法律规定或者当事人约定解除权行使期限，期限届满当事人不行使的，该权利消灭。

法律没有规定或者当事人没有约定解除权行使期限，自解除权人知道或者应当知道解除事由之日起一年内不行使，或者经对方催告后在合理期限内不行使的，该权利消灭。

当事人一方依法主张解除合同的，应当通知对方。合同自通知到达对方时解除；通知载明债务人在一定期限内不履行债务则合同自动解除，债务人在该期限内未履行债务的，合同自通知载明的期限届满时解除。对方对解除合同有异议的，任何一方当事人均可以请求人民法院或者仲裁机构确认解除行为的效力。

当事人一方未通知对方，直接以提起诉讼或者申请仲裁的方式依法主张解除合同，人民法院或者仲裁机构确认该主张的，合同自起诉状副本或者仲裁申请书副本送达对方时解除。

法律、行政法规规定解除合同应当办理批准、登记手续的，依照其规定。

合同解除后，尚未履行的，终止履行；已经履行的，根据履行情况和合同性质，当事人可以请求恢复原状或者采取其他补救措施，并有权请求赔偿损失。

合同因违约解除的，解除权人可以请求违约方承担违约责任，但是当事人另有约定的除外。

主合同解除后，担保人对债务人应当承担的民事责任仍应当承担担保责任，但是担保合同另有约定的除外。

合同的权利义务关系终止，不影响合同中结算和清理条款的效力。

【课堂讨论5】

[材料] 原、被告双方于2011年10月12日签订了一份加工承揽合同，合同约定：由原告提供设计图样，委托被告加工抛丸机4台，共计24万元。合同签订后10日内，由原告付7万元预付款，10月30日前再支付7万元，2011年12月底，被告交付4台抛丸机，原告付清全部价款。合同签订后，原告于同年10月15日向被告汇去7万元，同年10月25日，被告给原告去函称原材料价格急剧上涨，需要提高抛丸机的价格。原告于10月26日复函，表示拒绝。同年11月1日，原告向被告汇去7万元，被告将该7万元返还原告，并提出因原告迟延交付第二笔预付款构成了违约，被告要求终止合同。已生产的两台抛丸机，因原告交付7万元而由原告取回，双方不再发生关系。原告提出迟延交付第二笔预付款，是因为等待被告是否继续履行合同的答复。双方因协商不成，原告向法院起诉，请求被告继续履行合同并承担违约责任。

[问题] 本案当事人谁违约了？被告要求终止合同是否有法律依据？

（案例来源：中国法院网）

（三）债务相互抵销

1. 法定抵销

当事人互负到期债务，该债务的标的物种类、品质相同的，任何一方可以将自己的债务与对方的债务抵销，但依照法律规定或者按照合同性质或者当事人约定不得抵销的除外。

当事人主张抵销的，应当通知对方。通知自达到对方时生效。

抵销不得附条件或者附期限。因为附条件或者附期限，使抵销的意思表示不确定，与抵销的本意相悖。

应当指出，在破产程序中，破产债权人对其享有的债权，无论是否已届清偿期，无论是否附有期限或解除条件，均可抵销。

2. 约定抵销

当事人互负债务，标的物种类、品质不相同的，经双方协商一致，也可以抵销。另外，法定抵销规定当事人互负债务必须都已到期，但是，在约定抵销的情况下，也可以不受这一条件的限制，因为债务人有权放弃期限利益。

（四）债务人依法将标的物提存

提存，是指由于债权人的原因，债务人无法向其交付合同标的物而将该标的物交给提存机关，从而消灭合同的制度。

根据《民法典》有下列情形之一，难以履行债务的，债务人可以将标的物提存：

（1）债权人无正当理由拒绝受领；

（2）债权人下落不明；

（3）债权人死亡未确定继承人、遗产管理人，或者丧失民事行为能力未确定监护人；

（4）法律规定的其他情形。

标的物不适于提存或者提存费用过高的，债务人依法可以拍卖或者变卖标的物，提存所得的价款。

标的物提存后，除债权人下落不明的以外，债务人应当及时通知债权人或者债权人的继承人、遗产管理人，监护人、财产代管人。

标的物提存后，毁损、灭失的风险由债权人承担。提存期间，标的物的孳息归债权人享有。提存费用由债权人负担。

债权人可以随时领取提存物，但债权人对债务人负有到期债务的，在债权人未履行债务或者提供担保之前，提存部门根据债务人的要求应当拒绝其领取提存物。债权人领取提存物的权利，自提存之日起五年内不行使而消灭，提存物扣除提存费用后归国家所有。

（五）债权人免除债务

债权人免除债务人部分或者全部债务的，合同的权利义务部分或者全部终止，但是债务人在合理期限内拒绝的除外。

（六）债权债务同归于一人

债权和债务同归于一人的，合同的权利义务终止，但损害第三人利益的除外。例如，两个企业之间有债权债务，后来企业合并，则因债权债务同归于一个企业而使合同终止。

（七）法律规定或者当事人约定终止的其他情形

合同的权利义务终止，不影响合同中结算和清理条款的效力，也不影响合同中独立存在的有关解决争议方法的条款的效力。

七、违约责任

违约责任，即违反合同的民事责任，是指合同当事人一方不履行合同义务或者履行合同义务不符合约定时，依照法律规定或者合同约定所承担的法律责任。

（一）违约责任的特征

1. 违约责任以合同有效为前提

合同未成立或成立后无效、被撤销的，即使当事人有过错，也只承担缔约过失责任，无违约责任可言。

2. 违约责任是发生在合同当事人之间的责任

合同关系以外的人不负违约责任，合同当事人也不对合同关系以外的人承担违约责任。

3. 违约责任是一种财产责任

违约责任的设立，旨在弥补违约行为所造成的财产损害，通常不发生精神损害赔偿。

4. 违约责任的主要功能体现为补偿性

违约责任的主要功能体现为补偿性，此外对于违约行为也具有一定的惩罚性。

（二）违约责任的归责原则

违约责任的归责原则，即确定违约的合同当事人承担民事责任必须依据的原则。我国目前违约责任的归责原则，是以严格责任原则为主，过错责任原则为例外。

1. 严格责任原则

严格责任原则是指在确定违约责任时，以合同当事人是否有违约行为为条件，不考虑当事人有无过错，只要无法定或约定的免责事由，行为人即负违约责任。

2. 过错责任原则

过错责任原则是指在确定违约责任时，以合同当事人有过错为必要条件。如《民法典》第八百二十四条第一款规定，"在运输过程中旅客随身携带物品毁损、灭失，承运人有过错的，应当承担损害赔偿责任"。

（三）违约行为类型

1. 履行不能

履行不能是指合同不可能履行。金钱债务，通常不能发生履行不能。

2. 履行迟延

履行迟延是指在履行期届满之后的履行。合同的履行期，应按照约定确定；如未约定期限的，经一方当事人请求并催告，对方于催告之时起，负履行迟延责任，如催告有约定或法定期限的，自期限届满起，负违约责任。

3. 履行不当

履行不当，是指当事人没有完全按合同约定所为的履行。如履行的地点不妥、数量不足、方式不当、质量不符合约定或未履行附随义务等。

4. 履行拒绝

履行拒绝，是指合同当事人一方在履行期限到来之前，明确表示或者以自己的行为表明不履行合同义务。

（四）承担违约责任的方式

违约责任的种类主要有五种：继续履行、采取补救措施、赔偿损失、支付违约金、定金责任。

1. 继续履行

继续履行又称为实际履行。继续履行可以实现合同目的。

《民法典》第五百八十条第一款规定："当事人一方不履行非金钱债务或者履行非金钱债务不符合约定的，对方可以请求履行，但是有下列情形之一的除外：（一）法律上或事实上不能履行；（二）债务的标的不适于强制履行或者履行费用过高；（三）债权人在合理期限内未请求履行。"第二款规定："有前款规定的除外情形之一，致使不能实现合同目的的,人民法院或者仲裁机构可以根据当事人的请求终止合同权利义务关系,但是不影响违约责任的承担。"这一规定赋予了违约方请求解除合同权,从而有助于打破合同僵局。

2. 采取补救措施

对于履行不当,应当采取补救措施。在一方履行不当后,通过采取补救措施,对方可以实现合同目的。

质量不符合约定的,应当按照当事人的约定承担违约责任。对没有约定违约责任或约定不明确的,当事人不能达成补充协议,也不能按照合同有关条款或者交易习惯确定的,受损害方根据标的的性质以及损失的大小,可以合理选择要求对方采取修理、更换、重作、退货、减少价款或者报酬等补救措施。

3. 赔偿损失

当事人一方不履行合同义务或者履行合同义务不符合约定,给对方造成损失的,应当赔偿对方损失。

当事人一方不履行合同义务或者履行合同义务不符合约定的,在履行义务或者采取补救措施后,对方还有其他损失的,应当赔偿损失。

损失赔偿额应当相当于因违约所造成的损失,包括合同履行后可以获得的利益,但不得超过违反合同一方订立合同时预见到或者应当预见到的因违反合同可能造成的损失。

经营者对消费者提供商品或者服务有欺诈行为的,依照《消费者权益保护法》的规定承担损害赔偿责任。

当事人一方违约后,对方应当采取适当措施防止损失的扩大;没有采取适当措施致使损失扩大的,不得就扩大的损失要求赔偿。当事人因防止损失扩大而支出的合理费用,由违约方承担。

【案例解读】

[案情概述]一对新人遭遇了一场意外频出的婚礼:迎宾区域摆放的照片中新娘的名字均打印错误,吊顶高度过低导致新郎全程被吊顶上的线帘压顶,鲜花摆放与约定有出入,舞台背景线帘未安装等。因协商无果,这对新人将婚庆公司起诉至宁波市鄞州区法院,请求判令被告公司退还场地布置费2万元,赔礼道歉,并赔偿精神损失费5000元。此前,这对新人和鄞州某文化传媒公司签订婚礼策划服务协议,约定由该公司为婚礼提供场地布置及人员服务,场地布置费2.6万元,人员服务费1万余元。

[处理结果]浙江省宁波市鄞州区人民法院宣判了这起婚庆服务合同纠纷案,判决被告婚庆公司退还场地布置费1.3万元,赔礼道歉,并赔偿精神损失费5000元。

[解读意见]《民法典》第九百九十六条规定,因当事人一方的违约行为,损害对方人格权并造成严重精神损害,受损害方选择请求其承担违约责任的,不影响受损害方请求精神损害赔偿。婚礼现场的布置与设计效果严重不符,故原告要求降低价款并返还部分费用符合法律规定。由于婚礼过程具有专属性、纪念性等特殊性质,对新人来说是一种精神利益的体现。被告将迎宾处的新娘名字书写错误,使原告的精神利益受到了严重

损害，原告有权主张精神损害赔偿。

（案例来源：中国法院网）

4. 支付违约金

当事人可以约定一方违约时应当根据违约情况向对方支付一定数额的违约金，也可以约定因违约产生的损失赔偿额的计算方法。

约定的违约金低于造成的损失的，当事人可以请求人民法院或者仲裁机构予以增加；请求人民法院增加违约金的，增加后的违约金数额以不超过实际损失额为限。增加违约金以后，当事人又请求对方赔偿损失的，人民法院不予支持。

约定的违约金过分高于造成的损失的，当事人可以请求人民法院或者仲裁机构予以适当减少。人民法院应当以实际损失为基础，兼顾合同的履行情况、当事人的过错程度以及预期利益等综合因素，根据公平原则和诚实信用原则予以衡量，并作出裁决。

当事人约定的违约金超过造成损失的百分之三十的，一般可以认定为"过分高于造成的损失"。

当事人就迟延履行约定违约金的，违约方支付违约金后，还应当履行债务。

5. 定金责任

当事人可以依照《民法典》约定一方向对方给付定金作为债权的担保。债务人履行债务的，定金应当抵作价款或者收回。给付定金的一方不履行债务或者履行债务不符合约定，致使不能实现合同目的的，无权请求返还定金；收受定金的一方不履行债务或者履行债务不符合约定，致使不能实现合同目的的，应当双倍返还定金。

当事人既约定违约金，又约定定金，一方违约时，对方可以选择适用，二者不能并用。

买卖合同约定的定金不足以弥补一方违约造成的损失，对方请求赔偿超过定金部分的损失的，人民法院可以并处，但定金和损失赔偿的数额总和不应高于因违约造成的损失。

（五）免责事由

1. 不可抗力

因不可抗力不能履行合同的，根据不可抗力的影响，部分或者全部免除责任，但法律另有规定的除外。当事人迟延履行后发生不可抗力的，不能免除责任。

当事人一方因不可抗力不能履行合同的，应当及时通知对方，以减轻可能给对方造成的损失，并应当在合理期限内提供证明。

2. 约定免责事由

当事人可以在合同中约定免责事由。但是约定的免责事由不得违反法律和社会公序良俗。

【讨论提示1】

1. 应当理解为：承租期为两年，现承租期已届满。

2. 本案中，通过对协议第八条语句的阅读，产生了两种截然相反的理解。因此仅凭文义解释原则不能解决争议的问题。出现这种情况时就应当采用合同解释的其他原则。如果依何义荣的理解解释，合同应无期限继续履行，桐柏县饮食服务公司不得变更承包人，不得提高租金，这显然不符合交易习惯和常理，也明显违背发包人订立合同的目的。

【讨论提示2】

化纤公司实际收到两种规格的设备共有3套。

合同对规格2的设备既约定了单价也记载了合计价格以及合同总价，如果化纤公司仅收到两种规格的设备各1套，总货款应为8.5万元，化纤公司对于为何超付货款未能作出合理解释，可以推断规格2的设备应为2套。

处理此类纠纷时，应当按照诚实信用原则，根据当事人实际履行情况综合认定。

【讨论提示3】

1. 该航空公司关于"起飞前两小时内退票按机票价格收取25%手续费"的规定属于格式条款。"起飞前两小时内退票按机票价格收取25%手续费"的规定不是免责条款，也没有加重客户责任、排除客户的主要权利，因为飞机起飞前两小时内办理退票手续，很可能导致该机票无法在两小时内售出，造成航空公司的损失，收取手续费是让退票者分担损失的措施，并未违背公平原则。该格式条款是有效的。

2. 本例中的"机票价格"可以按照机票票面价格解释，也可以按照机票折后价格解释，因此应当作出不利于航空公司的解释。王某应当按照购买机票的折后价格支付退票手续费，即150元。

【讨论提示4】

中介应该同意林女士无责退房，并退还剩余房租。

《民法典》第七百三十一条规定：租赁物危及承租人的安全或者健康的，即使承租人订立合同时明知该租赁物质量不合格，承租人仍然可以随时解除合同。

【讨论提示5】

1. 原告没有按期支付第二笔预付款，构成违约。被告因单方面变更合同也构成违约。被告提出因原告迟延交付第二笔预付款而终止合同，但同时又要求让原告取走已生产的2台抛丸机，这并不是要求解除合同，而是变更合同。

2. 被告要求终止合同没有法律依据。原告迟延两天付款的违约行为并不会导致合同目的不能实现。被告变更合同的真正原因是原材料涨价。

【能力测试】

1. 甲、乙订立一份价款为十万元的图书买卖合同，约定甲先支付书款，乙两个月后交付图书。甲因为资金周转困难只交付五万元，说明余款尽快支付，但乙不同意。两个月后甲要求乙交付图书，遭乙拒绝。对此，下列哪一表述是正确的？（　　）

   A. 乙对甲享有同时履行抗辩权
   B. 乙对甲享有不安抗辩权
   C. 乙有权拒绝交付全部图书
   D. 乙有权拒绝交付与五万元书款价值相当的部分图书

2. 甲公司对乙公司享有10万元债权，乙公司对丙公司享有20万元债权。甲公司将其债权转让给丁公司并通知了乙公司，丙公司未经乙公司同意，将其债务转移给戊公司。如丁公司对戊公司提起代位权诉讼，戊公司下列哪一抗辩理由能够成立？（　　）

   A. 甲公司转让债权未获乙公司同意
   B. 丙公司转移债务未经乙公司同意
   C. 乙公司已经要求戊公司偿还债务
   D. 乙公司、丙公司之间的债务纠纷有仲裁条款约束

3. 乙购买甲一套房屋，已经支付1/3价款，双方约定余款待过户手续办理完毕后付清。后甲反悔，要求解除合同，乙不同意，起诉要求甲继续履行合同，转移房屋所有权。下列哪一选项是正确的？（　　）

   A. 合同尚未生效，甲应当返还所受领的价款并承担缔约过失责任
   B. 合同无效，甲应当返还所受领的价款
   C. 合同有效，甲应当继续履行合同
   D. 合同有效，法院应当判决解除合同、甲赔偿乙的损失

4. 甲、乙订立买卖合同，双方约定：甲应于2021年6月1日向乙交付货物，乙应于6月8日向甲支付货款。5月底，甲发现乙经营状况严重恶化，并有证据证明，则在6月1日时，甲可以采取的措施是（　　）。

   A. 须按约定交付货物，但可以请求乙提供相应担保
   B. 须交付货物，但可以仅先交付部分货物
   C. 须按约定交付货物，如乙不付款可追究其违约责任
   D. 有权拒绝交货，除非乙提供相应担保

5. 当事人一方不履行合同义务或者履行义务不符合约定的，应当承担继续履行、采取补救措施或者赔偿损失等违约责任。该规定采用的民事责任归责原则是什么？（　　）

   A. 过错责任原则
   B. 过错推定原则
   C. 公平责任原则
   D. 严格责任原则

6. 根据《民法典》规定，下列不属于代位权行使所必备的条件是（　　）。

A. 债务人怠于行使其到期债权，对债权人造成损害
B. 债务人的债权已到期
C. 债权人对债务人的债权合法
D. 债务人有放弃到期债权或者无偿转让财产等减少财产的行为

7. 甲公司与乙公司签订买卖合同。合同约定甲公司先交货。交货前夕，甲公司派人调查乙公司的偿债能力，有确切材料证明乙公司负债累累，根本不能按时支付货款。甲公司遂暂时不向乙公司交货。甲公司的行为是（　　）。

A. 违约行为
B. 行使同时履行抗辩权
C. 行使先诉抗辩权
D. 行使不安抗辩权

8. 甲、乙在火车上相识，甲怕自己到站时未醒，请求乙在 A 站唤醒自己下车，乙欣然同意。火车到达 A 站时，甲沉睡，乙也未醒。甲未能在 A 站及时下车，为此支出了额外费用。甲要求乙赔偿损失。对此，应如何处理？（　　）

A. 由乙承担违约责任
B. 由乙承担侵权责任
C. 由乙承担缔约过失责任
D. 由甲自己承担损失

9. 甲公司欠乙公司500万元货款未付，丙公司是甲公司的母公司。甲公司与丙公司订立协议，约定将甲公司欠乙公司的该笔债务转移给丙公司承担。下列关于甲公司和丙公司之间债务转让行为的表述中，正确的是（　　）。

A. 经乙公司同意才能生效
B. 通知乙公司即可生效
C. 直接生效
D. 直接生效，且甲公司和丙公司对乙公司承担连带清偿责任

10. 甲公司应乙公司之邀赴京洽谈签约，后因双方对合同价款无法达成一致协议而未能如愿签订合同。对甲公司赴京发生的差旅费应由（　　）。

A. 乙公司承担缔约过失责任
B. 乙公司承担违约责任
C. 乙公司承担损害赔偿责任
D. 甲公司自行承担

11. 甲、乙签订一份买卖合同，约定违约方应向对方支付18万元违约金。后甲违约，给乙造成损失17万元。下列哪一表述是正确的？（　　）

A. 乙有权要求甲支付违约金18万元，不再支付其他费用或者赔偿损失
B. 乙有权要求甲赔偿损失17万元，不再支付其他费用或者赔偿损失
C. 乙有权要求甲赔偿损失17万元并支付违约金18万元，共计35万元
D. 乙有权要求甲赔偿损失17万元及其利息

12. 2014年8月20日，甲公司和乙公司订立承揽合同一份。合同约定，甲公司按乙公

司要求，为乙公司加工500套桌椅，交货时间为10月1日。乙公司应在合同成立之日起20日内支付加工费10万元人民币。合同成立后，甲公司积极组织加工。同年9月2日，当地消防部门认为甲公司生产车间存在严重的安全隐患，要求其停工整顿。甲公司因此将无法按合同约定期限交货。乙公司在得知这一情形后，可以采取什么措施？（　　）

　　A. 乙公司可以要求甲公司提供适当担保

　　B. 乙公司可以通知甲公司解除合同

　　C. 乙公司可以要求甲公司承担缔约过失责任

　　D. 乙公司可以要求甲公司继续加工桌椅

13. 玉林公司向海东厂订购空调1000台，约定交货期为6月1日。由于当年暑期早至，玉林公司向海东厂提出，将交货期提前至5月10日，海东厂方提出生产能力有限，只能根据库存情况，尽量提前。5月10日，海东厂未能交货。以下说法哪种正确？（　　）

　　A. 双方关于交货日期的提前未达成明确约定，应视为合同未变更

　　B. 海东厂未能交货是违约行为

　　C. 合同成立以后，不能变更

　　D. 玉林公司可以通知海东厂解除合同

14. 甲与乙订立了合同，约定由丙向甲履行债务，现丙履行的行为不符合合同的约定，甲有权请求（　　）。

　　A. 丙承担违约责任

　　B. 乙承担违约责任

　　C. 乙和丙承担违约责任

　　D. 乙或者丙承担违约责任

15. 甲、乙两人2012年3月5日订立了一份借款合同，乙从甲处借10万元，约定年利率6%，但是没有约定还款日期。以下哪种描述是正确的？（　　）

　　A. 甲方不得要求还本金

　　B. 甲可以在任何时间要求乙还款，但要给乙合理的还款时间

　　C. 甲方只能在1年后要求还款

　　D. 甲只能与乙达成补充协议后才能按照补充约定向乙主张还款

16. 买卖合同成立之后，由于第三人的原因导致卖方无法履行合同，从而给买方造成损失的，责任如何承担？（　　）

　　A. 卖方承担责任

　　B. 第三人承担责任

　　C. 不用承担责任

　　D. 卖方和第三人共同承担责任

17. 甲从乙处购买一批货物，未支付货款，甲把该批货物转卖给丙，同时与丙约定丙应向乙支付货款。如果丙未向乙支付货款，则（　　）向乙承担责任。

　　A. 甲

　　B. 丙

　　C. 甲和丙连带

D. 甲或丙

18. 撤销权行使的除斥期间情况之一,是在债权人知道或者应当知道撤销事由时,撤销权的行使期间为( )。

　　A. 6个月

　　B. 一年

　　C. 两年

　　D. 三年

19. 所谓合同的情势变更,是指在合同成立以后,作为该合同基础的事由,( )发生了并非当初所能预料的变化,此时,如果依然坚持原来合同的法律效力,必然产生不公平的结果。

　　A. 意思表示不真实

　　B. 主体不合格

　　C. 违法

　　D. 由于不可归责于当事人的原因

20. 违约行为是当事人( )。

　　A. 违反法律规定的行为

　　B. 违反合同约定的行为

　　C. 应当对合同不能成立负有责任的行为

　　D. 给对方当事人造成人身和其他财产损失的行为

　　正确答案：1. D　2. B　3. C　4. D　5. D　6. D　7. D　8. D　9. A　10. D　11. A　12. A　13. A　14. B　15. B　16. A　17. A　18. B　19. D　20. B

【任务简析】

本案买方购买笔记本电脑的目的在签约时没有告知卖方,卖方在订立和履行合同过程中没有预见到也不应当预见到这一目的,因而该目的对卖方没有约束力;卖方虽然迟延履行主要债务,但买方没有履行催告义务,不具备解除合同的法定条件,该合同应当继续履行,支持卖方的诉讼请求。另外,买方可以要求卖方承担违约责任。

工作任务13 履行产品质量义务

【学习目标】

探究知识：产品、产品质量的概念；《产品质量法》的调整范围；产品质量行政监督管理体制；生产者、销售者的产品质量义务；违反《产品质量法》的法律责任。

获取能力：熟知产品质量行政监督管理制度；明确生产者、经营者的产品质量义务与责任；能够界定产品瑕疵和产品缺陷，分析和解决产品质量问题。

【导入任务】

2016年7月31日，林某某在天猫网络平台某旗舰店订购了一套咖啡色组合真皮沙发和一套卡其色组合真皮沙发，总货款7940元。林某某通过支付宝支付了7940元货款。天猫网络平台某旗舰店的经营者为某家居用品公司。货到后，买卖双方对两套沙发是否系真皮质地产生争议。

2016年8月12日，林某某将沙发皮套送到中国检验认证集团厦门有限公司检验，结果为复合革，花费鉴定费400元。2016年8月24日，林某某向当地市场监督管理局投诉，经多次调解，某家居用品公司只同意退款和退货。林某某向上杭县人民法院起诉，请求判令某家居用品公司：1. 退还货款7940元，赔偿三倍损失23 820元，合计31 760元；2. 承担检测费用400元。

问：法院会支持林某某的诉求吗？

（案例来源：中国法院网）

【法律快递】

《中华人民共和国产品质量法》：1993年2月22日第七届全国人民代表大会常务委员会第三十次会议通过，自1993年9月1日起施行；根据2018年12月29日第十三届全国人民代表大会常务委员会第七次会议《关于修改〈中华人民共和国产品质量法〉等五部法律的决定》第三次修正。

《计量法》《标准化法》《药品管理法》《农产品质量安全法》《食品安全法》《认证认可条例》等法律法规与《产品质量法》共同构成了我国产品质量法律体系。

《消费者权益保护法》与《产品质量法》二者相互补充、相互配合。

一、产品质量概述

（一）产品

我国《产品质量法》所称产品是指经过加工、制作，用于销售的产品。

1. 经过加工、制作

经过加工制作的产品包括工业产品、手工业产品、农产品。未经过加工制作的矿产品（铁矿石、石油等）、初级农产品（如小麦、蔬菜、水果等）、初级畜产品、水产品等，都不适用《产品质量法》的规定。服务显然也不适用《产品质量法》。

供食用的源于农业的初级产品（以下称食用农产品）的质量安全管理，遵守《农产品质量安全法》的规定。但是，制定有关食用农产品的质量安全标准、公布食用农产品安全有关信息，遵守《食品安全法》的有关规定。

2. 用于销售

理解"销售"的含义，重要的是看生产者是否将产品投入流通环节，这是确立产品质量法律意义上产品的重要特征。

3. 特别规定

建设工程不适用《产品质量法》；但是，建设工程使用的建筑材料、建筑构配件和设备，属于规定的产品范围的，适用《产品质量法》。军工产品质量监督管理办法，由国务院、中央军事委员会另行制定。因核设施、核产品造成损害的赔偿责任，法律、行政法规另有规定的，依照其规定。

（二）产品质量

产品质量是指产品适应社会生产和生活消费需要而具备的特性，它是产品使用价值的体现。它包括产品内在质量和外观质量两个方面。

产品的内在质量是指产品的内在属性，包括性能、寿命以及适用性、可靠性、维修性、安全性、经济性五个方面。产品的外观质量指产品的外部属性，包括产品的光洁度、造型、色泽、包装等，如自行车的造型、色彩、光洁度等。

二、产品质量行政监督管理

（一）产品质量行政监管主体

国务院市场监督管理部门主管全国产品质量监督工作。国务院有关部门在各自的职责范围内负责产品质量监督工作。

县级以上地方市场监督管理部门主管本行政区域内的产品质量监督工作。县级以上地方人民政府有关部门在各自的职责范围内负责产品质量监督工作。

（二）产品质量行政监督管理制度

1. 抽查制度

国家对产品质量实行以抽查为主要方式的监督检查制度，对可能危及人体健康和人身、财产安全的产品，影响国计民生的重要工业产品以及消费者、有关组织反映有质量问题的产品进行抽查。抽查的样品应当从市场上或者企业成品仓库内的待销产品中随机抽取。监督抽查工作由国务院市场监督管理部门规划和组织。县级以上地方市场监督管理部门在本行政区域内也可以组织监督抽查。法律对产品质量的监督检查另有规定的，依照有关法律的规定执行。

国家监督抽查的产品，地方不得另行重复抽查；上级监督抽查的产品，下级不得另行重复抽查。

根据监督抽查的需要，可以对产品进行检验。检验抽取样品的数量不得超过检验的合理需要，并不得向被检查人收取检验费用。监督抽查所需检验费用按照国务院规定列支。

生产者、销售者对抽查检验的结果有异议的，可以自收到检验结果之日起十五日内向实施监督抽查的市场监督管理部门或者其上级市场监督管理部门申请复检，由受理复检的市场监督管理部门作出复检结论。

抽查的产品质量不合格的，由实施监督抽查的市场监督管理部门责令其生产者、销售者限期改正。逾期不改正的，由省级以上人民政府市场监督管理部门予以公告；公告后经复查仍不合格的，责令停业，限期整顿；整顿期满后经复查产品质量仍不合格的，吊销营业执照。

国务院和省、自治区、直辖市人民政府的市场监督管理部门应当定期发布其监督抽查的产品的质量状况公告。

2. 标准化管理制度

所谓标准化管理制度，是关于产品质量标准的制定、实施、监督检查的各项制度的总和。可以说，没有标准化，就没有产品质量的依据。

标准（含标准样品），是指农业、工业、服务业以及社会事业等领域需要统一的技术要求。

标准包括国家标准、行业标准、地方标准和团体标准、企业标准。

国家标准分为强制性标准、推荐性标准，行业标准、地方标准是推荐性标准。

3. 推行企业质量体系认证制度和产品质量认证制度

质量认证是市场经济条件下加强质量管理、提高市场效率的基础性制度，是国际通行的质量管理手段和贸易便利化工具。例如，国家市场监督管理总局鼓励节能环保和绿色有机认证；在食品农产品领域推行有机产品、良好农业规范（GAP）、危害分析与关键控制点（HACCP）等认证；在消费品领域推行家电优品、智能家电、高清数字电视等认证。

4. 强制认证制度

中国强制性产品认证英文名称为"China Compulsory Certification"，简称CCC认证或3C认证。

对于国家实行强制认证的产品，由国家公布统一的目录，确定统一适用的国家标准、技术规则和实施程序，制定统一的标志，规定统一的收费标准。凡列入强制性产品认证目录内的产品，必须经国家指定的认证机构认证合格，取得相关证书并加施认证标志后，方能出厂销售、进口和在经营性活动中使用。

三、产品质量义务

（一）生产者的产品质量义务

生产者应当对其生产的产品质量负责。生产者的产品质量义务包括作为的义务和不作为的义务。

1. 生产者的作为义务

（1）生产者应当保证产品质量合格。

产品质量合格应当符合下列要求：

①不存在危及人身、财产安全的不合理的危险，有保障人体健康和人身、财产安全的国家标准、行业标准的，应当符合该标准。

②具备产品应当具备的使用性能，但是，对产品存在使用性能的瑕疵作出说明的除外。

③符合在产品或者其包装上注明采用的产品标准，符合以产品说明、实物样品等方式表明的质量状况。

（2）生产者应当保证在产品或者其包装上的标识真实、合法。

生产者通过产品标识，向销售者、用户、消费者提供有关产品的真实信息，帮助他们了解产品的质量状况，起到指导消费的作用。

根据《产品质量法》的规定，产品或者其包装上的标识必须真实，并符合下列要求：

①有产品质量检验合格证明。

②有中文标明的产品名称、生产厂厂名和厂址。

③根据产品的特点和使用要求，需要标明产品规格、等级、所含主要成分的名称和含量的，用中文相应予以标明；需要事先让消费者知晓的，应当在外包装上标明，或者预先向消费者提供有关资料。

④限期使用的产品，应当在显著位置清晰地标明生产日期和安全使用期或者失效日期。

⑤使用不当，容易造成产品本身损坏或者可能危及人身、财产安全的产品，应当有警示标志或者中文警示说明。

裸装的食品和其他根据产品的特点难以附加标识的裸装产品，可以不附加产品标识。

（3）生产者应当保证特殊产品的包装符合相应质量要求。

易碎、易燃、易爆、有毒、有腐蚀性、有放射性等危险物品以及储运中不能倒置和其他有特殊要求的产品，其包装质量必须符合相应要求，依照国家有关规定作出警示标志或者中文警示说明，标明储运注意事项。

2. 生产者的不作为义务

（1）生产者不得生产国家明令淘汰的产品。

（2）生产者不得伪造产地，不得伪造或者冒用他人的厂名、厂址。

（3）生产者不得伪造或者冒用认证标志等质量标志。

（4）生产者生产产品，不得掺杂、掺假，不得以假充真、以次充好，不得以不合格产品冒充合格产品。

（二）销售者的产品质量义务

1. 作为义务

（1）销售者应执行进货验收制度，验明产品合格证明和其他合格标识，以确保流转过程中产品质量状况，防止伪劣商品进入流通领域。

（2）销售者应保持销售产品的质量。

（3）销售者应保证销售产品的标识符合法律的要求。

2. 不作为义务

（1）销售者不得销售国家明令淘汰并停止销售的产品和失效、变质的产品。

（2）销售者不得伪造产地，不得伪造或者冒用他人的厂名、厂址。

（3）销售者不得伪造或者冒用认证标志等质量标志。

（4）销售者销售产品，不得掺杂、掺假，不得以假充真、以次充好，不得以不合格产品冒充合格产品。

【案例解读1】

[案情概述] 2016年10月1日，王某购买某品牌电动自行车一辆。2016年11月12日，电动自行车在王某租住房屋内充电时发生爆炸并引发火灾，致王某烧伤。张家港市公安消防大队出具的《火灾事故认定书》载明，起火部位位于电动自行车处，起火原因排除用火不慎、外来火种，不排除电动自行车充电过程中充电器和铝电池故障引起可燃物所致。王某因无力承担巨额治疗费用，遂起诉要求电动自行车生产商赔偿前期医疗费。

[处理结果] 张家港法院判决电动自行车生产商赔偿王某前期医疗费185 062元。苏州中院二审维持了一审判决。

[解读意见] 因产品存在缺陷造成他人损害的，生产者应当承担侵权责任。根据消防部门出具的《火灾事故认定书》，案涉电动自行车在充电过程中因充电器和锂电池故障引燃可燃物具有高度盖然性，可以认定涉案电动自行车存在质量缺陷，在现有证据不能证明使用人王某存在使用不当的情形下，生产商应当对火灾损害承担侵权责任。

（案例来源：江苏法院网）

四、产品质量责任

(一) 生产者、销售者应承担的民事责任

1. 产品瑕疵担保责任

《产品质量法》第四十条规定，售出的产品有下列情形之一的，销售者应当负责修理、更换、退货；给购买产品的消费者造成损失的，销售者应当赔偿损失：

（1）不具备产品应当具备的使用性能而事先未作说明的；

（2）不符合在产品或者其包装上注明采用的产品标准的；

（3）不符合以产品说明、实物样品等方式表明的质量状况的。

销售者依照规定负责修理、更换、退货、赔偿损失后，属于生产者的责任或者属于向销售者提供产品的其他销售者（以下简称供货者）的责任的，销售者有权向生产者、供货者追偿。

生产者之间，销售者之间，生产者与销售者之间订立的买卖合同、承揽合同有不同约定的，合同当事人按照合同约定执行。

《消费者权益保护法》第五十五条规定，经营者提供商品或者服务有欺诈行为的，应当按照消费者的要求增加赔偿其受到的损失，增加赔偿的金额为消费者购买商品的价款或者接受服务的费用的三倍；增加赔偿的金额不足五百元的，为五百元。法律另有规定的，依照其规定。

2. 产品缺陷损害赔偿责任

产品缺陷，是指产品存在危及人身、他人财产安全的不合理的危险；产品有保障人体健康和人身、财产安全的国家标准、行业标准的，是指不符合该标准。产品存在不合理的危险，是认定产品存在缺陷的核心依据。合理的危险是不可避免的危险，不是产品缺陷。例如，香烟一般都有焦油，否则便无香味。

产品缺陷一般表现为设计上的缺陷、制造上的缺陷和指示上的缺陷。设计上的缺陷，是指产品在设计上存在着不安全的、不合理的危险因素，产品投放市场后具有不合理的危险。制造上的缺陷，是指产品生产环节上因工艺操作、质量管理不善等使产品存在不合理的危险性，这种缺陷又可分为原材料、零部件方面的缺陷和装配方面的缺陷。指示上的缺陷，具体指产品的警示说明、警示标志等产品标志未能清楚地告知使用人应当注意的使用方法及事项以便预防不安全因素，从而危及使用人的人身安全。例如，热水器的产品说明书中没有写明要将热水器安装在通风之处，就属于指示上的缺陷。

因产品存在缺陷造成人身、缺陷产品以外的其他财产（以下简称他人财产）损害的，生产者应当承担赔偿责任。但是，生产者能够证明有下列情形之一的，不承担赔偿责任：①未将产品投入流通的；②产品投入流通时，引起损害的缺陷尚不存在的；③将产品投入流通时的科学技术水平尚不能发现缺陷的存在的。

由于销售者的过错使产品存在缺陷，造成人身、他人财产损害的，销售者应当承担赔偿责任。销售者不能指明缺陷产品的生产者也不能指明缺陷产品的供货者的，销售者

应当承担赔偿责任。

因产品存在缺陷造成受害人人身伤害的，侵害人应当赔偿医疗费、治疗期间的护理费、因误工减少的收入等费用；造成残疾的，还应当支付残疾者生活自助具费、生活补助费、残疾赔偿金以及由其扶养的人所必需的生活费等费用；造成受害人死亡的，并应当支付丧葬费、死亡赔偿金以及由死者生前扶养的人所必需的生活费等费用。因产品存在缺陷造成受害人财产损失的，侵害人应当恢复原状或者折价赔偿。受害人因此遭受其他重大损失的，侵害人应当赔偿损失。

《产品质量法》第四十三条规定，因产品存在缺陷造成人身、他人财产损害的，受害人可以向产品的生产者要求赔偿，也可以向产品的销售者要求赔偿。属于产品的生产者的责任，产品的销售者赔偿的，产品的销售者有权向产品的生产者追偿。属于产品的销售者的责任，产品的生产者赔偿的，产品的生产者有权向产品的销售者追偿。

因产品存在缺陷造成损害要求赔偿的诉讼时效期限为2年，自当事人知道或者应当知道其权益受到损害时起计算。因产品存在缺陷造成损害要求赔偿的请求权，在造成损害的缺陷产品交付最初消费者满10年丧失；但是，尚未超过明示的安全使用期的除外。

【案例解读2】

[案情概述]2017年5月1日，原告在被告处购买冰露矿泉水一瓶。该瓶冰露矿泉水的生产日期为2016年4月13日，保质期为一年。原告向被告反映情况，被告同意进行十倍赔偿，原告认为赔偿过低，协议不成。2017年5月4日，原告到某消费者协会分会进行投诉，调解不成。2017年7月12日，原告以在被告处购买的水已过保质期为由，提起诉讼，请求被告退还货款1.1元并赔偿500元。

[处理结果]江西省新余市渝水区人民法院依法判决被告于本判决生效后十日内退还原告货款1.1元并赔偿500元。

[解读意见]在本案中，原告购买冰露水的行为符合消费者购买特征，可以适用《消费者权益保护法》。根据《消费者权益保护法》第五十二条，经营者提供商品或者服务，造成消费者财产损害的，应当依照法律规定或者当事人约定承担修理、重作、更换、退货、补足商品数量、退还货款和服务费用或者赔偿损失等民事责任。根据《消费者权益保护法》第五十五条，经营者提供商品或者服务有欺诈行为的，应当按照消费者的要求增加赔偿其受到的损失，增加赔偿的金额为消费者购买商品的价款或者接受服务的费用的三倍；增加赔偿的金额不足五百元的，为五百元。法律另有规定的，依照其规定。

（案件来源：中国法院网）

【课堂讨论】

[材料]2020年6月17日，威海市市场监管局对威海经济技术开发区喜多厨具现场检查，查明当事人销售的标称德国曼斯坦因集团（中国）有限公司出厂的电热水壶未经认证和冒用认证标志。该产品系当事人委托其他企业生产，受委托生产企业取得了该产品的国家强制性认证证书，当事人未取得该产品的国家强制性认证证书。威海市市场

监管局对该行为人责令改正,没收涉案电热水壶1673只,没收违法所得12 375元,罚款30 784元。

[问题] 该行政处罚的主要法律依据是什么?

(二) 生产者、销售者应承担的行政责任、刑事责任

(1) 生产、销售不符合保障人体健康和人身、财产安全的国家标准、行业标准的产品的,责令停止生产、销售,没收违法生产、销售的产品,并处违法生产、销售产品(包括已售出和未售出的产品,下同)货值金额等值以上三倍以下的罚款;有违法所得的,并处没收违法所得;情节严重的,吊销营业执照;构成犯罪的,依法追究刑事责任。

货值金额以违法生产、销售产品的标价计算;没有标价的,按照同类产品的市场价格计算。

(2) 生产者、销售者在产品中掺杂、掺假,以假充真,以次充好,或者以不合格产品冒充合格产品的,责令停止生产、销售,没收违法生产、销售的产品,并处违法生产、销售产品货值金额百分之五十以上三倍以下的罚款;有违法所得的,并处没收违法所得;情节严重的,吊销营业执照;构成犯罪的,依法追究刑事责任。

(3) 生产国家明令淘汰的产品的,销售国家明令淘汰并停止销售的产品的,责令停止生产、销售,没收违法生产、销售的产品,并处违法生产、销售产品货值金额等值以下的罚款;有违法所得的,并处没收违法所得;情节严重的,吊销营业执照。

(4) 销售失效、变质产品的,责令停止销售,没收违法销售的产品并处违法销售产品货值金额二倍以下的罚款;有违法所得的,并处没收违法所得;情节严重的,吊销营业执照;构成犯罪的,依法追究刑事责任。

(5) 冒用认证标志等质量标志的,责令改正,没收违法生产、销售的产品,并处违法生产、销售产品货值金额等值以下的罚款;有违法所得的,并处没收违法所得;情节严重的,吊销营业执照。

(6) 产品标识不符合《产品质量法》规定的,责令改正;有包装的产品标识不符合《产品质量法》规定、情节严重的,责令停止生产、销售,并处违法生产、销售产品货值金额百分之三十以下的罚款;有违法所得的,并处没收违法所得。

(7) 生产者、销售者拒绝接受依法进行的产品质量监督检查的,给予警告、责令改正;拒不改正的,责令停业整顿;情节特别严重的,吊销营业执照。

(8)《刑法》第三章第一节还专门规定了"生产、销售伪劣商品罪"。

需要说明的是:《产品质量法》规定,应当承担民事赔偿责任和缴纳罚款、罚金的,其财产不足以同时支付时,先承担民事赔偿责任。

五、对产品质量检验、认证以及承诺、保证的法律责任

从事产品质量检验、认证的社会中介机构必须依法设立,不得与行政机关和其他国家机关存在隶属关系或者其他利益关系。产品质量检验机构不得向社会推荐生产者的产品;不得以对产品进行监制、监销等方式参与产品经营活动。

产品质量检验机构、认证机构必须依法客观、公正地出具检验结果或者认证证明。产品质量认证机构应当依照国家规定对准许使用认证标志的产品进行认证后的跟踪检查；对不符合认证标准而使用认证标志的，要求其改正；情节严重的，取消其使用认证标志的资格。

产品质量检验机构、认证机构伪造检验结果或者出具虚假证明的，责令改正，对单位处五万元以上十万元以下的罚款，对直接负责的主管人员和其他直接责任人员处一万元以上五万元以下的罚款；有违法所得的，并处没收违法所得；情节严重的，取消其检验资格、认证资格；构成犯罪的，依法追究刑事责任。产品质量检验机构、认证机构出具的检验结果或者证明不实，造成损失的，应当承担相应的赔偿责任；造成重大损失的，撤销其检验资格、认证资格。

产品质量认证机构违反规定，对不符合认证标准而使用认证标志的产品，未依法要求其改正或者取消其使用认证标志资格的，对因产品不符合认证标准给消费者造成的损失，与产品的生产者、销售者承担连带责任；情节严重的，撤销其认证资格。

社会团体、社会中介机构对产品质量作出承诺和保证，而该产品又不符合其承诺、保证的质量要求，给消费者造成损失的，与生产者、销售者承担连带责任。

【讨论提示】

当事人的行为违反了《中华人民共和国认证认可条例》第二十八条、《中华人民共和国产品质量法》第三十一条，和《中华人民共和国产品质量法》第五十三条的规定。

【能力测试】

1.（　　）是《产品质量法》所称的产品。
A. 水泥　　　　　　　　　B. 建设工程
C. 水果　　　　　　　　　D. 原矿石
2.《产品质量法》规定的吊销营业执照的行政处罚由（　　）决定。
A. 人民法院　　　　　　　B. 市场监督管理部门
C. 技术监督管理部门　　　D. 经营者的上级主管部门
3. 限期使用的产品，应标明生产日期和安全使用期或（　　）。
A. 保鲜期　　　　　　　　B. 保存期
C. 保质期　　　　　　　　D. 失效日期
4. 产品或者其包装上的标识必须真实，并且有（　　）标明的产品名称、生产厂名和厂址。
A. 中文　　　　　　　　　B. 英文
C. 中文或英文　　　　　　D. 中文和英文
5. 由于销售者的（　　）使产品存在缺陷，造成人身、他人财产损害的，销售者应该承担赔偿责任。

  A. 故意   B. 过失

  C. 过错   D. 大意

  6. 因产品存在缺陷造成损害要求赔偿的请求权，在造成损害的产品交付最初用户、消费者满（　　）丧失。

  A. 2年   B. 5年

  C. 8年   D. 10年

  7. 王某购买的高压锅突然爆炸，其儿子赵某被锅盖击中头部死亡。据鉴定，爆炸的直接原因是设计有问题。生产者承担产品责任的依据是（　　）。

  A. 产品的购销合同约定   B. 产品存在的缺陷

  C. 产品的明示担保条件   D. 产品瑕疵

  8.《产品质量法》所称的"货值金额"以（　　）计算。

  A. 消费者协会的评估价格   B. 违法生产、销售产品的标价

  C. 违法生产、销售产品的实际售价   D. 违法生产、销售产品的当事人自述的价格

  9. 李某在某商场购买了压力锅，之后看到市场监督管理部门发布的抽查报告得知该压力锅为不合格商品，李某找到商场要求退货。下列的处理方法哪个正确？（　　）

  A. 该商场认为"一经售出，概不退换"，因此拒绝退货

  B. 该商场认为该产品经过修理能达到合格，因此拒绝退货

  C. 该商场按照消费者李某的要求无条件负责退货

  D. 该商场可以依法选择修理、更换、退货中的任一方式

  10.（　　）可以不附加产品标识。

  A. 瓶装白酒   B. 罐装饮料

  C. 裸装月饼   D. 皮鞋

  正确答案：1. A 2. B 3. D 4. A 5. C 6. D 7. B 8. B 9. C 10. C

【任务简析】

  1. 林某某与某家居用品公司之间存在网络购物合同关系，合法有效。某家居用品公司在销售该商品时存在虚假宣传，其行为构成欺诈。

  依据《消费者权益保护法》第五十五条第一款规定，经营者提供商品或服务有欺诈行为的，应当按照消费者要求增加赔偿其受到的损失，增加赔偿的金额为消费者购买商品价格的三倍。

  2. 法院判决某家居用品公司：退还林某某购买沙发的货款7940元，并赔偿沙发货款三倍的损失23 820元；承担鉴定费400元。

工作任务 14 保护商标权、专利权

【学习目标】

探究知识：商标类型、商标注册的申请程序、注册商标的有效期、商标续展及使用许可。专利类型、职务发明，取得专利权的条件及程序。

获取能力：明确作为商标标识注册或使用的法定条件，了解商标注册和申请专利的程序，理解商标权人与专利权人的权利；懂得解决有关商标权、专利权纠纷的法律规则。

【导入任务】

阿克苏地区苹果协会是第5918994号地理标志证明商标的注册人，该商标由空心苹果、山脉图形与汉字"阿克苏苹果"、汉语拼音缩写"AKSU"、英文"AKESUAPPLE"叠加组成，核定使用商品为第31类苹果，该商标尚在注册有效期限之内。2019年11月29日，该苹果协会在西宁市城北区某水果经营部购买苹果一箱，之后，该苹果协会向城北区市场监督管理局举报该水果经销商涉嫌侵犯商标权。该局回复称该销售商无侵权行为。该苹果协会不服申请复议，西宁市市场监督管理局作出维持的行政复议决定。后该苹果协会诉至法院，请求判令水果经营部停止侵权并赔偿经济损失5万元。

水果经营部销售的涉案苹果来自于阿克苏地区，没有向阿克苏地区苹果协会提出使用证明商标的要求，且其所售苹果的包装箱整体颜色、包装箱上的字体等都与案涉地理标志证明商标的产品差异很大，没有该地理标志证明商标标识。

问：该水果经营部在其涉案商品上标注"阿克苏苹果"及"阿克苏"标识的行为，是否构成侵犯商标专用权？

（案件来源：青海法院网）

【法律快递】

《中华人民共和国商标法》：1982年8月23日第五届全国人民代表大会常务委员会第二十四次会议通过，根据2019年4月23日第十三届全国人民代表大会常务委员会第十次会议《关于修改〈中华人民共和国建筑法〉等八部法律的决定》第四次修正。

> 《中华人民共和国专利法》：1984年3月12日第六届全国人民代表大会常务委员会第四次会议通过，自1985年4月1日起施行；2020年10月17日，第十三届全国人民代表大会常务委员会第二十二次会议通过修改《中华人民共和国专利法》的决定，自2021年6月1日起施行。

一、保护商标权

（一）商标的概念

商标是商品生产者或者经营者用以与他人的商品或者提供的服务相区别的标志。任何能够将自然人、法人或者其他组织的商品与他人的商品区别开的标志，包括文字、图形、字母、数字、三维标志、颜色组合和声音等，以及上述要素的组合，均可以作为商标申请注册。

（二）商标的分类

（1）根据商标的构成形式，可将商标分为文字商标、图形商标、组合商标、三维商标以及声音商标。三维商标，又叫立体商标。立体商标可以是商品本身的形状、商品的包装物或者其他三维标志。比较知名的立体商标有酒鬼酒的酒瓶、麦当劳的大 M、劳斯莱斯车头的飞翔女神车标等。

（2）根据商标的行政管理状态，可将商标分为注册商标与未注册商标。

经商标局核准注册的商标为注册商标。

（3）根据商标的用途，可将商标分为商品商标和服务商标。

商品商标是用于生产销售的商品上的标记。服务商标是用于服务行业，以便与其他服务行业相区别的标记。

（4）根据商标所有者、使用者的不同，可将商标分为证明商标、集体商标。

证明商标是指由对某种商品或者服务具有监督能力的组织所控制，而由该组织以外的单位或者个人使用于其商品或者服务，用以证明该商品或者服务的原产地、原料、制造方法、质量或者其他特定品质的标志。

集体商标是指以团体、协会或者其他组织名义注册，供该组织成员在商事活动中使用，以表明使用者在该组织中的成员资格的标志。

地理标志可以作为集体商标、证明商标注册。

地理标志，是指标示某商品来源于某地区，该商品的特定质量、信誉或者其他特征主要由该地区的自然因素或者人文因素所决定的标志。

地理标志是在历史中客观形成的，其表现形式一般为"地理名称＋商品通用名称"。

（5）根据商标的知名度，可将商标分为驰名商标、普通商标。

驰名商标是指为相关公众广为知晓并具有较高声誉的商标。

（6）根据商标所有权人保护商标的方式，可将商标分为联合商标和防御商标。

联合商标是指商标所有人在自己相同的商品上注册几个近似的商标，或在同一类别的不同商品上注册几个相同或近似的商标，这些相互近似的商标称为联合商标。联合商标作为一个整体，不能分割转让。

防御商标是指商标所有人在该注册商标核定使用的商品（服务）或类似商品（服务）以外的其他不同类别的商品或服务上注册的若干相同商标，为防止他人在这些类别的商品或服务上注册使用相同的商标。注册的目的，不是使用，而是防御别人注册和使用，以免影响自己商标的声誉。防御商标一般是对较为知名的商标而采取的特殊保护措施。

（三）商标注册

1. 商标注册的主要原则

（1）自愿注册与强制注册相结合。

1982年颁布的《商标法》确定了以自愿注册为主，强制注册为辅的原则。《商标法》第六条规定："法律、行政法规规定必须使用注册商标的商品，必须申请商标注册，未经核准注册的，不得在市场销售。"目前强制注册商标的商品只有烟草制品。

（2）申请在先与使用在先分别适用。

申请在先原则，是指两个或者两个以上的商标注册申请人，在同一种商品或者类似商品上，以相同或者近似的商标申请注册的，申请在先的，申请人可获得商标专用权，对在后的商标注册申请予以驳回。如果是同一天申请，初步审定并公告使用在先的商标，驳回其他人的申请，不予公告；同日使用或均未使用的，申请人之间可以协商解决，协商不成的，由各申请人抽签决定。申请商标注册不得损害他人现有的在先权利，也不得以不正当手段抢先注册他人已经使用并有一定影响的商标。

（3）诚实信用。

申请注册和使用商标，应当遵循诚实信用原则。不以使用为目的的恶意商标注册申请，应当予以驳回。

【课堂讨论1】

[材料] 上海幻电信息科技有限公司于2017年9月4日向原国家工商行政管理总局商标局（简称原商标局）申请注册"**弹慕**"商标，指定使用在第35类"广告；计算机网络上的在线广告；通过网络提供商业信息；为商品和服务的买卖双方提供在线市场"等服务上。

商标局及商评委均依据《商标法》第十一条第一款第（三）项驳回其注册申请。上海幻电信息科技有限公司不服该决定，向北京知产法院提起行政诉讼。

[问题] "**弹慕**"可以被注册为商标吗？

（案例来源：中国法院网）

2. 申请注册商标应具备的条件

（1）显著。

我国《商标法》第九条规定，申请注册的商标，应当有显著特征，便于识别，并不得与他人在先取得的合法权利相冲突。

商标的显著特征可以通过两种途径获得：一是标志本身固有的显著性特征，如立意新颖、设计独特的商标；二是通过使用获得显著特征。

【案例解读1】

[案情概述]2020年首批63件进入实质审查阶段的与疫情相关的"钟南山"等商标注册申请。

[处理结果]2020年3月3日，国家知识产权局对于首批63件进入实质审查阶段的与疫情相关的"钟南山"等恶意商标注册申请，依法作出驳回决定。

[解读意见]姓名权属于人格权。公众人物的姓名和公众人物自身的声誉及商业价值联系紧密。如果公众人物的姓名可以随便被他人注册为商标，其在先取得的合法权利将受到侵犯。

（案件来源：国家知识产权局网）

（2）非禁止使用。

我国《商标法》第十条规定，下列标志不得作为商标使用：

①同中华人民共和国的国家名称、国旗、国徽、国歌、军旗、军徽、军歌、勋章等相同或者近似的，以及同中央国家机关的名称、标志、所在地特定地点的名称或者标志性建筑物的名称、图形相同的；

②同外国的国家名称、国旗、国徽、军旗等相同或者近似的，但经该国政府同意的除外；

③同政府间国际组织的名称、旗帜、徽记等相同或者近似的，但经该组织同意或者不易误导公众的除外；

④与表明实施控制、予以保证的官方标志、检验印记相同或者近似的，但经授权的除外；

⑤同"红十字""红新月"的名称、标志相同或者近似的；

⑥带有民族歧视性的；

⑦带有欺骗性，容易使公众对商品的质量等特点或者产地产生误认的；

⑧有害于社会主义道德风尚或者有其他不良影响的。

县级以上行政区划的地名或者公众知晓的外国地名，不得作为商标。但是，地名具有其他含义或者作为集体商标、证明商标组成部分的除外；已经注册的使用地名的商标继续有效。

（3）非禁止注册。

我国《商标法》第十一条规定，下列标志不得作为商标注册：仅有本商品的通用名称、图形、型号的；仅直接表示商品的质量、主要原料、功能、用途、重量、数量及其他特点的;其他缺乏显著特征的。但是所列标志经过使用取得显著特征,并便于识别的,可以作为商标注册。

以三维标志申请注册商标的,仅由商品自身的性质产生的形状、为获得技术效果而需有的商品形状或者使商品具有实质性价值的形状,不得注册。

商标中有商品的地理标志,而该商品并非来源于该标志所标示的地区,误导公众的,不予注册并禁止使用;但是,已经善意取得注册的继续有效。

3. 商标注册流程

商标注册流程简图

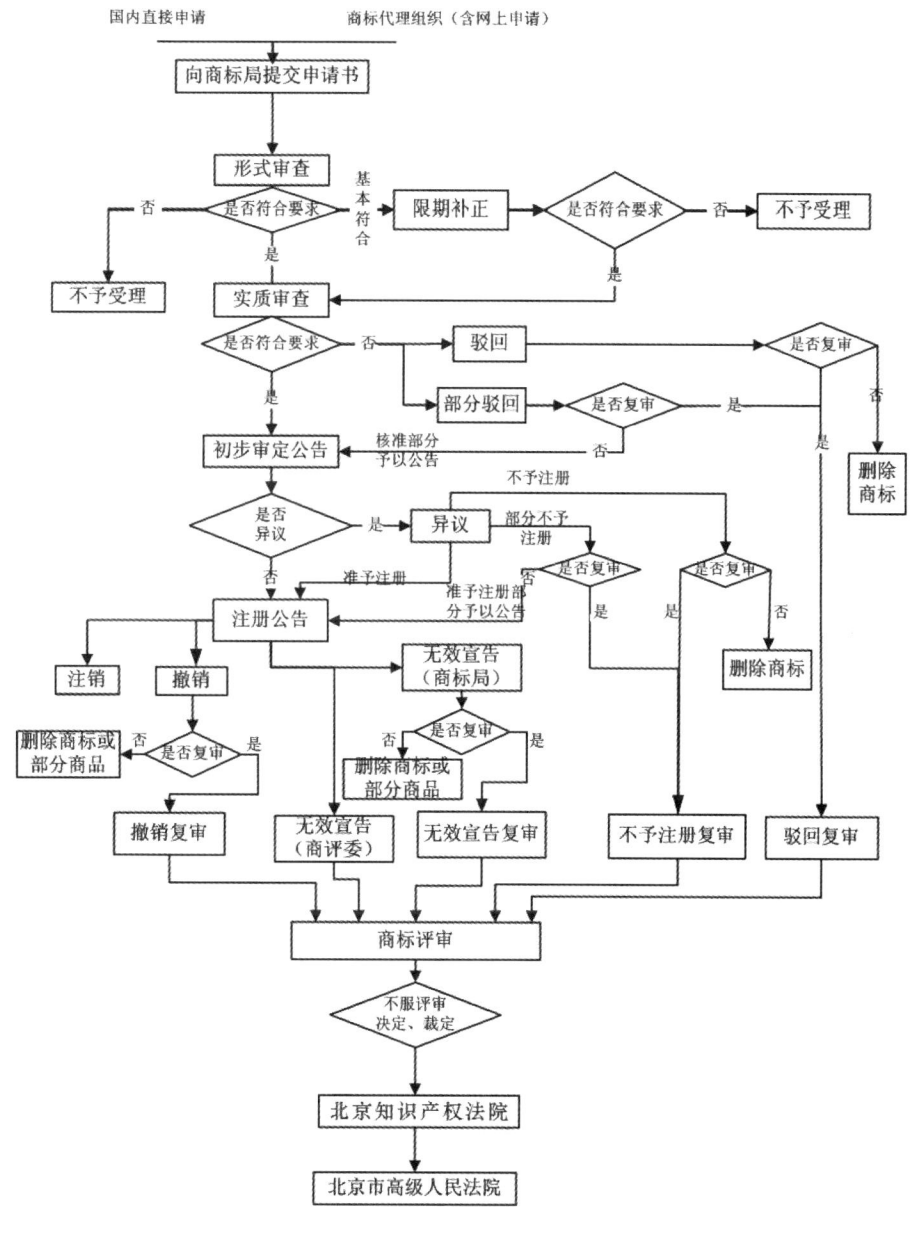

4. 注册商标的续展

注册商标的有效期限为十年,自核准注册之日起计算。注册商标有效期满,需要继续使用的,商标注册人应当在期满前十二个月内按照规定办理续展手续;在此期间未能办理的,可以给予六个月的宽展期。每次续展注册的有效期为十年,自该商标上一届有效期满次日起计算。期满未办理续展手续的,注销其注册商标。

(四) 注册商标专用权

1. 独占使用

商标的使用,是指将商标用于商品、商品包装或者容器以及商品交易文书上,或者将商标用于广告宣传、展览以及其他商业活动中。

2. 转让

转让注册商标的,转让人和受让人应当签订转让协议,并共同向商标局提出申请。转让注册商标的,商标注册人对其在同一种商品上注册的近似的商标,或者在类似商品上注册的相同或者近似的商标,应当一并转让。

转让注册商标经核准后,予以公告。受让人自公告之日起享有商标专用权。

3. 许可他人使用

商标注册人可以通过签订商标使用许可合同,许可他人使用其注册商标。经许可使用他人注册商标的,必须在使用该注册商标的商品上标明被许可人的名称和商品产地。许可他人使用其注册商标的,许可人应当将其商标使用许可报商标局备案,由商标局公告。商标使用许可未经备案不得对抗善意第三人。

两个以上的自然人、法人或者其他组织可以共同向商标局申请注册同一商标,共同享有和行使该商标专用权。

(五) 商标专用权的法律保护

1. 商标侵权行为的类型

商标侵权行为是指侵害他人注册商标专用权的行为。我国《商标法》第五十七条列举了七类侵犯注册商标专用权的行为。

(1) 未经商标注册人的许可,在同一种商品上使用与其注册商标相同的商标的。

(2) 未经商标注册人的许可,在同一种商品上使用与其注册商标近似的商标,或者在类似商品上使用与其注册商标相同或者近似的商标,容易导致混淆的。

(3) 销售侵犯注册商标专用权的商品的。为避免那些确实不知道或无法知道是假冒注册商标专用权的商品的销售者受到打击,我国《商标法》第六十四条规定,销售不知道是侵犯注册商标专用权的商品,能证明该商品是自己合法取得并说明提供者的,不承担赔偿责任。

(4) 伪造、擅自制造他人注册商标标识或者销售伪造、擅自制造的注册商标标识的。

(5) 未经商标注册人同意,更换其注册商标并将该更换商标的商品又投入市场的。在国外,这种行为也被称为商标的反向假冒。

(6) 故意为侵犯他人商标专用权行为提供便利条件,帮助他人实施侵犯商标专用权行为的。

（7）给他人的注册商标专用权造成其他损害的。

将他人注册商标、未注册的驰名商标作为企业名称中的字号使用，误导公众，构成不正当竞争行为的，依照《中华人民共和国反不正当竞争法》处理。

2. 对商标侵权行为的处理

（1）处理方式。

因商标侵权行为引起纠纷的，由当事人协商解决；不愿协商或者协商不成的，商标注册人或者利害关系人可以向人民法院起诉，也可以请求市场监督管理部门处理。涉嫌犯罪的，应当及时移送司法机关依法处理。

（2）商标侵权行为的法律责任。

民事责任：停止侵害、消除影响、赔偿损失。

行政责任：没收、销毁侵权商品和主要用于制造侵权商品、伪造注册商标标识的工具，并可处以罚款。

刑事责任：根据我国《刑法》，商标犯罪行为有三种，假冒注册商标罪、销售假冒注册商标的商品罪、非法制造或销售非法制造的注册商标标识罪。

【案例解读2】

[**案情概述**]被告人朱某曾从事医药代表工作，疫情期间为谋取非法利益，多次从河北省某市场购进假冒"3M""飘安"品牌的口罩，并通过微信发布出售口罩的信息，向个人及药店出售假冒注册商标的口罩，销售金额累计5.3万余元。事后朱某自首。

[**处理结果**]法院判决朱某有期徒刑七个月，缓刑一年并处罚金，同时禁止其在缓刑期内从事药品和医用器材的生产、销售及相关活动。

[**解读意见**]被告人朱某在明知的情况下，购进假冒"3M""飘安"品牌的口罩并对外销售，销售金额达5.3万余元，其行为已构成销售假冒注册商标的商品罪。

（案件来源：天津法院网）

【案例解读3】

[**案情概述**]原告河北某饮品股份有限公司（以下简称饮品公司）系"六个核桃"文字商标的注册商标专用权人，核定使用商品为第32类植物饮料等。"六个核桃"注册商标在2015年被认定为驰名商标。"六个石磨"文字商标的注册人为案外人石家庄某食品有限公司，核定使用商品类别为第32类。2016年，石家庄某食品有限公司授权漯河市某食品有限公司（以下简称漯河食品公司）独占使用该商标。饮品公司诉称：漯河食品公司、生物科技公司制造，静海超市销售的"六个石磨核桃"产品使用了与原告"六个核桃"注册商标近似的商标，侵犯了原告的商标权，请求判令：1.各被告立即停止侵犯原告注册商标专用权的行为；2.各被告共同赔偿原告经济损失50万元。

[**处理结果**]法院判决三被告停止侵害饮品公司注册商标专用权的行为，被告漯河食品公司、生物科技公司共同赔偿饮品公司经济损失及合理支出共计20万元。

[解读意见] 被控侵权商品上使用的"六个石磨核桃"文字商标虽然在"六个核桃"中增加了"石磨"文字，但相关公众更多注意到的是二者共同包含的"六个核桃"，对于"石磨"更倾向于理解为对产品制作工艺的描述。并且，核桃乳商品罐体装潢中"六个石磨核桃"与"六个核桃"图形与文字的组合方式、颜色选择均构成近似。漯河食品公司在相同商品上使用与饮品公司"六个核桃"注册商标相似的标识，容易使相关公众混淆，构成侵害饮品公司注册商标专用权。

（案件来源：天津法院网）

（3）赔偿数额的确定。

侵犯商标专用权的赔偿数额，按照权利人因被侵权所受到的实际损失确定；实际损失难以确定的，可以按照侵权人因侵权所获得的利益确定；权利人的损失或者侵权人获得的利益难以确定的，参照该商标许可使用费的倍数合理确定。对恶意侵犯商标专用权，情节严重的，可以在按照上述方法确定数额的一倍以上三倍以下确定赔偿数额。赔偿数额应当包括权利人为制止侵权行为所支付的合理开支。

人民法院为确定赔偿数额，在权利人已经尽力举证，而与侵权行为相关的账簿、资料主要由侵权人掌握的情况下，可以责令侵权人提供与侵权行为相关的账簿、资料；侵权人不提供或者提供虚假的账簿、资料的，人民法院可以参考权利人的主张和提供的证据判定赔偿数额。

权利人因被侵权所受到的实际损失、侵权人因侵权所获得的利益、注册商标许可使用费难以确定的，由人民法院根据侵权行为的情节判决给予三百万元以下的赔偿。

注册商标专用权人请求赔偿，被控侵权人以注册商标专用权人未使用注册商标提出抗辩的，人民法院可以要求注册商标专用权人提供此前三年内实际使用该注册商标的证据。注册商标专用权人不能证明此前三年内实际使用过该注册商标，也不能证明因侵权行为受到其他损失的，被控侵权人不承担赔偿责任。

销售不知道是侵犯注册商标专用权的商品，能证明该商品是自己合法取得并说明提供者的，不承担赔偿责任。

（六）驰名商标的认定、保护和使用

1. 驰名商标的认定

国家商标局、商标评审委员会以及人民法院依法在个案中认定商标是否驰名。

认定驰名商标应当考虑下列因素：①相关公众对该商标的知晓程度；②该商标使用的持续时间；③该商标的任何宣传工作的持续时间、程度和地理范围；④该商标作为驰名商标受保护的记录；⑤该商标驰名的其他因素。

2. 驰名商标的跨类保护

《商标法》规定，为相关公众所熟知的商标，持有人认为其权利受到侵害时，可以依照《商标法》请求驰名商标保护。就相同或者类似商品申请注册的商标是复制、摹仿或者翻译他人未在中国注册的驰名商标，容易导致混淆的，不予注册并禁止使用。就不相同或者不相类似商品申请注册的商标是复制、摹仿或者翻译他人已经在中国注册的驰名商标，误导公众，致使该驰名商标注册人的利益可能受到损害的，不予注册并禁止使

用。

生产、经营者不得将"驰名商标"字样用于商品、商品包装或者容器上,或者用于广告宣传、展览以及其他商业活动中。

二、保护专利权

(一)专利权概述

1. 专利的含义

专利是专利权的简称,它是国家按专利法授予申请人在一定时间内对其发明创造成果所享有的独占、使用和处分的权利。

2. 专利与商业秘密的区别

商业秘密,是指不为公众所知悉、能为权利人带来经济利益,具有实用性并经权利人采取保密措施的技术信息和经营信息。

商业秘密享有的权利没有时间上的限制。专利的独占权受到法定时间的限制,若超过了法定期限,专利就变成社会共同财富,任何人都可以无偿使用。

(二)专利权的主体、客体与内容

1. 专利权的主体

专利权的主体亦称专利权人,是指可以申请并取得专利权的单位和个人。

(1) 发明人与设计人。

发明人或设计人,是指对发明创造的实质性特点做出了创造性贡献的人。在完成发明创造过程中,只负责组织工作的人、为物质技术条件的利用提供方便的人或者从事其他辅助性工作的人,例如描图员、机械加工人员等,均不是发明人或设计人。其中,发明人是指发明的完成人;设计人是指实用新型或外观设计的完成人。发明人或设计人,只能是自然人,不能是单位、集体或课题组。

发明创造不受民事行为能力的限制。

(2) 发明人或设计人的单位。

执行本单位的任务或者主要是利用本单位的物质技术条件所完成的发明创造为职务发明创造。职务发明创造申请专利的权利属于该单位;申请被批准后,该单位为专利权人。

执行本单位的任务完成的发明创造包括三种情况:①在本职工作中所完成的发明创造;②履行本单位交付的本职工作之外的任务所完成的发明创造;③退职、退休或调动工作一年内做出的,与其在原单位承担的本职工作或分配的任务有关的发明创造。

本单位的物质技术条件,是指本单位的资金、设备、零部件、原材料或者不对外公开的技术资料等。一般认为,如果在发明创造过程中,全部或者大部分利用了单位的资金、设备、零部件、原料以及不对外公开的技术资料,这种利用对发明创造的完成起着必不可少的决定性作用,就可以认定为主要利用本单位物质技术条件。如果仅仅是少量利用了本单位的物质技术条件,且这种物质条件的利用,对发明创造的完成无关紧要,则不能因此认定是职务发明创造。

利用本单位的物质技术条件所完成的发明创造,单位与发明人或者设计人订有合同,对申请专利的权利和专利权的归属做出约定的,从其约定。

被授予专利权的单位应当对职务发明创造的发明人或者设计人给予奖励;发明创造专利实施后,根据其推广应用的范围和取得的经济效益,对发明人或者设计人给予合理的报酬。

【课堂讨论2】

[材料] 宋军礼于2018年4月23日与新材公司签订劳动合同,后于2018年11月14日申请了名称为"一种圆环形高温微波膨化炉"的实用新型专利,并于2019年8月20日获得授权。2020年5月21日,新材公司向河南省郑州市中级人民法院提起诉讼,称涉案专利系宋军礼在新材公司工作期间承担本职工作中完成的发明创造,且主要系利用新材公司的物质技术条件,应属于职务发明,请求法院判令涉案专利权归新材公司所有。一审法院审理认为,宋军礼本职工作是设备维护、督促设备厂家整改以及对输送带进行耐高温测试等,这与研发石墨烯生产设备的工作任务差别较大,新材公司无证据证明新材公司向宋军礼下达了该研发任务,也不能证明公司设备对涉案专利的主要创新点起到较大启示作用,故涉案专利不属于职务发明,驳回新材公司诉讼请求。新材公司不服,上诉至最高人民法院。

[问题] 认定职务发明应考虑哪些因素?

(3)完成或者共同完成的单位或者个人。

两个以上单位或者个人合作完成的发明创造、一个单位或者个人接受其他单位或者个人委托所完成的发明创造,除另有协议的以外,申请专利的权利属于完成或者共同完成的单位或者个人;申请被批准后,申请的单位或者个人为专利权人。

(4)受让人。

在合法转让专利申请权或者专利权后,受让人成为专利权人。但是,受让人并不因此而成为发明人、设计人,该发明创造的发明人、设计人也不因发明创造的专利申请权或专利权转让而丧失其特定的人身权利。

(5)外国人。

外国人包括具有外国国籍的自然人和法人。在中国有经常居所或者营业所的外国人,享有与中国公民或单位同等的专利申请权和专利权。在中国没有经常居所或者营业所的外国人、外国企业或外国其他组织在中国申请专利的,依照其所属国同中国签订的协议或者共同参加的国际条约,或者依照互惠原则,可以申请专利,但应当委托国务院专利行政部门指定的专利代理机构办理。

2. 专利权的客体

专利权的客体,是指依法可以被授予专利权的发明创造。在我国,专利分为发明、实用新型和外观设计三种类型。

(1)发明是指对产品、方法或者其改进所提出的新的技术方案,包括产品发明和方法发明。

（2）实用新型是指对产品的形状、构造或者其结合所提出的适于实用的新的技术方案。实用新型的创造性和技术水平与发明相比较低，通常被称为"小发明"。实用新型所指的产品形状，是指产品所具有的、可以从外部观察到的确定的空间形状。无确定形状的产品，如气态、液态、粉末状、颗粒状的物质或材料，其形状不能作为实用新型产品的形状特征。

（3）外观设计是指对产品的形状、图案或者其结合以及色彩与形状、图案的结合所做出的富有美感并适于工业应用的新设计。

3. 专利权人的主要权利

（1）独占使用权。

发明和实用新型专利权被授予后，除法律另有规定的以外，任何单位或者个人未经专利权人许可，都不得实施其专利，即不得为生产经营目的制造、使用、许诺销售、销售、进口其专利产品，或者使用其专利方法以及使用、许诺销售、销售、进口依照该专利方法直接获得的产品。

外观设计专利权被授予后，任何单位或者个人未经专利权人许可，都不得实施其专利，即不得为生产经营目的制造、许诺销售、销售、进口其外观设计专利产品。

（2）转让权。

权利人有权将自己所获得的专利所有权转让给他人，但向外国人转让专利权的，需要经过有关部门批准。

（3）许可实施权。

权利人可以授权许可他人实施该专利，并收取一定费用。

（4）质押权。

可以将自己的专利权进行质押融资。

4. 专利权人的主要义务

专利权人应当自被授予专利权的当年开始缴纳年费。

（三）取得专利权的条件和程序

1. 授予专利权的条件

《专利法》第二十二条规定，授予专利权的发明和实用新型，应当具备新颖性、创造性和实用性。

（1）新颖性，是指该发明或者实用新型不属于现有技术；也没有任何单位或者个人就同样的发明或者实用新型在申请日以前向国务院专利行政部门提出过申请，并记载在申请日以后公布的专利申请文件或者公告的专利文件中。现有技术，是指申请日以前在国内外为公众所知的技术。

申请专利的发明创造在申请日以前六个月内，有下列情况之一的，不丧失新颖性：①在中国政府主办或者承认的国际展览会上首次展出的；②在规定的学术会议上首次发表的；③他人未经申请人同意而泄露其内容。

（2）创造性，是指与现有技术相比，该发明具有突出的实质性特点和显著的进步，该实用新型具有实质性特点和进步。

（3）实用性，是指该发明或者实用新型能够制造或者使用，并且能够产生积极效果。

《专利法》第二十三条规定，授予专利权的外观设计，应当不属于现有设计；也没有任何单位或者个人就同样的外观设计在申请日以前向国务院专利行政部门提出过申请，并记载在申请日以后公告的专利文件中。授予专利权的外观设计与现有设计或者现有设计特征的组合相比，应当具有明显区别。授予专利权的外观设计不得与他人在申请日以前已经取得的合法权利相冲突。现有设计，是指申请日以前在国内外为公众所知的设计。

2. 不授予专利权的情形

（1）对违反国家法律、社会公德或者妨害公共利益的发明创造，不授予专利权。对违反法律、行政法规的规定获取或者利用遗传资源，并依赖该遗传资源完成的发明创造，不授予专利权。

任何单位或者个人将在中国完成的发明或者实用新型向外国申请专利的，应当事先报经国务院专利行政部门进行保密审查。对违反规定向外国申请专利的发明或者实用新型，在中国申请专利的，不授予专利权。

（2）科学发现。

（3）智力活动的规则和方法。

（4）疾病的诊断和治疗方法。

（5）动物和植物品种。

（6）用原子核变换方法获得的物质。

（7）对平面印刷品的图案、色彩或者二者的结合作出的主要起标识作用的设计。

对动物和植物品种的生产方法，可以依照《专利法》规定授予专利权。

3. 专利申请的原则

（1）书面申请。

专利申请人应当按照《专利法》及其实施细则的规定，以书面形式向专利局提交专利申请文件。不仅是申请，以后整个审批程序中的所有手续，都必须以书面形式办理。

（2）一项发明一件专利申请。

一件发明或者实用新型专利申请应当限于一项发明或者实用新型，属于一个总的发明构思的两项以上的发明或者实用新型，可以作为一件申请提出。

一件外观设计专利申请应当限于一项外观设计。同一产品两项以上的相似外观设计，或者用于同一类别并且成套出售或者使用的产品的两项以上外观设计，可以作为一件申请提出。

（3）申请在先。

两个以上的申请人分别就同样的发明创造申请专利的，专利权授予最先申请的人。

如果是在同一天申请的，申请人应当在收到专利局通知后自行协商确定申请人。

申请日是从专利申请文件递交到专利局之日算起。如果是邮寄的，以寄出的邮戳日为申请日。专利申请一旦被受理，专利局立即对该申请给一个编号，称为申请号。此号在专利授权后即作为专利号。

同样的发明创造只能授予一项专利权。但是，同一申请人同日对同样的发明创造既申请实用新型专利又申请发明专利，先获得的实用新型专利权尚未终止，且申请人声明放弃该实用新型专利权的，可以授予发明专利权。

（4）优先权。

申请人自发明或者实用新型在外国第一次提出专利申请之日起十二个月之内，或者自外观设计在外国第一次提出专利申请之日起六个月内，又在中国就相同主题提出专利申请的，依照该国同中国签订的协议或共同参加的国际条约，或者依照相互承认优先权的原则，可以享有优先权。

申请人自发明或者实用新型在中国第一次提出专利申请之日起十二个月内，又向专利局就相同主题提出专利申请的，可以享有优先权。

申请人要求优先权的，应当在申请的时候提出书面声明，并且在三个月内提交第一次提出的专利申请文件的副本；未提出书面声明或者逾期未提交专利申请文件副本的，视为未要求优先权。

4. 授予专利的程序

（1）授予发明专利权的程序。

①提交申请文件并缴费。

申请发明专利的，申请文件应当包括：发明专利请求书、摘要、摘要附图（适用时）、说明书、权利要求书、说明书附图（适用时）。

办理专利申请还应当按规定缴纳费用。

②初步审查。

初步审查，又称为形式审查，指国务院专利行政部门审查专利申请在形式上是否符合《专利法》及其实施细则的规定和要求，包括申请手续是否完备、申请文件是否齐全、文件格式是否符合法律规定、申请费是否缴纳、委托申请的是否有委托书等专利申请形式方面的事项。一些明显的实质性问题，如申请专利的发明是否合法、是否违反社会主义道德、是否妨害公共利益、是否符合授予专利权的范围、是否需要保密等，也属于形式审查的范围。

③早期公开。

国务院专利行政部门收到发明专利申请后，经初步审查认为符合要求的，自申请日起满十八个月，即行公布。国务院专利行政部门可以根据申请人的请求早日公布其申请。为了保护申请人的利益，自公布之日起至颁发专利证书之日止，对该发明给予临时保护。即发明专利申请公布后，申请人可以要求实施其发明的单位或个人支付适当的费用。

④实质审查。

实质审查，是指国务院专利行政部门依法对申请专利的发明是否具有新颖性、创造性和实用性等实质性问题的审查。发明专利申请自申请日起三年内，国务院专利行政部门可以根据申请人随时提出的请求，对其申请进行实质审查；申请人无正当理由逾期不请求实质审查的，该申请即被视为撤回。国务院专利行政部门认为必要的时候，可以自行对发明专利申请进行实质审查。

国务院专利行政部门对发明专利申请进行实质审查后，按下列程序处理，一是认为不符合规定的，应当通知申请人，要求其在指定的期限内陈述意见，或者对其申请进行修改；无正当理由逾期不答复的，该申请即被视为撤回。发明专利申请经申请人陈述意见或者进行修改后，国务院专利行政部门仍然认为不符合规定的，应当予以驳回。二是没有发现驳回理由的，作出授予发明专利权的决定，发给发明专利证书，同时予以登记和公告。发明专利权自公告之日起生效。

（2）授予实用新型和外观设计专利权的程序。

申请实用新型专利的，提交的申请文件应当包括：实用新型专利请求书、摘要、摘要附图（适用时）、说明书、权利要求书、说明书附图。

申请外观设计专利的，提交的申请文件应当包括：外观设计专利请求书、图片或者照片（要求保护色彩的，应当提交彩色图片或者照片）以及对该外观设计的简要说明。

实用新型和外观设计专利申请经初步审查没有发现驳回理由的，由国务院专利行政部门作出授予实用新型专利权或者外观设计专利权的决定，发给相应的专利证书，同时予以登记和公告。实用新型专利权和外观设计专利权自公告之日起生效。

（3）专利申请驳回的复审。

国务院专利行政部门设立专利复审委员会。专利申请人对国务院专利行政部门驳回专利申请的决定不服的，可以自收到通知之日起三个月内，向专利复审委员会请求复审。专利复审委员会复审后，作出决定，并通知专利申请人。专利申请人对专利复审委员会的复审决定不服的，可以自收到通知之日起三个月内向人民法院起诉。

（四）专利权的期限、终止和无效

1. 专利权的期限

发明专利权的期限为二十年，实用新型专利权的期限为十年，外观设计专利权的期限为十五年，均自申请日起计算。

自发明专利申请日起满四年，且自实质审查请求之日起满三年后授予发明专利权的，国务院专利行政部门应专利权人的请求，就发明专利在授权过程中的不合理延迟给予专利权期限补偿，但由申请人引起的不合理延迟除外。

为补偿新药上市审评审批占用的时间，对在中国获得上市许可的新药相关发明专利，国务院专利行政部门应专利权人的请求给予专利权期限补偿。补偿期限不超过五年，新药批准上市后总有效专利权期限不超过十四年。

2. 专利权的终止

专利权在期限届满前终止的，由国务院专利行政部门登记和公告。有下列情形之一的，专利权在期限届满前终止：①没有按照规定缴纳年费的；②专利权人以书面声明放弃其专利权的。

3. 专利权的无效

自国务院专利行政部门公告授予专利权之日起，任何单位或者个人认为该专利权的授予不符合《专利法》有关规定的，可以请求专利复审委员会宣告该专利权无效。

对专利复审委员会宣告专利权无效或者维持专利权的决定不服的，可以自收到通知之日起三个月内向人民法院起诉。人民法院应当通知无效宣告请求程序的对方当事人作为第三人参加诉讼。

宣告无效的专利权视为自始即不存在。宣告专利权无效的决定，对在宣告专利权无效前人民法院作出并已执行的专利侵权的判决、调解书，已经履行或者强制执行的专利侵权纠纷处理决定，以及已经履行的专利实施许可合同和专利权转让合同，不具有追溯力。但是因专利权人的恶意给他人造成的损失，应当给予赔偿。

如果依照上述规定，专利权人或者专利权转让人不向被许可实施专利人或者专利权受让人返还专利使用费或者专利权转让费，明显违反公平原则，专利权人或者专利权转让人应当向被许可实施专利人或者专利权受让人返还全部或者部分专利使用费或者专利权转让费。

（五）专利实施的强制许可

有下列情形之一的，国务院专利行政部门根据具备实施条件的单位或者个人的申请，可以给予实施发明专利或者实用新型专利的强制许可：

（1）专利权人自专利权被授予之日起满三年，且自提出专利申请之日起满四年，无正当理由未实施或者未充分实施其专利的；

（2）专利权人行使专利权的行为被依法认定为垄断行为，为消除或者减少该行为对竞争产生的不利影响的。

在国家出现紧急状态或者非常情况时，或者为了公共利益的目的，国务院专利行政部门可以给予实施发明专利或者实用新型专利的强制许可。

为了公共健康目的，对取得专利权的药品，国务院专利行政部门可以给予制造并将其出口到符合中华人民共和国参加的有关国际条约规定的国家或者地区的强制许可。

一项取得专利权的发明或者实用新型比前已经取得专利权的发明或者实用新型具有显著经济意义的重大技术进步，其实施又有赖于前一发明或者实用新型的实施的，国务院专利行政部门根据后一专利权人的申请，可以给予实施前一发明或者实用新型的强制许可。国务院专利行政部门根据前一专利权人的申请，也可以给予实施后一发明或者实用新型的强制许可。

（六）专利实施的开放许可

专利权人自愿以书面方式向国务院专利行政部门声明愿意许可任何单位或者个人实施其专利，并明确许可使用费支付方式、标准的，由国务院专利行政部门予以公告，实行开放许可。

任何单位或者个人有意愿实施开放许可的专利的，以书面方式通知专利权人，并依照公告的许可使用费支付方式、标准支付许可使用费后，即获得专利实施许可。

开放许可实施期间，对专利权人缴纳专利年费相应给予减免。

实行开放许可的专利权人可以与被许可人就许可使用费进行协商后给予普通许可，但不得就该专利给予独占或者排他许可。

【案例解读4】

[**案情概述**] 鲜乐仕株式会社系名称为"容器盖"的发明专利的权利人。其在"UGO优购网"以298元购买了"超人气美之扣保鲜收纳盒30件组",优购网网站显示"超人气美之扣保鲜收纳盒30件组"累计售出7508件。本案销售商在收到专利权人律师函后,未及时采取停止销售的措施。原告认为该收纳盒盖落入涉案专利的保护范围,故诉至法院,请求判令被告:上海美之扣实业有限公司、北京惠买时空商贸有限公司停止侵权,销毁侵权产品及相应的模具和专用工具,删除网站上有关侵权产品的宣传内容,连带赔偿经济损失80万元及合理费用53 998元。

[**处理结果**] 法院判决两被告停止侵权、赔偿原告经济损失30万元。

[**解读意见**] 该案涉及的发明专利"容器盖"可以适用于不同尺寸大小的保鲜容器,解决了无盖保鲜容器的保鲜防漏的问题。美之扣保鲜收纳盒盖具备涉案专利权利要求1所述的全部技术特征,即美之扣保鲜收纳盒盖的技术特征完全落入涉案专利权利要求1的保护范围。销售商在知道其销售或许诺销售的产品系侵犯他人专利权的情况下,未及时采取有效的停止侵权措施,仍然实施销售和许诺销售行为,难以认为其属于善意销售商。

(案件来源:北京法院网)

【讨论提示1】

"弹慕"根据相关公众的通常认知,缺乏商标应有的显著特征,难以起到区分不同服务来源的功能,不能作为商标注册。

【讨论提示2】

认定职务发明的物质条件应为直接或间接用于开展研发活动并对形成发明具有实质性影响的物质条件;而技术条件则指未公开的技术信息和资料,对于形成发明的实质性特点具有技术启示。不能简单地以发明人的身份归属来认定发明创造的权利归属,也不能简单地以是否系在单位工作期间完成发明创造来认定该发明创造的权利归属。

【能力测试】

1. 商标每次续展注册的有效期为（　　）。
A. 3年
B. 5年
C. 20年
D. 10年

2. 依据《专利法》的有关规定,下列哪些情况不授予专利权?（　　）
A. 甲改进了自动麻将机的发明

B. 乙发明了对新冠状病毒特有的治疗方法
C. 丙发明了对新冠状病毒特有的特效药
D. 丁发明了大豆新品种的生产方法

3. 依据《专利法》的有关规定，下列情形中应当授予专利权的是（   ）。
A. 甲发明了某农作物新品种的生产方法
B. 乙经过10年临床诊疗发明了对艾滋病的特有治疗方法
C. 丙在核聚变实验过程中制造了某种新物质
D. 丁发明了某种可以使电表读数少于实际用电度数的"节电器"

4. 某大学课堂讨论驰名商标的认定，四位同学的发言正确的是（   ）。
A. 甲：媒体出面公众投票评选驰名商标
B. 乙：消费者协会根据用户满意度调查进行认定
C. 丙：县级市场监督管理部门根据企业商品质量进行认定
D. 丁：据当事人请求，法院可以对涉案商标是否驰名作出认定

5. 下列标志可以注册为地理标志证明商标的是（   ）。
A. "大嫂"（米粉）
B. "洁影"（空气净化器）
C. "西湖龙井"（茶）
D. "顺丰"（速递）

6. 我国《商标法》规定下列哪种形式不能作为商标申请注册？（   ）。
A. 文字商标
B. 图形商标
C. 气味商标
D. 声音商标

7. 在我国，商业秘密的保护期限是（   ）。
A. 法律没有规定
B. 15年
C. 20年
D. 50年

8. 注册商标转让人和受让人应共同向商标局提出申请，受让人享有商标权的时间始于（   ）。
A. 转让合同签订之日
B. 核准公告之日
C. 转让合同生效之日
D. 受让人首次使用商标之日

9. 根据我国《商标法》，下列属于商标侵权的是（   ）。
A. 未经商标注册人的许可，在同一种商品上使用与注册商标相同的商标
B. 快递公司在不知情的情况下运输侵犯注册商标专用权的商品
C. 消费者购买侵犯注册商标专用权的商品

D. 记者在新闻报道中使用他人商标

10. 下列商品的商标，我国实行强制注册的是（　　）。

A. 家电产品

B. 饮料

C. 婴儿用品

D. 烟草制品

11. 根据《专利法》，下列说法错误的是（　　）。

A. 实行开放许可的专利权人可以与被许可人协商就该专利给予独占或者排他许可

B. 在国家出现紧急状态或者非常情况时，国务院专利行政部门可以给予实施发明专利或者实用新型专利的强制许可

C. 专利权人自愿以书面方式向国务院专利行政部门声明愿意许可任何单位或者个人实施其专利

D. 为了公共健康，对取得专利权的药品，国务院专利行政部门可以给予制造并将其出口到符合规定的国家或者地区的强制许可

12. 我国《专利法》规定发明专利的保护期为（　　）。

A. 10年

B. 15年

C. 20年

D. 30年

13. 我国《专利法》规定外观设计专利的保护期限是（　　）。

A. 5年

B. 10年

C. 15年

D. 20年

14. 我国《专利法》中，富有美感的并适用于工业应用的发明创造是（　　）。

A. 产品发明

B. 方法发明

C. 外观设计

D. 实用新型

15. 甲公司指派其研究人员乙和丙共同研究开发一项技术，该技术开发完成后，甲公司决定就该项技术申请专利。在填写专利申请文件时，"发明人"一栏应当填写（　　）。

A. 甲公司的名称

B. 乙或者丙的姓名

C. 甲公司的名称和乙与丙的姓名

D. 乙和丙的姓名

16. 射阳米业协会注册"射阳大米"商标，供协会成员使用，该商标属于（　　）。

A. 集体商标

B. 服务商标

C. 销售商标

D. 防御商标

17. 某公司在服装上拥有"桃花雨"注册商标,现准备将该注册商标用到化妆品上,该公司(　　)。

A. 无须申请即可

B. 应当另行提出注册申请

C. 应当提出变更申请

D. 应当提出分案申请

18. 下列情形中,可以成为发明人的是(　　)。

A. 负责统计资料的人

B. 对发明创造的实质性特点做出了创造性贡献的人

C. 负责组织工作的人

D. 对发明创造提出可实施性建议的人

19. 两个以上的申请人分别就相同内容的发明创造向国务院专利行政部门提出申请,应该将专利权授予(　　)。

A. 同时申请的两个人

B. 先申请人

C. 先使用人

D. 发明人

20. 专利复审委员会宣告无效的发明专利权视为(　　)。

A. 自始即不存在

B. 自宣告无效日起即不存在

C. 自申请宣告无效日起即不存在

D. 自发明专利申请公布日起即不存在

正确答案：1. D　2. B　3. A　4. D　5. C　6. C　7. A　8. B　9. A　10. D　11. A　12. C　13. C　14. C　15. D　16. A　17. B　18. B　19. B　20. A

【任务简析】

证明商标注册人应当允许商品符合证明商标所标示的特定品质的他人正当使用该证明商标中的地名。水果经营部有权客观描述其商品的产地,且其所售苹果的包装箱整体颜色、包装箱上的字体等都与案涉地理标志证明商标的产品差异很大,没有涉案地理标志证明商标标识,不足以导致相关公众的误认,水果经营部在包装盒上使用"阿克苏苹果""阿克苏"等字样,应当认定为正当使用。

工作任务 15　正当竞争

【学习目标】

探究知识：不正当竞争的概念和特征、反不正当竞争法的基本原则、不正当竞争行为的表现形式及法律责任。

获取能力：能够识别不正当竞争行为；能够依法从事正当竞争。

【导入任务】

2021年5月，国家市场监督管理总局价监竞争局会同北京市市场监督管理局开展联合检查，对小船出海教育科技（北京）有限公司（作业帮）和北京猿力教育科技有限公司（猿辅导）两家校外教育培训机构进行检查。检查发现，作业帮在其官方网站谎称"与联合国合作"、虚构教师任教经历、引用不真实用户评价。猿辅导在其网站虚构教师任教经历等不实内容，谎称"班主任1对1同步辅导""微信1对1辅导""您的4名好友已抢购成功……点我抢报"。问：

1. 这两家教育培训机构的行为是否属于不正当竞争行为？
2. 如果是，这两家教育培训机构将承担何种行政法律责任？

【法律快递】

《中华人民共和国反不正当竞争法》：1993年9月2日第八届全国人民代表大会常务委员会第三次会议通过，2017年11月4日第十二届全国人民代表大会常务委员会第三十次会议修订，根据2019年4月23日第十三届全国人民代表大会常务委员会第十次会议《关于修改〈中华人民共和国建筑法〉等八部法律的决定》修正。

一、不正当竞争的概念和特征

（一）不正当竞争的概念

《反不正当竞争法》第二条第二款规定：不正当竞争行为，是指经营者在生产经营活动中，扰乱市场竞争秩序，损害其他经营者或者消费者的合法权益的行为。

"不正当竞争"这个术语一般认为出自1883年的《保护工业产权巴黎公约》。该公约规定，凡在工商活动中违反诚实经营的竞争行为即构成不正当的竞争行为。

（二）不正当竞争的特征

1. 主体特定性

不正当竞争是经营者的行为，经营者是指从事商品生产、经营或者提供服务（以下所称商品包括服务）的自然人、法人和非法人组织。

2. 社会危害性

不正当竞争行为扰乱市场竞争秩序，损害其他经营者或者消费者的合法权益。不正当竞争行为的危害性已经从经营者的私权和私益领域扩大到对公众利益的损害和对社会经济秩序的破坏。这也正是不正当竞争行为与一般的民事侵权行为和违约行为的区别所在。

二、反不正当竞争法的基本原则

（一）自愿

自愿原则是包括市场交易在内的一切民事活动的主要前提。自愿交易意味着市场竞争中的优胜劣汰，违背自愿原则而限制经营者的交易自由，必然导致保护落后、限制公平竞争、扭曲交易关系等结果。

（二）平等

经营者一旦进入市场，不论其规模大小、所有制形式如何，在法律上都应该是平等的。基于这一原则，那些在市场交易中滥用经济优势或依法具有的独占经济地位排挤其他竞争者的行为，某些地方政府或所属部门运用行政权力进行市场分割和封锁，限制商品流通的做法，都是与平等原则相背离的。

（三）公平

公平原则主要有两个方面的含义。第一，交易条件的公平。交易条件应该是真实的并且交易机会是平等的，反对任何采取非法的或不道德的手段获取竞争优势的行为。第二，交易结果的公平。交易双方交易以后对权利和义务的设定大致相当，不能显失公平，更不能一方只享有权利，另一方只承担义务。

（四）诚实守信，遵守公认的商业道德

经营者应当以善意、诚实的态度与他人进行交易，并恪守信用，不践踏诺言。商业道德是在长期经济生活中逐渐形成的符合交易各方利益、得到公认的交易规范，是市场秩序得以维持的基本条件。社会生活不断变化，商业道德也在不断被"公认"而形成。遵守公认的商业道德，对于发挥市场自身的调节功能，弥补成文法的不足，具有重要意义。

【案例解读1】

[案情概述] 涉案"微信自动抢红包"软件（又名"红包快手"）由深圳市掌上远景科技有限公司（以下简称深圳掌上远景公司）开发运营，能够让用户不启动"微信"软件时，自动抢到微信里的红包。该软件在北京卓易讯畅公司运营的"豌豆荚"平台上可下载。

腾讯认为，该软件破坏了微信红包"拼手速"的公平性和娱乐性，使得"微信红包"的"游戏+社交"功能无法实现，降低用户对微信的黏性，破坏微信正常的运行环境和运营秩序，已构成《反不正当竞争法》规制的不正当竞争行为，遂将开发商连同平台起诉至北京知识产权法院。

[处理结果] 2021年5月6日，北京知识产权法院判定深圳掌上远景公司赔偿腾讯450万元。

[解读意见] 该软件通过利用技术手段，实施妨碍、破坏微信软件经营者合法提供的"抢红包"功能正常运行的行为，属于不正当竞争。

涉案软件利用技术手段，通过模拟点击屏幕的方式实现自动抢红包，直接改变了微信红包的正常操作流程，可能让没有使用涉案软件的用户对微信服务产生不满，损害微信商誉，且其批量化、自动化的操作方式也会增加微信服务器的运营负担。

涉案软件的商业模式为通过用户下载获取流量，利用广告实现流量变现。其功能专门针对微信软件的操作流程进行修改，离开微信软件没有其他运行价值，系不当利用微信软件的运营资源和竞争优势，扰乱了互联网环境中的市场秩序。

此外，《微信软件许可及服务协议》中明确约定"不得涂改非腾讯开发、授权的第三方软件、插件、外挂、系统、登录或使用腾讯软件及服务，或制作、发布、传播上述工具"，而涉案软件却设置了"防封号"功能应对腾讯的治理措施，主观恶意明显。

（案例来源：北京知识产权法院网）

三、经营者不正当竞争行为的类别

1. 混淆

（1）擅自使用与他人有一定影响的商品名称、包装、装潢等相同或者近似的标识。

（2）擅自使用他人有一定影响的企业名称（包括简称、字号等）、社会组织名称（包括简称等）、姓名（包括笔名、艺名、译名等）。

（3）擅自使用他人有一定影响的域名主体部分、网站名称、网页等。

（4）其他足以引人误认为是他人商品或者与他人存在特定联系的混淆行为。

2. 贿赂

经营者采用财物或者其他手段贿赂，以谋取交易机会或者竞争优势。

经营者在交易活动中，可以以明示方式向交易相对方支付折扣，或者向中间人支付佣金。经营者向交易相对方支付折扣、向中间人支付佣金的，应当如实入账。接受折扣、佣金的经营者也应当如实入账。

3. 欺骗

经营者对其商品的性能、功能、质量、销售状况、用户评价、曾获荣誉等作虚假或者引人误解的商业宣传，欺骗、误导消费者。

经营者组织虚假交易等方式，帮助其他经营者进行虚假或者引人误解的商业宣传。

【课堂讨论】

[材料] 杭州大学生小王生活费不多，却经常出入"网红餐厅"。在室友追问下，她说自己加入了一个"杭州吃货福利群"，每天有人发布"免费用餐"信息："湖滨西餐，人均100，要求LV5，要求两个年轻人""下沙火锅，人均100，要求LV4，报名私聊"……小王带着室友，报名了西餐厅的"免费用餐"。组织者先通过视频验证了她们的点评类APP账户等级，即上述信息内要求的LV5、LV4。用餐当天，小王按指定的路径，在点评类APP上搜索并买指定套餐，到店后向服务员报了组织者给的暗号。吃完牛排，虽然味道一般，但小王还是在点评类APP上发布了精心编写的好评，并附上精修过的照片。截屏发给组织者后，买套餐的钱就转账过来了。

[问题] 上述经营活动中是否存在不正当竞争行为？

4. 侵犯商业秘密

（1）对商业秘密的认定。

商业秘密，是指不为公众所知悉、具有商业价值并经权利人采取相应保密措施的技术信息、经营信息等商业信息。

保密措施，是指权利人为防止信息泄漏所采取的与其商业价值等具体情况相适应的合理保护措施。应当根据所涉信息载体的特性、权利人保密的意愿、保密措施的可识别程度、他人通过正当方式获得的难易程度等因素，认定权利人是否采取了保密措施。具有下列情形之一，在正常情况下足以防止涉密信息泄漏的，应当认定权利人采取了保密措施：

①限定涉密信息的知悉范围，只对必须知悉的相关人员告知其内容；

②对于涉密信息载体采取加锁等防范措施；

③在涉密信息的载体上标有保密标志；

④对于涉密信息采用密码或者代码等；

⑤签订保密协议；

⑥对于涉密的机器、厂房、车间等场所限制来访者或者提出保密要求；

⑦确保信息秘密的其他合理措施。

（2）侵犯商业秘密行为的主要表现形式。

①以盗窃、贿赂、欺诈、胁迫、电子侵入或者其他不正当手段获取权利人的商业秘密；

②披露、使用或者允许他人使用以前项手段获取的权利人的商业秘密；

③违反保密义务或者违反权利人有关保守商业秘密的要求，披露、使用或者允许他人使用其所掌握的商业秘密；

④教唆、引诱、帮助他人违反保密义务或者违反权利人有关保守商业秘密的要求，

获取、披露、使用或者允许他人使用权利人的商业秘密。

5. 违法有奖销售

经营者进行有奖销售不得存在下列情形：

（1）所设奖的种类、兑奖条件、奖金金额或者奖品等有奖销售信息不明确，影响兑奖。

（2）采用谎称有奖或者故意让内定人员中奖的欺骗方式进行有奖销售。

（3）抽奖式的有奖销售，最高奖的金额超过五万元。

6. 诋毁

编造、传播虚假信息或者误导性信息，损害竞争对手的商业信誉、商品声誉。

7. 妨碍、破坏其他经营者合法提供的网络产品或者服务正常运行

（1）未经其他经营者同意，在其合法提供的网络产品或者服务中，插入链接、强制进行目标跳转；

（2）误导、欺骗、强迫用户修改、关闭、卸载其他经营者合法提供的网络产品或者服务；

（3）恶意对其他经营者合法提供的网络产品或者服务实施不兼容；

（4）其他妨碍、破坏其他经营者合法提供的网络产品或者服务正常运行的行为。

【案例解读2】

[案情概述] 2012年2月，重庆欧文教育服务有限公司（以下简称欧文公司）与重庆欧文外国语学校（以下简称欧文学校）发现，重庆早八点教育咨询有限公司（以下简称早八点公司）擅自在百度网络推广中以"重庆欧文英语"为关键词，发布"欧文英语不昨样，要选就选早八点"的推广标题，且该标题链接到早八点公司的网站。

欧文公司与欧文学校认为早八点公司和百度公司的行为违反不正当竞争法，构成商誉诋毁，遂起诉至重庆市第一中级人民法院要求二被告停止侵权并赔偿损失。

庭审中，早八点公司辩称，百度推广中的"欧文英语不昨样，要选就选早八点"，未使用"不咋样"等贬义字眼，不构成诋毁，且早八点公司与二原告经营的业务范围不同，不构成不正当竞争。

百度公司则辩称，百度公司未实施针对二原告的不正当竞争行为，且百度公司已停止二原告所诉称的行为，不应承担责任。

[处理结果] 重庆一中院一审判决重庆早八点公司十日内登报声明，消除影响，并赔偿二原告经济损失1万元。法院认为，依本案的证据，不足以认定百度公司构成共同的不正当竞争行为。

[解读意见] 早八点公司与欧文公司、欧文学校经营范围有重叠，存在竞争关系。早八点公司在百度推广中擅自将"重庆欧文英语"设为搜索关键词，导致用户搜索该关键词首先获得的是早八点公司的网站链接，从而增加网络用户访问量，挤占了二原告的市场利益，构成不正当竞争。

尽管早八点公司发布的推广标题中写的是"不昨样"，但日常用语中，没有"不昨样"而只有"不咋样"的表述方式，"昨"与"咋"仅一笔之差，字形上极其近似，公众以

一般注意力难以发现这一差别，极易理解为"不咋样"这一负面词语，因此，早八点公司的行为构成商业诋毁。

（案件来源：中国法院网）

四、不正当竞争行为的法律责任

（一）民事责任

经营者的合法权益受到不正当竞争行为损害的，可以向人民法院提起诉讼。

因不正当竞争行为受到损害的经营者的赔偿数额，按照其因被侵权所受到的实际损失确定；实际损失难以计算的，按照侵权人因侵权所获得的利益确定。经营者恶意实施侵犯商业秘密行为，情节严重的，可以在按照上述方法确定数额的一倍以上五倍以下确定赔偿数额。赔偿数额还应当包括经营者为制止侵权行为所支付的合理开支。

经营者违反不正当竞争法，权利人因被侵权所受到的实际损失、侵权人因侵权所获得的利益难以确定的，由人民法院根据侵权行为的情节判决给予权利人五百万元以下的赔偿。

（二）行政责任

（1）经营者违法实施混淆行为的，由监督检查部门责令停止违法行为，没收违法商品。违法经营额五万元以上的，可以并处违法经营额五倍以下的罚款；没有违法经营额或者违法经营额不足五万元的，可以并处二十五万元以下的罚款。情节严重的，吊销营业执照。

（2）经营者违法贿赂他人的，由监督检查部门没收违法所得，处十万元以上三百万元以下的罚款。情节严重的，吊销营业执照。

（3）经营者违法进行虚假或者引人误解的商业宣传的，由监督检查部门责令停止违法行为，处二十万元以上一百万元以下的罚款；情节严重的，处一百万元以上二百万元以下的罚款，可以吊销营业执照。

（4）经营者侵犯商业秘密的，由监督检查部门责令停止违法行为，没收违法所得，处十万元以上一百万元以下的罚款；情节严重的，处五十万元以上五百万元以下的罚款。

（5）经营者违法进行有奖销售的，由监督检查部门责令停止违法行为，处五万元以上五十万元以下的罚款。

（6）经营者损害竞争对手商业信誉、商品声誉的，由监督检查部门责令停止违法行为、消除影响，处十万元以上五十万元以下的罚款；情节严重的，处五十万元以上三百万元以下的罚款。

（7）经营者妨碍、破坏其他经营者合法提供的网络产品或者服务正常运行的，由监督检查部门责令停止违法行为，处十万元以上五十万元以下的罚款；情节严重的，处五十万元以上三百万元以下的罚款。

(三) 刑事责任

我国《刑法》规定，有侵犯商业秘密的行为的，给商业秘密的权利人造成重大损失的；损害他人的商业信誉、商品声誉，给他人造成重大损失或者有其他严重情节的；利用广告对商品或者服务作虚假宣传，情节严重的；有商业贿赂行为，构成犯罪的，依法追究刑事责任。

【案例解读3】

[案情概述] 深圳市泰恒置地投资有限公司在销售"春江天玺阁"楼盘项目时策划实施了"玺悦上新，买房抽宝马"有奖销售活动，通过朋友圈及其开发的小程序等进行了宣传推广。经核实，宝马3系官方最低配置价格为29.39万，可折抵10万元购房首付款；同时，当事人在没有客户抽中宝马3系首付款大奖的情况下，对外发布了"玺悦8331月末冲刺季，宝马大奖新鲜出炉"的软文。

[处理结果] 执法机关责令当事人立即停止违法行为，并作出处以罚款75万元的行政处罚决定。

[解读意见] 当事人策划实施"买房抽宝马"有奖销售活动的行为，违反了《反不正当竞争法》第十条的规定，构成违法有奖销售行为；当事人虚假宣传"某业主赢得宝马首付款大奖"的行为，违反了《反不正当竞争法》第八条的规定，构成了虚假宣传行为。依据《反不正当竞争法》第二十二条和第二十条的规定，应当对当事人给予行政处罚。

(案例来源：广东省市场监督管理局网)

【讨论提示】

这些吃饭福利群其实是刷单群。虚假好评留言和高星级评价，将误导消费者，扰乱正常的竞争秩序。涉案组织者的行为已构成不正当竞争。《反不正当竞争法》第八条规定：经营者不得通过组织虚假交易等方式，帮助其他经营者进行虚假或者引人误解的商业宣传。

【能力测试】

1. 甲酒厂生产的"景阳岗"牌高粱酒，在某省市场上颇有名气。后来，乙酒厂推出"不过岗"牌高粱酒，其酒瓶形态和瓶贴标签的图样、色彩与"景阳岗"几近一致，但使用的注册商标、商品名称以及厂名厂址均不同。对此，下列表述中正确的是（　　）。

  A. 因注册商标、商品名称以及厂名厂址均不相同，乙厂对甲厂不构成侵权

  B. "景阳岗"商标未申请商标注册，故甲厂不能起诉乙厂侵权

  C. 两种商品装潢外观近似，足以造成购买者发生误认，故乙厂的行为构成不正当竞争

  D. 两种商品装潢虽外观近似，但常喝"景阳岗"的人仔细辨认可以加以区别，故乙厂的行为不被法律禁止

2. 某电器销售公司甲与某电视机厂乙因货款纠纷而产生矛盾，甲不再经销乙的产品。当客户询问甲的营业人员是否有乙厂的电视机时，营业人员故意说道："乙厂的电视机质量不好，价格又贵，所以我们不再卖他们的产品了。"下列有关该事例的表述（　　）是正确的。

A. 甲侵犯了乙的名誉权

B. 甲的行为属于诋毁乙的商业信誉的不正当竞争行为

C. 甲的行为因未通过宣传媒介诋毁乙的商业信誉，故不构成诋毁商业信誉

D. 甲侵犯了乙的荣誉权

3. 因不正当竞争行为受到损害的赔偿数额，以下说法错误的是（　　）。

A. 因不正当竞争行为受到损害的经营者的赔偿数额，按照其因被侵权所受到的实际损失确定

B. 实际损失难以计算的，按照侵权人因侵权所获得的利益确定

C. 按照曾经发生的相同或者相近的案例的赔偿额计算

D. 权利人因被侵权所受到的实际损失、侵权人因侵权所获得的利益难以确定的，由人民法院根据侵权行为的情节判决给予权利人五百万元以下的赔偿

4. 经张某介绍撮合，甲工厂与乙公司签订合同做成一笔交易。甲工厂通过银行向张某的个人信用卡账号上汇入1万元作为"酬谢"。该行为的性质属于（　　）。

A. 折扣

B. 回扣

C. 佣金

D. 商业贿赂

5. 关于商业秘密说法正确的是（　　）。

A. 是指不为客户所知悉

B. 不确定是否具有商业价值

C. 经权利人采取相应保密措施的技术信息、经营信息

D. 必须签订保密协议

6. 某公司销售空调，在门口广告牌上写明："凡在本处购买空调者，返给总价款百分之三的回扣。"被人举报后，经调查发现该公司给付的"回扣"在账面上均有明确记载。该公司给付"回扣"的行为是（　　）。

A. 不正当竞争行为

B. 变相行贿行为

C. 正当的促销行为

D. 价格违法行为

7. 假设某商场在促销乙厂的"压力锅"时，谎称商场要转产歇业，所售产品的销售价是"跳楼价"，下列表述中错误的是（　　）。

A. 该商场违反了《反不正当竞争法》关于禁止低价倾销的规定

B. 该商场违反了《消费者权益保护法》关于禁止欺诈经营的规定

C. 该商场违反了《反不正当竞争法》给予禁止作引人误解虚假宣传的规定

D. 该商场违反了《民法典》规定的诚实信用原则

8. 根据我国《反不正当竞争法》的规定，下列不构成混淆行为的是（　　）。

A. 擅自使用自然人的姓名

B. 擅自使用其他企业的字号

C. 擅自使用他人有一定影响的商品名称

D. 使用商品通用名称

9. 经营者损害竞争对手商业信誉、商品声誉的，监督检查部门无权作出哪项处理？（　　）

A. 情节严重的，可以吊销营业执照

B. 责令停止违法行为

C. 责令消除影响

D. 处十万元以上五十万元以下的罚款

10. 王某是一家小饭馆的老板，由于王某的小饭馆经常营业到深夜，影响了楼上吴某的休息。吴某与王某为此多次争吵均没有结果。吴某于是雇了一些人到处散发小广告，说王某的饭馆食物不干净，很多人吃了以后都食物中毒进了医院。由此，王某的饭馆生意非常冷清。相反，与王某隔一条街的赵某的饭馆客人大增。关于本案有以下几种说法，其中哪一项是正确的？（　　）

A. 吴某的行为构成诋毁商誉，是不正当竞争行为

B. 吴某的行为构成限制竞争，是不正当竞争行为

C. 赵某的行为构成限制竞争，是不正当竞争行为

D. 王某有权要求吴某消除影响，赔偿损失

正确答案：1. C　2. B　3. C　4. C　5. C　6. C　7. A　8. D　9. A　10. D

【任务简析】

1. 这两家教育培训机构的行为属于不正当竞争行为。《反不正当竞争法》第八条规定，经营者不得对其商品的性能、功能、质量、销售状况、用户评价、曾获荣誉等作虚假或者引人误解的商业宣传，欺骗、误导消费者。

2. 针对这两家教育培训机构的不正当竞争行为，市场监督检查部门有权责令停止违法行为，处二十万元以上一百万元以下的罚款；情节严重的，处一百万元以上二百万元以下的罚款，可以吊销营业执照。

工作任务 16　办理保险事务

【学习目标】

探究知识：保险的概念和种类、保险法的基本原则、保险合同的常用术语、保险合同的主要条款。

获取能力：能够分析保险利益的构成，能够订立保险合同，判断保险合同的效力，运用保险基本原理分析处理保险实务。

【导入任务】

中国平安财产保险股份有限公司广东分公司（以下简称平安保险公司）承保王司政名下车辆。保险期间内，王司政因饮酒不能驾驶，遂通过"e代驾"网络平台向北京亿心宜行汽车技术开发服务有限公司（以下简称亿心公司）请求有偿代驾服务，亿心公司接受后指派了吴春田提供代驾服务。王司政在《委托代驾服务协议》委托方处署名，吴春田、亿心公司在被委托方处签名和签章。吴春田提供代驾服务时发生交通事故，车辆受损，据交警部门作出的事故认定书，吴春田负事故全部责任。此次交通事故，平安保险公司经定损并向王司政赔付了保险金159 194元。王司政承诺将已获赔部分的追偿权转给平安保险公司。平安保险公司遂将吴春田、亿心公司起诉至法院，要求两被告连带赔偿平安保险公司经济损失159 194元。

问：本案应当如何处理？

（案例来源：中国法院网）

【法律快递】

《中华人民共和国保险法》：1995年6月30日第八届全国人民代表大会常务委员会第十四次会议通过，自1995年10月1日起施行。《保险法》自颁布实施以来，先后经历三次修订，2015年4月24日第三次修正。

《最高人民法院关于适用〈中华人民共和国保险法〉若干问题的解释（四）》已于2018年5月14日由最高人民法院审判委员会第1738次会议通过，现予公布，自2018年9月1日起施行，2020年12月23日修正。

一、保险概述

(一) 保险的概念

保险有广义和狭义之分。广义的保险是指为偿付自然灾害和意外事故带来的损失,保障社会安定,集合具有同类风险的众多单位和个人,以合理计算风险分担金的形式,向少数因该风险事故发生而受到经济损失的成员提供保险经济保障的一种行为。广义的保险包括:社会保险、商业保险、互助(合作)保险。狭义的保险是指投保人根据合同约定,向保险人支付保险费,保险人对于合同约定的可能发生的事故因其发生所造成的财产损失承担赔偿保险金责任,或者当被保险人死亡、伤残、疾病或者达到合同约定的年龄、期限等条件时承担给付保险金责任的商业保险行为。我国保险法采用狭义的保险概念。

(二) 保险的分类

1. 按保险标的不同,保险可以分为财产保险和人身保险

财产保险,是指以财产及其有关利益为保险标的的保险。这里的利益可以是现有的利益、期待的利益,也可以是责任利益。责任利益中的"责任"是指民事赔偿责任,不包括行政责任中的罚款与刑事责任中的罚金。

人身保险,是指以人的寿命和身体为保险标的的保险。人身保险的标的是人的身体或者生命。

2. 按照保险人承担责任次序的不同,可以分为原保险与再保险

一般意义上的保险都是原保险。保险人将其承担的保险业务,以分保形式部分转移给其他保险人的,为再保险。

3. 按照保险人人数的不同,可以分为单保险、共同保险和重复保险

单保险,是指投保人针对一个保险标的只与一个保险人建立保险合同关系的保险。

共同保险,即是指两个或两个以上保险人联合承保同一笔保险业务的保险行为。当发生保险合同保障范围内的损失时,各保险人依据各自承保的保险金额比例对被保者进行赔付。

重复保险是指投保人对同一保险标的、同一保险利益、同一保险事故分别与两个或两个以上保险人订立保险合同,且保险金额总和超过保险价值的保险。

4. 按照保险的实施形式,可以分为自愿保险和强制保险

中国绝大多数的商业保险都是自愿保险,即面对危险是否投保,以及保险人是否承保都是自愿的。只对极少数保险实行强制保险,如机动车辆的第三人责任险。

5. 按照保险金额和保险价值的关系分为足额保险、不足额保险和超额保险

足额保险,是指保险金额等于或大体相当于保险价值的保险。

不足额保险,是指保险金额低于保险价值的保险,除合同另有约定外,保险人按照保险金额与保险价值的比例承担赔偿责任。

超额投保是指保险金额高于保险价值。根据《保险法》的规定，保险金额不得超过保险价值；超过保险价值的，超过的部分无效，保险人应当退还相应的保险费。

6. 按照保险价值在保险合同中是否预先确定分为定值保险与不定值保险

定值保险，是指双方当事人在订立合同时已经确定保险标的的价值，并将记载于合同之中的保险。定值保险合同多适用于海上保险、国内货物运输保险、国内船舶保险及一些以不易确定价值的艺术品为保险标的的财产保险。

不定值保险，是指双方当事人在订立合同时不预先确定保险标的价值，仅载明保险事故发生后再根据所确定的损失估计其价值的保险。一般按保险事故发生时保险标的实际价值为标准来计算。大多数财产保险合同都采用不定值保险合同。

（三）保险法的基本原则

1. 保险利益原则

所谓保险利益，又称为可保利益，是投保人或被保险人对保险标的具有的法律上承认的利益。保险利益是保险制度的核心，因为保险的费率计算、理赔方式和保险条款无不以保险利益为基础。

保险利益成立的要件：①合法性，受到法律保护的利益才能构成保险利益；②经济性，保险利益必须是经济上的利益，可以用货币计算估价的利益；③确定性，保险利益必须是确定的，包括可得利益和既得利益。

人身保险的投保人在保险合同订立时，对被保险人应当具有保险利益。财产保险的被保险人在保险事故发生时，对保险标的应当具有保险利益。保险事故发生时，被保险人对保险标的不具有保险利益的，不得向保险人请求赔偿保险金。

2. 最大诚信原则

订立保险合同，保险人就保险标的或者被保险人的有关情况提出询问的，投保人应当如实告知。

投保人故意不履行如实告知义务的，保险人对于合同解除前发生的保险事故，不承担赔偿或者给付保险金的责任，并不退还保险费。

投保人因重大过失未履行如实告知义务，对保险事故的发生有严重影响的，保险人对于合同解除前发生的保险事故，不承担赔偿或者给付保险金的责任，但应当退还保险费。

【课堂讨论1】

[材料] 2020年4月某机械厂向当地一家保险公司投保，保险金额达600万元。同年8月，该厂投保的保险标的的危险程度显著增加。保险公司要求该厂增交一定的保费，该厂不同意，要求退保，保险公司不愿失去这笔业务，答应以后再作商议是否要增交保费，但双方后来一直未就此事进行商谈。同年9月中旬，该厂仓库发生火灾，损失金额达50万元，于是向保险公司提出索赔，但保险公司以该厂未增交保费为由，不予赔付。

[问题] 保险公司是否应该赔偿？

3. 损害补偿原则

当被保险人因保险事故而遭受损失时,从保险人处所能获得的赔偿只能以实际损失为限。此原则强调保险赔付只能填补被保险人的损失,不能成为被保险人获利的工具。

赔偿金额是实际损失、保险金额和保险价值三者中最小的一个数额。

4. 近因原则

近因原则是指保险人按照约定的保险责任范围承担责任时,其所承保的危险事故的发生与保险标的的损害之间必须存在因果关系,而且原因必须是主要的、决定性的。

二、保险合同的一般规定

(一) 保险合同的概念和特征

1. 保险合同的概念

保险合同是投保人与保险人约定保险权利义务关系的协议。

2. 保险合同的主要特征

(1) 保险合同是有偿合同。

保险人履行义务并承担赔偿和给付责任,是以投保人依照保险合同的约定向保险人支付保险费为前提的。保险费的支付,是保险人履行提供保险保障义务和承担赔偿或者给付保险金责任的对价。在保险实务上,各保险公司也在保险条款中规定将保险费的支付作为保险合同生效的前提要件。

(2) 保险合同是格式合同。

保险公司多采用未与对方协商而预先制订保险条款的方式开展保险业务,从而使保险合同已经成为格式合同。投保人投保时,只能就保险合同作出接受或不接受的选择决定,没有就保险条款的内容进行商讨的余地。

为防止保险人利用格式合同损害投保人的利益,《保险法》特别规定了以下规则,对保险人予以限制:一是免除保险人依法应承担的义务或者加重投保人、被保险人责任的以及排除投保人、被保险人或者受益人依法享有的权利的格式条款无效;二是保险人与投保人、被保险人或者受益人对合同条款有争议的,应当按照通常理解予以解释。对合同条款有两种以上解释的,人民法院或者仲裁机构应当作出有利于被保险人和受益人的解释。

(3) 保险合同是射幸合同。

所谓射幸合同,是指以将来偶然发生的事故作为利益取得条件的合同。此类合同的效果能否发生,在合同订立时尚处于不确定状态,要看在合同有效期限内是否实际发生保险事故。由此可见,保险合同具有射幸性,但是保险的目的则在于分散损失和相互救济,《保险法》更明确规定投保人必须与保险标的有保险利益。这是保险合同与赌博合同之间的根本区别。

（二）保险合同的当事人、关系人和辅助人

1. 当事人

投保人是指与保险人订立保险合同，并按照合同约定负有支付保险费义务的人。根据《保险法》规定，投保人应当具有缔约能力。

保险人又叫承保人，保险人是指与投保人订立保险合同，并按照合同约定承担赔偿或者给付保险金责任的保险公司。

2. 关系人

（1）被保险人。

所谓被保险人，是指其财产或者人身受保险合同保障，享有保险金请求权的人。

被保险人具有以下特征：①被保险人是保险事故损失的承受人。②被保险人是享有赔偿请求权的人。③在人身保险中，被保险人和投保人可以是同一人，也可以为不同的人。在财产保险中，被保险人和投保人必须是同一人。④被保险人不受有无行为能力的限制。

（2）受益人。

受益人，又称为保险金受领人，是指人身保险合同中由被保险人或者投保人指定的享有保险金请求权的人。

受益人具有以下特征：①受益人是享有赔偿请求权的人。②受益人必须是投保人或被保险人指定的人，也可以是投保人或被保险人。③受益人不受有无行为能力和保险利益的限制。④受益人资格可能被取消，也可能依法丧失。

3. 辅助人

（1）保险代理人。

保险代理人是指根据保险公司的委托，向保险公司收取佣金，在保险公司授权的范围内代为办理保险业务的机构或者个人，包括保险专业代理机构、保险兼业代理机构及个人保险代理人。

（2）保险经纪人。

保险经纪人是基于投保人的利益，为投保人与保险人订立保险合同提供中介服务，并依法收取佣金的机构。

（3）保险公估人。

所谓保险公估人，是指接受保险合同当事人的委托，为其办理对保险标的的勘查、鉴定、估价和理赔计算，并给予证明的人。

（三）保险合同的形式

1. 投保单

投保单是投保人的书面要约。投保单经投保人据实填写交付给保险人就成为投保人表示愿意与保险人订立保险合同的书面要约。

2. 保险单

所谓保险单又简称保单，是指在保险合同成立后，由保险人向投保人签发的正式书

面凭证。保险单是保险合同的主要记载形式。

3. 保险凭证

保险凭证是一种简化的保险单，又称小保单。保险人向投保人签发保险凭证，只是为了简化办理保险单的手续，保险凭证与保险单具有同等的法律效力。保险凭证一般适用于保险人承揽团体保险业务时，对团体中每个成员签发保险凭证，作为参加保险的证明；在货物运输保险中，保险人与投保人订立保险合同明确总保险的责任和范围，然后再对每笔运输货物单单独出具保险凭证；在机动车辆及第三人责任保险中，为便于被保险人随身携带，保险人通常出具保险凭证。

4. 暂保单

所谓暂保单，又称为临时保单，是指保险人同意核保但未正式承保并签发保险单之前，向投保人签发的临时保险凭证。暂保单的内容比较简单，只载明被保险人的姓名、名称、承保危险的种类、保险标的等重要事项。

5. 批单

批单，是保险合同的有效期内变更合同条款时的书面证明文件。它是保险人根据投保人或被保险人的要求，经双方协商同意后，由保险人签发的，确认双方当事人所变更的保险合同内容的法律文件。

一般情况下，保险人可在原保险单或保险凭证上进行批注，也可以由保险人另行出具一张格式批单，附贴在保险单或者保险凭证上。

【案例解读1】

[案情概述] 保险公司的业务员张某与投保人王某是同学关系。在张某向王某推销保险产品时，王某在外地出差，于是王某让张某到自己家中找自己的妻子收取保险费。张某遂到王某家中找到王某的妻子取得了保险费，并代替王某在投保书上签字。投保书所记载的投保人与被保险人均为王某，投保的险种为重大疾病保险，保险期限为终生，交纳保险费期限为20年，每年应交纳保险费金额为2000元。王某出差回到北京以后，张某将保险合同及保险费发票交给了王某。此后，王某每年正常交纳保险费，累计交费12 000元。直到2006年，王某、张某关系恶化，王某遂起诉保险公司，以投保书不是自己亲笔签字为由要求退还全部保险费。

[处理结果] 法院判决驳回王某的诉讼请求。

[解读意见] 王某在张某代其签署投保书后，取得了张某转交的保险合同文本及保险费发票，应视为其对张某所实施的代签约行为已经明知。在此后长达五年的时间里，王某按照保险合同的约定及时足额交纳各年度保险费的行为，即属于以积极履行合同的方式表达了其对于张某代其订立保险合同的追认。

（案件来源：2013年6月8日人民法院报）

（四）保险合同的主要条款

1. 当事人及关系人的基本情况

在该条款中，应记载保险人的名称和住所；记载投保人、被保险人的名称和住所；指定受益人的，还应当记载受益人的名称和住所。

2. 保险标的

所谓保险标的，是保险事故发生的客体，它具体是指作为保险对象的财产及其有关利益或被保险人的寿命和身体。保险标的条款中应当就具体的保险对象进行约定，它是确定保险金额和保险人的责任范围的前提。

3. 保险责任和责任免除

所谓保险责任，是指保险合同约定的保险事故发生导致保险标的受到损失或约定的人身保险事件出现时，保险人应当承担的赔偿或给付责任。

所谓责任免除又称为除外责任，是指保险合同中约定的保险人不承担保险责任的范围，用于界定保险人的承保责任的边界。

【课堂讨论2】

[材料] 2019年10月17日，原告邵某作为投保人与被告某保险公司订立机动车商业保险合同，约定在车辆损失险项下的某保险公司的"保险责任"为：保险期间内，被保险人或其允许的合法驾驶人在使用保险车辆过程中，因"暴雨"等原因造成的保险车辆的损失，保险人依照保险合同的约定负责赔偿。其中保险条款责任免除部分表述为："下列损失和费用，保险人不负责赔偿：发动机进水后导致的发动机损坏。"

2020年8月1日，原告驾驶被保险车辆行驶时，遭遇暴雨，车辆被淹。案件审理过程中，法院委托某鉴定机构对被保险车辆损失进行鉴定，确定被保险车辆车损金额为288 490元。

[问题] 被告是否应当按照法院委托鉴定机构作出的损失金额赔偿原告包括发动机损失在内的全部车辆损失？

（案例来源：天津法院网）

4. 保险期间与保险责任开始时间

所谓保险期间，是指保险人对投保人或被保险人承担保险保障义务，对保险事故承担保险责任的期间，是保险合同的有效期限。

所谓保险责任的开始，是指保险合同约定的，保险人根据保险合同承担保险责任的开始时间。

5. 保险金额

所谓保险金额是指保险人承担赔偿或者给付保险金责任的最高限额。

在人寿保险中，由于采用定额保险，由保险合同当事人直接约定保险金额，保险人所应给付的保险金额应与约定金额一致。

在财产保险、健康医疗费用保险和意外伤害医疗费用等具有损害填补性质的保险中，保险合同所约定的保险金额，则是指保险人所应当承担的赔偿责任的最高限额。

6. 保险费以及支付办法

7. 保险金赔偿或者给付办法

当事人应在保险合同中订立保险金计算方法以及赔偿或者给付保险金的方式、期限。通常，保险人承担的损失赔偿范围应当包括：①保险标的所受到的实际损失；②施救费用，即保险人应当支付被保险人为救助保险标的所产生的费用；③仲裁、诉讼费用和其他合理费用；④为查明和确定保险事故的性质、原因和保险标的的损失程度所支出的合理费用。

8. 违约责任和争议处理

9. 订立合同的年、月、日

保险合同的订立时间应在保险合同中加以记载，因为它与保险合同的效力有着直接的关系，它的存在对于认定保险合同的效力、判断保险事故发生的先后有着重要的意义。

10. 约定记载事项

即在法定记载事项之外，由当事人约定的其他保险合同需要约定的内容。

（五）保险合同的变更、解除

1. 保险合同的变更

投保人和保险人可以协商变更合同内容。变更保险合同的，应当由保险人在保险单或者其他保险凭证上批注或者附贴批单，或者由投保人和保险人订立变更的书面协议。

2. 保险合同的解除

除《保险法》另有规定或者保险合同另有约定外，保险合同成立后，投保人可以解除合同，保险人不得解除合同。

出现下列情形时，保险人可以解除合同：

（1）未发生保险事故，被保险人或者受益人谎称发生了保险事故，向保险人提出赔偿或者给付保险金请求的，保险人有权解除合同，并不退还保险费。

（2）投保人、被保险人故意制造保险事故的，保险人有权解除合同，不承担赔偿或者给付保险金的责任，不退还保险费。

（3）投保人故障隐瞒事实，或者因过失未履行如实告知义务的，足以影响保险人决定是否同意承保或提高保险费率的，保险人有权解除保险合同。

（4）投保人、被保险人未按照约定履行其对保险标的安全应尽的责任的，保险人有权要求增加保险费或解除合同。

保险事故发生后，投保人、被保险人或者受益人以伪造、变造的有关证明、资料或者其他证据，编造虚假的事故原因或者夸大损失程度的，保险人对其虚报的部分不承担赔偿或者给付保险金的责任。

投保人故意或者因重大过失未如实告知，足以影响保险人决定是否同意承保或者提高保险费率的，保险人有权解除合同。合同解除权，自保险人知道有解除事由之日起，超过三十日不行使而消灭。自合同成立之日起超过二年的，保险人不得解除合同；发生保险事故的，保险人应当承担赔偿或者给付保险金的责任。

【案例解读2】

[案情概述] 2018年1月,家住重庆的吴女士通过网络在某保险公司购买了一份重大疾病保险,交费20年,基本保险金额50万元,涵盖包括恶性肿瘤在内的100种重大疾病。2019年6月,吴女士在例行体检时发现甲状腺有结节,随后确诊为甲状腺癌,于当月在医院进行了手术治疗。出院后,吴女士向保险公司提出理赔。2019年8月16日,保险公司向吴女士邮寄了保险理赔决定通知书,以不实告知为由拒绝理赔。原来,在网上签订保险合同时,系统会跳出独立的"健康告知"页面,询问投保人目前是否患有或曾经患有"肝囊肿、胆囊结石、胃炎、其他妊娠期疾病、甲状腺功能减退"。吴女士以前怀孕时曾患上过甲状腺功能减退症,但她并没有勾选前述选项,保险公司以此为由拒绝理赔。吴女士将保险公司诉至法院。一审法院驳回了吴女士的诉求,吴女士上诉至重庆一中院。

[处理结果] 二审法院支持吴女士要求保险公司支付理赔金额50万元的请求。

[解读意见] 法院在二审中查明,保险公司于2019年8月12日作出理赔案件调查报告,认定吴女士存在不实告知情形。但保险公司于8月16日向吴女士邮寄的保险理赔决定通知书却仅载有对吴女士拒绝理赔,没有载明双方合同解除的内容,而保险公司也未举示证据证明其与吴女士解除了保险合同。《保险法》第十六条第三款规定,"……合同解除权,自保险人知道有解除事由之日起,超过三十日不行使而消灭。自合同成立之日起超过二年的,保险人不得解除合同;发生保险事故的,保险人应当承担赔偿或者给付保险金的责任"。

(案例来源:2020年12月26日人民法院报)

三、人身保险合同

(一)人身保险合同的分类

1. 人寿保险合同

人寿保险合同是以被保险人的寿命为保险标的,以被保险人的生存或死亡为保险事故的人身保险合同。人寿保险可分为定期寿险、终身寿险、生存保险和生死两全保险。人寿保险是人身保险中最基本的险种。人寿保险具有长期性、储蓄性和生命风险的稳定性的特征。

2. 意外伤害保险合同

人身意外伤害保险是以被保险人因遭受意外事故造成的死亡或伤残为保险事故的人身保险合同。在全部人身保险业务中,只需支付少量保费就可获得高保障,投保简便,无须体检,所以承保人次较多,如旅行意外伤害保险、航空意外伤害保险等。

3. 健康保险合同

健康保险包括重大疾病保险、住院医疗保险等。健康保险合同与意外伤害保险合同不同,前者的承保范围适用于被保险人因病理状况所致疾病而产生的身体能力缺损,后者适用于因意外事故所致的被保险人的身体损伤。

(二) 人身保险合同的具体规定

1. 保险利益条款

人身保险以人的生命健康为保障对象，防范道德风险责任重大。为防止他人为谋取保险金杀害被保险人，《保险法》规定，投保人在订立保险合同时必须对被保险人具有保险利益；以死亡为给付保险金条件的保险合同，需要经过被保险人同意并认可保险金额。

具有人身保险利益的基本条件是：

①投保人对本人、配偶、子女、父母，以及与投保人有抚养、赡养或者扶养关系的家庭其他成员、近亲属具有保险利益。

②与投保人有劳动关系的劳动者。

③被保险人同意投保人为其订立保险合同的，视为投保人对被保险人具有保险利益，在此同意是指被保险人以书面承诺同意投保人为自己投保，如果没有被保险人的书面承诺，该保险合同就没有法律效力。

投保人不得为无民事行为能力人投保以死亡为给付保险金条件的人身保险，保险人也不得承保。父母为其未成年子女投保的人身保险，不受此规定限制。但是，因被保险人死亡给付的保险金总和不得超过国务院保险监督管理机构规定的限额。

以死亡为给付保险金条件的合同，未经被保险人同意并认可保险金额的，合同无效。按照以死亡为给付保险金条件的合同所签发的保险单，未经被保险人书面同意，不得转让或者质押。父母为其未成年子女投保的人身保险，不受此规定限制。

2. 中止、复效条款

投保人可以按照合同约定向保险人一次支付全部保险费或者分期支付保险费。人身保险约定分期支付保险费的，投保人支付首期保险费后，除合同另有约定外，投保人自保险人催告之日起超过三十日未支付当期保险费，或者超过约定的期限六十日未支付当期保险费的，合同效力中止。被保险人在规定期限内发生保险事故的，保险人应当按照合同约定给付保险金，但可以扣减欠交的保险费。

人身保险合同因上述原因效力中止的，经保险人与投保人协商并达成协议，在投保人补交保险费后，合同效力恢复。但是自合同效力中止之日起二年内双方未达成协议的，保险人有权解除合同。保险人解除合同的，应当按照合同约定退还保险单的现金价值。

3. 保险金的给付

保险合同约定的保险事故发生或者条件满足，保险人应当向受益人或者被保险人履行给付保险金的义务。但在下列情况下保险人依法免责：

（1）投保人故意造成被保险人死亡、伤残或者疾病的，保险人不承担给付保险金的责任。投保人已交足二年以上保险费的，保险人应当按照合同约定向其他权利人退还保险单的现金价值。

受益人故意造成被保险人死亡、伤残、疾病的，或者故意杀害被保险人未遂的，该受益人丧失受益权。注意，在这种情况下并不免除保险人给付保险金的义务。

（2）因被保险人故意犯罪或者抗拒依法采取的刑事强制措施导致其伤残或者死亡的，

保险人不承担给付保险金的责任。投保人已交足二年以上保险费的，保险人应当按照合同约定退还保险单的现金价值。

（3）以被保险人死亡为给付保险金条件的合同，自合同成立或者合同效力恢复之日起二年内，被保险人自杀的，保险人不承担给付保险金的责任，但被保险人自杀时为无民事行为能力人的除外。保险人依照此规定不承担给付保险金责任的，应当按照合同约定退还保险单的现金价值。

被保险人因第三者的行为而发生死亡、伤残或者疾病等保险事故的，保险人向被保险人或者受益人给付保险金后，不享有向第三者追偿的权利，但被保险人或者受益人仍有权向第三者请求赔偿。

【课堂讨论3】

［材料］2019年年初的一次交通事故造成小李右腿粉碎性骨折，花去医疗费近万元。因小李投保了人身意外伤害保险，事故发生后，保险公司按约定给付了保险金。经交管部门认定，肇事者刘某承担事故的主要责任，于是小李就要求刘某进行赔偿。

［问题］得到保险金后被保险人还能再向加害人要求赔偿吗？

4. 保险金的继承

以死亡为给付保险金条件的保险合同，保险人在事故发生后一般向受益人履行给付保险金的义务。但遇有下列情形之一的，保险金作为被保险人的遗产，由保险人向被保险人的继承人履行给付保险金的义务：

（1）没有指定受益人，或者受益人指定不明无法确定的；

（2）受益人先于被保险人死亡，没有其他受益人的；

（3）受益人依法丧失受益权或者放弃受益权，没有其他受益人的。

受益人与被保险人在同一事件中死亡，且不能确定死亡先后顺序的，推定受益人死亡在先。

四、财产保险合同

（一）财产保险合同的分类

1. 财产损失保险合同

财产损失保险合同，以补偿有形财产的直接损失为目的，主要有：企业财产保险合同、家庭财产保险合同、运输工具保险合同和货物运输保险合同。

2. 责任保险合同

责任保险合同是指以被保险人对第三者依法应负的赔偿责任为保险标的一种财产保险合同。主要有：第三者责任保险合同、公众责任保险合同、产品责任保险合同、雇主责任保险合同和职业责任保险合同。

3. 信用保险合同

信用保险合同是指投保人与保险人订立的，以信用交易中债务人的信用为保险标的，当债务人不能如约履行债务时,保险人向债权人承担保险金赔付责任的一种财产保险合同。主要包括出口信用保险合同、投资信用保险合同以及商业信用保险合同。

(二) 财产保险合同的具体规定

1. 保险标的转让

保险标的转让的,保险标的的受让人承继被保险人的权利和义务。保险标的转让的,被保险人或者受让人应当及时通知保险人,但货物运输保险合同和另有约定的合同除外。

因保险标的转让导致危险程度显著增加的,保险人自收到前通知之日起三十日内,可以按照合同约定增加保险费或者解除合同。保险人解除合同的,应当将已收取的保险费,按照合同约定扣除自保险责任开始之日起至合同解除之日止应收的部分后,退还投保人。

被保险人、受让人未及时通知保险人的,因转让导致保险标的的危险程度显著增加而发生的保险事故,保险人不承担赔偿保险金的责任。

货物运输保险合同和运输工具航程保险合同,保险责任开始后,合同当事人不得解除合同。

2. 危险程度增加

保险合同的订立,是基于已有可保危险的存在。但可保危险的程度则是处于不断地变动状态的,因而法律要求被保险人(投保人)应对危险增加承担通知义务。根据《保险法》规定,在合同有效期内,保险标的的危险程度显著增加的,被保险人应当按照合同约定及时通知保险人,保险人可以按照合同约定增加保险费或者解除合同。保险人解除合同的,应当将已收取的保险费,按照合同约定扣除自保险责任开始之日起至合同解除之日止应收的部分后,退还投保人。

被保险人未履行危险增加的通知义务的,因保险标的的危险程度显著增加而发生的保险事故,保险人不承担赔偿保险金的责任。

保险标的的危险程度虽然增加,但增加的危险属于保险合同订立时保险人预见或者应当预见的保险合同承保范围的,不构成危险程度显著增加。

【案例解读3】

[案情概述] 王先生的车辆在保险公司投保了交强险和商业三者险。王先生将其从租赁公司租赁的车辆注册为从事营运的网约车。2018年3月中旬,王先生在营运过程中驾车与李先生驾驶的车辆发生交通事故。经交通管理部门认定,王先生负全部责任。李先生将王先生及其车辆的保险公司起诉至法院,要求赔偿修车费5000元。

[处理结果] 北京市海淀区人民法院判决保险公司在交强险范围内赔偿李先生2000元,王先生赔偿李先生3000元。

[解读意见] 王先生所驾驶车辆属于非营运性质,王先生将车辆用于营运,改变了车辆使用性质,导致被保险机动车危险程度显著增加而未通知保险公司,保险公司提交的保险条款及投保单足以证实该公司已尽到作为保险人的提示以及明确说明的义务,故保险公司拒绝在商业三者险范围内赔偿的理由正当,对于李先生超出交强险的损失应由

王先生赔偿。

（案例来源：中国法院网）

3. 预防或减少损失

避免损失出现或扩大，是投保人或被保险人在财产保险合同成立后的又一基本义务。它包括以下两个方面的内容：

（1）安全维护义务。投保人或被保险人在保险合同有效期内，有维护保险标的安全的义务，以预防那些本来可以避免的损失。根据《保险法》规定，投保人或被保险人应当遵守国家有关消防、安全、生产操作、劳动保护等方面的规定，维护保险标的的安全。根据合同的约定，保险人可以对保险标的的安全状况进行检查，及时向投保人、被保险人提出消除不安全因素和隐患的书面建议。

投保人、被保险人未按照保险合同约定履行其对保险标的的安全应尽的义务，保险人有权要求增加保险费或者解除保险合同。保险人为维护保险标的的安全，经被保险人同意，可以采取安全预防措施。

（2）施救义务。投保人或被保险人在保险事故发生时，不仅应当及时通知保险人，还应当尽力采取相应的必要措施，以防止或减少损失；否则对于扩大的损失，保险人不承担责任。为鼓励投保人或被保险人在危险发生时进行施救，《保险法》规定，因履行施救义务而产生的费用，由保险人负赔偿责任，但保险人承担的数额在保险标的的损失以外计算，最高不超过保险金额的数额。

4. 保险标的的受损后的处理

保险标的发生部分损失的，自保险人赔偿之日起三十日内，投保人可以解除合同；除合同另有约定外，保险人也可以解除合同，但应当提前十五日通知投保人。合同解除的，保险人应当将保险标的未受损失部分的保险费，按照合同约定扣除自保险责任开始之日起至合同解除之日止应收的部分后，退还投保人。

保险事故发生后，保险人已支付了全部保险金额，并且保险金额等于保险价值的，受损保险标的的全部权利归于保险人；保险金额低于保险价值的，保险人按照保险金额与保险价值的比例取得受损保险标的的部分权利。

5. 代位求偿权

保险人代位求偿权是指保险事故发生后，保险人赔偿被保险人的损失后取得的，原由被保险人享有的，依法向负有民事赔偿责任的第三者请求赔偿的权利。

保险事故发生后，被保险人已经从第三者取得损害赔偿的，保险人赔偿保险金时，可以相应扣减被保险人从第三者已取得的赔偿金额。保险人行使代位请求赔偿的权利，不影响被保险人就未取得赔偿的部分向第三者请求赔偿的权利。

保险事故发生后，保险人未赔偿保险金之前，被保险人放弃对第三者请求赔偿的权利的，保险人不承担赔偿保险金的责任。保险人向被保险人赔偿保险金后，被保险人未经保险人同意放弃对第三者请求赔偿的权利的，该行为无效。被保险人故意或者因重大过失致使保险人不能行使代位请求赔偿的权利的，保险人可以扣减或者要求返还相应的保险金。

除被保险人的家庭成员或者其组成人员故意造成保险事故导致保险标的的损害外，

保险人不得对被保险人的家庭成员或者其组成人员行使代位请求赔偿的权利。

保险人向第三者行使代位请求赔偿的权利时，被保险人应当向保险人提供必要的文件和所知道的有关情况。

代位求偿权本质属于债权的法定转移。即保险事故发生后，被保险人对第三者享有的损害赔偿请求权在保险人赔偿保险金后，当然地、直接地转移于保险人。尽管实践中保险人在支付赔偿款的同时，通常要求被保险人出具权益转让书，但是该转移实际上既不需要被保险人作出意思表示，也不需要通知第三者。

【讨论提示1】

若被保险人在保险标的危险程度增加时，履行了通知义务，而保险公司未作任何意思表示，则可视为默认，根据不可抗辩原则，保险公司事后不得再主张增加保险费或解除合同。在此案中，该机械厂履行了危险程度增加的公告义务，保险公司要求增加保费，被拒绝后，保险公司理应解除保险合同，并通知投保人，但保险公司怕失去这笔业务，心存侥幸，拖而不决，应视为保险合同继续有效，当发生火灾事故时，保险公司却因投保人未增交保费为由拒赔，显然违背了保险合同的最大诚信原则，损害了投保人的利益，因而其拒赔的理由是不成立的。

【讨论提示2】

虽然双方签订的保险合同的条款载明"发动机进水后导致的发动机损坏"属于免赔的情形，但该约定内容依法需要向投保人即原告进行明确说明，在确定原告明确知晓且同意的情况下签订保险合同，该条款才对原告具有约束力。如果被告未提交证据证明就此条款已向投保人作出明确说明，则该条款依法不发生效力，被告仍应当赔偿包括发动机损失在内的车损。

【讨论提示3】

被保险人因第三者的行为而发生死亡、伤残或者疾病等保险事故的，保险人向被保险人或者受益人给付保险金后，不享有向第三者追偿的权利，被保险人或者受益人仍有权向第三者请求赔偿。

【能力测试】

1. 根据我国《保险法》关于保险定义的规定，下列说法错误的是（　　）。
A. 我国《保险法》规范商业保险行为
B. 我国《保险法》规范社会保险行为
C. 我国《保险法》既规范财产保险，也规范人身保险
D. 保险是一种合同法律关系

2. 因第三者对保险标的损害而造成保险事故的，保险人自向被保险人赔偿保险金之

日起,在什么范围内代位行使被保险人对第三者的代位求偿权?( )

A. 赔偿金额　　　　　　　　　B. 保险金额
C. 保险价值　　　　　　　　　D. 实际损失

3. 投保人对下列人员中的( )不具有保险利益。

A. 朋友　　　　　　　　　　　B. 本人
C. 子女　　　　　　　　　　　D. 配偶

4. 财产保险的( )在保险事故发生时,对保险标的应当具有保险利益。

A. 保险人　　　　　　　　　　B. 投保人
C. 被保险人　　　　　　　　　D. 受益人

5. 下列选项中,为财产保险合同所特有而人身保险合同中没有的是( )。

A. 保险期间　　　　　　　　　B. 保险价值
C. 保险金额　　　　　　　　　D. 保险人责任免除条款

6. 下面属于保险合同关系人的是( )。

A. 保险代理人　　　　　　　　B. 被保险人
C. 保险经纪人　　　　　　　　D. 保险人

7. 保险人对保险合同中的保险责任免除条款未向投保人明确说明的,产生下列哪一后果?( )

A. 该条款不产生效力　　　　　B. 保险合同无效
C. 对该条款作不利于保险人的解释　　D. 可以减少投保人的保险费

8. 某企业购进一价值100万元人民币的机器设备,并在保险公司对该设备投保了50万元。不久即发生保险事故,致该设备毁损,经有关部门估价,实际损失达60万元。另外该厂为防止损失的扩大,还投入了5万元。保险公司应当赔偿该企业:( )。

A. 60万元　　　　　　　　　　B. 55万元
C. 35万元　　　　　　　　　　D. 50万元

9. 以保险人之责任顺序作为区分标准可将保险区分为( )。

A. 社会保险与商业保险　　　　B. 原保险与再保险
C. 单保险和复保险　　　　　　D. 保证保险和责任保险

10. 人身保险合同自合同效力中止之日起满( )未达成协议,保险人有权解除合同。

A. 60天　　　　　　　　　　　B. 半年
C. 1年　　　　　　　　　　　　D. 2年

11. 被保险人因第三者的行为而发生伤残的情况:( )。

A. 保险公司可以免责
B. 保险公司可以在保险合同约定的基础上减少赔款金额
C. 保险公司赔付保险金后,取得向第三者追偿的权利
D. 保险公司赔付保险金后,不得享有向第三者追偿的权利

12. 保险的投保人必须( )。

A. 是自然人　　　　　　　　　B. 对保险标的具有保险利益

C. 以自己为受益人签订保险合同　　D. 以自己为被保险人签订保险合同

13. 除《保险法》另有规定或保险合同另有约定外，保险合同成立后（　　）可以解除保险合同。

A. 保险人　　　　　　　　　　　B. 投保人
C. 受益人　　　　　　　　　　　D. 被保险人

14. 保险事故发生后，被保险人为减少保险标的损失而支付的合理费用，应由（　　）负担。

A. 被保险人　　　　　　　　　　B. 投保人
C. 保险人　　　　　　　　　　　D. 保险人和被保险人协议确定

15. 基于投保人的利益为投保人与保险人订立保险合同提供中介服务，并依法收取佣金的人被称为（　　）。

A. 保险代理人　　　　　　　　　B. 投保中介人
C. 保险经纪人　　　　　　　　　D. 投保经纪人

16. 根据《保险法》规定，人身保险投保人对下列哪一类人员具有保险利益？（　　）

A. 与投保人关系密切的邻居
B. 与投保人已经离婚但仍一起生活的前妻
C. 与投保人有劳动关系的劳动者
D. 与投保人合伙经营的合伙人

17. 下列属于保险单的简化形式，且与保险单具有同等效力的是（　　）。

A. 要保书　　　　　　　　　　　B. 投保书
C. 保险凭证　　　　　　　　　　D. 暂保单

18. 根据我国《保险法》的规定，不应当由保险人承担的费用有（　　）。

A. 保险事故发生后，被保险人为防止或者减少保险标的损失所支付的施救费用
B. 保险事故发生后，被保险人为确定事故性质进行勘查、鉴定所支出的费用
C. 被保险人为避免保险事故的发生，而采取的管理、维修等措施所支出的费用
D. 责任保险的被保险人因给第三者造成损害的保险事故而被提起诉讼或仲裁所支的诉讼费或仲裁费用

19. 下列选项中，不属于危险增加的情形的是（　　）。

A. 保险标的用途的增加而致标的遭受损失的机会增多
B. 人身保险合同订立后被保险人从事高度危险行业而可能受伤的机会增多
C. 保险标的用途的变更而致标的遭受损失的机会增多
D. 订立保险合同时双方当事人已经估计到的危险出现了"险情"

20. 对保险人提供的格式条款，保险人与投保人对合同条款理解有争议时，人民法院或仲裁机构首先应作何种解释？（　　）

A. 应作有利于保险人的解释
B. 应作有利于投保人的解释
C. 应作有利于被保险人、受益人的解释
D. 应按通常理解予以解释

正确答案：1. B 2. A 3. A 4. C 5. B 6. B 7. A 8. C 9. B 10. D 11. D 12. B 13. B 14. C 15. C 16. C 17. C 18. C 19. D 20. D

【任务简析】

亿心公司应当向平安保险公司支付赔偿款。提供有偿网约代驾服务的主体并不具有车损险被保险人地位，代驾过程中发生事故造成车损，代驾司机负有责任的，保险人向被保险人赔偿后，有权在赔偿金额范围内行使代位求偿权。代驾人作为第三人在提供有偿服务的过程中造成投保车辆受损并负全责，对被保险人的财产构成侵权，被保险人有权请求赔偿，保险公司亦可代位行使求偿权。

工作项目六　公司终止

工作任务 17　公司合并、分立、解散、清算

【学习目标】

探究知识：公司合并及分立的程序、合并及分立的法律后果；注册资本增加的目的和意义，公司减资的原因；公司解散的事由，清算组的职权和职责，公司清算程序与公司注销。

获取能力：知道公司合并与分立的方式，明确公司合并或分立的操作步骤及其法律意义，熟悉公司增资减资的方式，掌握依法解散公司、组成清算组实施清算的规则。

【导入任务】

某饮料有限公司成立后经营一直不景气，已欠 A 公司货款 20 万元未还。经股东会决议，决定把饮料公司唯一盈利的保健品车间分出去，另成立一家保健品公司。1 年后，保健品公司因违法经营被吊销营业执照，此时欠 B 公司货款达 10 万元，欠 C 公司货款达 5 万元。保健品公司虽然成立了清算组但故意拖延清算。问：

1. 饮料公司设立保健品公司的行为在公司法上属于什么性质的行为？A 公司如起诉追讨饮料公司所欠的 20 万元货款，应以谁为被告？为什么？

2. B 公司除采取起诉或仲裁的方式追讨保健品公司的欠债外，还可以采取什么法律手段以实现自己的债权？

3. 如果 C 公司起诉保健品公司，保健品公司法定代表人可以代表公司应诉吗？

【法律快递】

《中华人民共和国公司法》，最近的一次修订是 2023 年 12 月 29 日第十四届全国人民代表大会常务委员会第七次会议通过的，自 2024 年 7 月 1 日起施行。

一、公司合并、分立

公司合并或公司分立，是由资本追逐利润的本性所驱动的，是股东追求更多回报的选择。

（一）公司合并

1. 公司合并的方式

公司合并就是二个或二个以上公司合为一个公司。

公司合并可以采取吸收合并或者新设合并两种方式。一个公司吸收其他公司为吸收合并，被吸收的公司解散。两个以上公司合并设立一个新的公司为新设合并，合并各方解散。例如，波音公司和麦道公司合并，这起合并事件使世界航空制造业由原来波音、麦道和空中客车三家共同垄断的局面，变为波音和空中客车两家之间进行超级竞争。

2. 合并程序

无论采用何种方式合并，都必须按照下列程序进行：

（1）协议与决议。

公司合并，应当由合并各方签订合并协议，并编制资产负债表及财产清单。并且经股东（大）会对合并协议进行表决，作出批准公司合并的决议。

股东会会议作出公司合并、分立的决议，必须经代表三分之二以上表决权的股东通过。

股东大会作出公司合并、分立的决议，必须经出席会议的股东所持表决权的三分之二以上通过。

（2）通知与公告。

公司应当自作出合并决议之日起十日内通知债权人，并于三十日内在报纸上或者国家企业信用信息公示系统公告。

（3）清偿或者担保。

债权人自接到通知书之日起三十日内，未接到通知书的自公告之日起四十五日内，可以要求公司清偿债务或者提供相应的担保。

（4）登记事项发生变更的，应当向公司登记机关办理变更登记。

吸收合并的，被吸收公司申请注销登记，存续公司申请变更登记；新设合并的，新设的公司申请设立登记，合并各方申请注销登记。

3. 合并的法律效果

公司合并时，合并各方的债权、债务，应当由合并后存续的公司或者新设的公司承继。

4. 公司简易合并

公司与其持股百分之九十以上的公司合并，被合并的公司不需经股东会决议，但应当通知其他股东，其他股东有权请求公司按照合理的价格收购其股权或者股份。

公司合并支付的价款不超过本公司净资产百分之十的，可以不经股东会决议；但是，公司章程另有规定的除外。

公司依照规定合并不经股东会决议的，应当经董事会决议。

（二）公司分立

公司分立并非企业经营失败的标志，作为一项合理的战略选择，公司分立已成为资本运营的主要手段。例如，2010年2月26日，东北高速股份有限公司分立为黑龙江交通发展股份有限公司和吉林高速公路股份有限公司。分立后的东北高速终止上市、依法解散并注销法人资格。

1. 公司分立的方式

公司分立是指一个公司分设为二个或二个以上公司的法律行为。

公司分立可分为派生分立和新设分立二种形式。

所谓派生分立是指公司将一部分资产分出去另设一个或若干个新的公司，原公司存续。另设的新公司应办理设立登记，存续的原公司办理变更登记。所谓新设分立是指公司将全部资产分别划归二个或二个以上的新公司，原公司解散。原公司办理注销登记，新设公司办理设立登记。

2. 公司分立的程序

公司分立，其财产作相应的分割。

公司分立，应当编制资产负债表及财产清单。

公司应当自作出分立决议之日起十日内通知债权人，并于三十日内在报纸上或者国家企业信用信息公示系统公告。

3. 公司分立与债务承担

公司分立前的债务由分立后的公司承担连带责任。但是，公司在分立前与债权人就债务清偿达成的书面协议另有约定的除外。

二、公司解散、清算

（一）公司解散、清算的含义

公司解散，指已成立的公司基于一定的合法事由而丧失营业能力。

公司清算是指除合并、分立和破产外，解散的公司依照《公司法》的规定清理债权债务，分配剩余财产，了结公司的法律关系，从而使公司归于消灭的过程。

（二）公司解散的事由和法律效果

1. 解散的事由

（1）公司章程规定的营业期限届满或者公司章程规定的其他解散事由出现；

（2）股东会决议解散；

（3）因公司合并或者分立需要解散；

（4）依法被吊销营业执照、责令关闭或者被撤销；

(5) 股东请求人民法院解散公司。

公司章程规定的营业期限届满或者公司章程规定的其他解散事由出现时，公司也可以通过修改公司章程而存续。为使公司存续而修改公司章程，有限责任公司须经持有三分之二以上表决权的股东通过，股份有限公司须经出席股东会会议的股东所持表决权的三分之二以上通过。

2. 公司解散的法律效果

(1) 除合并、分立和破产外，解散的公司应当依照《公司法》的规定进行清算。

(2) 清算期间，公司存续，但不得开展与清算无关的经营活动。

(3) 公司依法清算结束并办理注销登记前，有关公司的民事诉讼，应当以公司的名义进行。公司成立清算组的，由清算组负责人代表公司参加诉讼；尚未成立清算组的，由原法定代表人代表公司参加诉讼。

【案例解读1】

[案情概述] 2007年6月28日，上海存亮贸易有限公司（简称存亮公司）与常州拓恒机械设备有限公司（简称拓恒公司）建立钢材买卖合同关系。存亮公司履行了供货义务，拓恒公司已付货款5 699 778元，尚欠货款1 395 228.6元。另，房恒福、蒋志东和王卫明为拓恒公司的股东，所占股份分别为40%、30%、30%。拓恒公司因未进行年检，2008年12月25日被工商部门吊销营业执照，股东未组织清算。拓恒公司已无办公经营地，账册及财产均下落不明。拓恒公司在其他案件中因无财产可供执行被中止执行。原告存亮公司请求法院判令拓恒公司偿还货款1 395 228.6元及违约金，房恒福、蒋志东和王卫明对拓恒公司的债务承担连带清偿责任。

[处理结果] 上海市松江区人民法院于2009年12月8日作出（2009）松民二（商）初字第1052号民事判决：一、拓恒公司偿付存亮公司货款1 395 228.6元及相应的违约金；二、房恒福、蒋志东和王卫明对拓恒公司的上述债务承担连带清偿责任。宣判后，蒋志东、王卫明提出上诉。上海市第一中级人民法院于2010年9月1日作出（2010）沪一中民四（商）终字第1302号民事判决：驳回上诉，维持原判。

[解读意见] 拓恒公司作为有限责任公司，其全体股东在法律上应一体成为公司的清算义务人。因房恒福、蒋志东和王卫明怠于履行清算义务，导致拓恒公司的主要财产、账册等均已灭失，无法进行清算，所以应当对拓恒公司的债务承担连带清偿责任。

（案例来源：中国法院网最高人民法院第三批指导案例9号）

（三）公司清算的程序

1. 成立清算组

除因公司合并或者分立需要解散外，公司应当在解散事由出现之日起十五日内成立清算组，开始清算。

清算组由董事组成，但是公司章程另有规定或者股东会决议另选他人的除外。

清算义务人未及时履行清算义务，给公司或者债权人造成损失的，应当承担赔偿责任。

逾期不成立清算组进行清算或者成立清算组后不清算的，债权人可以向人民法院申请指定清算组进行清算。

作出吊销营业执照、责令关闭或者撤销决定的部门或者公司登记机关，可以申请人民法院指定有关人员组成清算组进行清算。

2．通知与申报债权

清算组应当自成立之日起十日内通知债权人，并于六十日内在报纸上或者国家企业信用信息公示系统公告。债权人应当自接到通知书之日起三十日内，未接到通知书的自公告之日起四十五日内，向清算组申报其债权。债权人申报债权，应当说明债权的有关事项，并提供证明材料。清算组应当对债权进行登记。在申报债权期间，清算组不得对债权人进行清偿。

3．制订清算方案

（1）公司自行清算的，清算组在清理公司财产、编制资产负债表和财产清单后，发现公司财产不足清偿债务的，应当依法向人民法院申请宣告破产。公司经人民法院裁定宣告破产后，清算组应当将清算事务移交给人民法院。

（2）人民法院指定的清算组在清理公司财产、编制资产负债表和财产清单时，发现公司财产不足清偿债务的，可以与债权人协商制作有关债务清偿方案。债务清偿方案经全体债权人确认且不损害其他利害关系人利益的，人民法院可依清算组的申请裁定予以认可。清算组依据该清偿方案清偿债务后，应当向人民法院申请裁定终结清算程序。债权人对债务清偿方案不予确认或者人民法院不予认可的，清算组应当依法向人民法院申请宣告破产。公司被依法宣告破产的，依照有关企业破产的法律实施破产清算。

（3）公司解散时，股东尚未缴纳的出资均应作为清算财产。

（4）公司财产不足以清偿债务时，债权人可请求主张未缴出资股东，以及公司设立时的其他股东或者发起人在未缴出资范围内对公司债务承担连带清偿责任。

（5）公司自行清算的，清算方案应当报股东会决议确认；人民法院组织清算的，清算方案应当报人民法院确认。未经确认的清算方案，清算组不得执行。

4．按照顺序清偿

公司财产在分别支付清算费用、职工的工资、社会保险费用和法定补偿金，缴纳所欠税款，清偿公司债务后的剩余财产，有限责任公司按照股东的出资比例分配，股份有限公司按照股东持有的股份比例分配。

5．申请注销公司登记

公司清算结束后，清算组应当制作清算报告，报股东会或者人民法院确认，并报送公司登记机关，申请注销公司登记。

6．简易注销

公司在存续期间未产生债务，或者已清偿全部债务的，经全体股东承诺，可以按照规定通过简易程序注销公司登记。通过简易程序注销公司登记，应当通过国家企业信用信息公示系统予以公告，公告期限不少于二十日。公告期限届满后，未有异议的，公司可以在二十日内向公司登记机关申请注销公司登记。公司通过简易程序注销公司登记，股东对规定的内容承诺不实的,应当对注销登记前的债务承担连带责任。

7. 强制注销

公司被吊销营业执照、责令关闭或者被撤销,满三年未向公司登记机关申请注销公司登记的,公司登记机关可以通过国家企业信用信息公示系统予以公告,公告期限不少于六十日。公告期限届满后,未有异议的,公司登记机关可以注销公司登记。

【案例解读2】

[案情概述]2020年4月,老王注册了星光文化传媒有限公司(以下简称星光公司),老王招募了一批工作人员负责研发和运营,小李也是其中一员。5月,老王找到小李,表示自己因个人债务问题上了法院的失信黑名单,为了公司能顺利发展,希望能由小李担任星光公司的法定代表人,为此还将赠送小李0.5%的股份。小李没有多考虑,便一口答应。几个月后,老王就因涉嫌合同诈骗被市公安局刑事拘留,公司也因资金断链停止经营。公司职工在任职期间没有拿到过工资,公司名下也没有财产,大家不得不向宁海法院申请公司破产。2021年5月,宁海法院受理了星光公司的破产清算申请。进入破产程序后,管理人发现该公司的工商登记信息显示注册资本高达1.8亿,其中老王认缴出资额为1.7亿余元,占注册资本的99%,小李和另一名股东小赵各认缴出资额90万元,应当在2040年12月31日前足额缴纳,这三名股东并未履行出资义务。2021年9月,管理人代表公司向三股东提起追收未缴出资诉讼。

[处理结果]2021年10月,宁海法院判决三个股东补缴出资款。

[解读意见]人民法院在受理破产清算后,债务人的出资人尚未完全履行出资义务的,管理人应当要求该出资人缴纳所认缴的出资,而不受出资期限的限制。法院已受理原告星光公司的破产清算申请,尚未实际缴纳的注册资本金1.8亿元不再按照认缴期限缴纳,应立即缴足。本案中,小李虽可抗辩自己并非公司实际负责人和实际股东,但其作为公司章程确定并登记备案的股东,无法逃脱履行出资的义务,如果他和老王之间有代持股的协议,他可以在对公司履行完出资义务后向老王追偿。

(案例来源:中国法院网)

(四)清算组的职权和职责

1. 清算组的职权

清理公司财产,分别编制资产负债表和财产清单;通知、公告债权人;处理与清算有关的公司未了结的业务;清缴所欠税款以及清算过程中产生的税款;清理债权、债务;分配公司清偿债务后的剩余财产;代表公司参与民事诉讼活动。

2. 清算组成员的职责

清算组成员履行清算职责,负有忠实义务和勤勉义务。清算组成员怠于履行清算职责,给公司造成损失的,应当承担赔偿责任;因故意或者重大过失给债权人造成损失的,应当承担赔偿责任。

《最高人民法院关于适用〈中华人民共和国公司法〉若干问题的规定(二)》第二十

条规定："公司解散应当在依法清算完毕后，申请办理注销登记。公司未经清算即办理注销登记，导致公司无法进行清算，债权人主张有限责任公司的股东、股份有限公司的董事和控股股东，以及公司的实际控制人对公司债务承担清偿责任的，人民法院应依法予以支持。"

【案例解读3】

[案情概述] 被告黄某、乔某系重庆某人力资源管理有限公司股东，原告曾某曾系该公司员工。2013年6月，曾某下班途中发生交通事故，被认定为工伤，且经鉴定，曾某为伤残九级，无护理依赖。2014年6月，曾某以重庆某人力资源管理有限公司为被告，向法院提起工伤保险待遇纠纷诉讼。经一审、二审，最终法院判决重庆某人力资源管理有限公司支付曾某一次性伤残补助金、一次性工伤医疗补助金、一次性伤残就业补助金等共计9万余元。2016年12月，该公司登报称其股东研究决定公司注销，要求债权人在登报之日起45日内，到公司办理债务清偿手续。2017年7月，该公司的两位股东，同时作为清算组成员，在明知公司对曾某负有债务的情况下，以虚假清算报告谎称公司对外负债0元，骗取登记机关办理了公司注销登记。

[处理结果] 重庆市渝北区人民法院审结一起股东以虚假清算报告骗取登记机关办理公司注销登记的清算责任纠纷案件，判决二被告赔偿原告损失9万余元。

[解读意见] 重庆某人力资源管理有限公司的清算组成员即公司股东黄某、乔某在公司清算过程中，明知公司对曾某负有债务，却未在清算组成立之日起十日内，通知曾某申报债权，以虚假的清算报告骗取登记机关注销公司登记，给公司债权人曾某造成损失，应当承担赔偿责任。

（案例来源：中国法院网）

【课堂讨论】

[材料] 甲有限公司由于市场情况发生重大变化，经股东会决议解散公司。公司全体股东组成清算组。清算组成立后向公司债权人依法发出了通知并在报纸上进行了公告。乙公司为甲公司的业务伙伴，2年来两公司多次发生贸易往来，此次甲公司决定解散并开始清算时，乙公司尚拥有对于甲公司的生铁货款计55万元的债权，不过根据合同约定属分期付款，该项款项7个月以后才能到期。另一方面，甲公司与乙公司之间又有一份供货合同尚未履行完毕。根据该项合同，甲公司负责供应乙公司机械产品20套，有12套已经履行完毕，钱货两清。还有8套已到履行期限，计价款26万元。乙公司在按甲公司的通知期限之内向甲申报了债权，同时要求剩下的8套机械不再发货，主张解除供货合同未履行的这一部分，理由是既然甲公司已经解散，在法律上即丧失了履约的主体资格。对于与乙公司的债权债务，根据清算组成员多数人意见，清算组决定8套机械产品继续发货，未到期生铁款不列入破产债权中清偿。5个月后，甲公司清算终结，办理了公司注销登记，法人终止。乙公司虽然接受了甲公司所发8套机械产品，但仍有29万元债权无法得到清偿，于是要求甲公司股东赔偿损失。

[问题] 1. 甲公司的解散事由是否合法？2. 甲公司清算组对乙公司债权债务的处理是否妥当？3. 乙公司的损失如何处理？

【讨论提示】

1. 依据《公司法》，公司可以根据股东会决议解散。

2. 依据《公司法》，清算组在清算期间行使的职权之一是处理与清算有关的公司未了结的业务，所以甲、乙公司之间的机械供货合同必须履行。另外，甲公司所欠乙公司债务也应当予以清偿，包括未到期债务。

3. 乙公司有权要求甲公司的股东（清算组成员）赔偿损失。

【能力测试】

1. 甲、乙、丙三人共同设立云山有限责任公司，出资比例分别为70%、26%、4%。自2017年开始，公司的生产经营状况严重恶化，股东之间互不配合，不能作出任何有效决议，甲提议通过股权转让摆脱困境被其他股东拒绝。下列哪一选项是正确的？（　　）

A. 只有控股股东甲可以向法院请求解散公司

B. 甲或乙可以向法院请求解散公司

C. 甲、乙、丙中任何一人都可向法院请求解散公司

D. 不应解散公司，而应通过收购股权等方式解决问题

2. 甲公司因经营难以为继，决定处置资产后歇业。乙公司得知后经与甲公司协商，以承担甲公司的银行债务和安置甲公司职工为条件，取得了甲公司的全部资产。甲公司未经清算即注销，但甲公司的债权人周某尚有30万元未获清偿。关于该笔债务的承担，下列哪一选项是正确的？（　　）

A. 乙公司合并了甲公司，该债务应由乙公司承担

B. 甲公司未经清算即注销，该债务应由甲公司股东承担

C. 公司登记机关允许甲公司不经清算注销，应对周某承担赔偿责任

D. 该债务应由甲公司股东和乙公司承担连带责任

3. 某有限责任公司违反法律、行政法规被依法责令关闭。下列关于公司清算组的说法，哪一项是正确的？（　　）

A. 直接由人民法院指定有关人员组成清算组，进行清算

B. 该公司应当在解散事由出现之日起十日内成立清算组，开始清算

C. 公司清算组人选由监事会确定

D. 公司的清算组成员由董事组成

4. A公司于2018年6月注册成立。2020年10月A公司分立为B公司和C公司，分立前与债权人就债务清偿达成的书面协议约定各承担50%债务。2021年3月C公司与D公司合并为E公司。如果2021年5月A公司和D公司的债权人要求清偿债务，下列说法正确的有（　　）。

A. A公司的债务由B公司和C公司承担

B. A公司的债务由B公司和E公司承担

C. D公司的债务由D公司承担

D. D公司的债务由E公司承担

5. 某有限公司因营业期限届满解散，依法成立了清算组，该清算组在清算过程中实施的下列哪些行为是合法的？（　　）

A. 为使公司股东分配到更多的剩余财产，将公司的库房出租给甲公司收取租金

B. 为减少债务利息，在债权申报期间清偿了可以确定的乙公司债务

C. 与丙公司协商解除双方之间的供货合同并对其作出相应赔偿

D. 代表公司参加了一项仲裁活动并与对方当事人达成和解协议

6. 某有限责任公司因章程规定营业期限届满而解散，成立了清算组。清算组在清算期间实施的下列行为哪些是错误的？（　　）

A. 为抵偿甲公司债务而承揽了甲公司的一项工程

B. 以清算组为原告起诉一债务人

C. 留足偿债资金后将公司财产按比例分配给各股东

D. 从公司财产中优先支付清算费用

7. 关于重要的国有独资公司的下列事项中，应当由国有资产监督管理机构审核后报本级人民政府批准的有（　　）。

A. 增减注册资本

B. 公司合并、分立

C. 发行公司债券

D. 公司解散或申请破产

8. 公司因解散成立清算组，清算组在清算期间行使下列（　　）职权。

A. 优先清偿债权人

B. 清理公司财产

C. 通知公告债权人

D. 清理债权债务

9. 某有限责任公司股东会决定解散该公司，该公司下列行为不符合法律规定的有（　　）。

A. 股东会决定股东甲、股东乙和股东丙组成清算组

B. 清算组成立15日后，将公司解散一事通知了全体债权人

C. 在清理公司财产过程中，清算组发现公司财产仅够清偿80%的债务，遂通知债权人不再清偿

D. 清算组经职代会同意，决定清偿债务前将公司办公家具分给股东丁

10. 甲公司为有限责任公司，根据公司法律制度的规定，下列各项中，属于甲公司解散事由的有（　　）。

A. 甲公司因分立需要解散

B. 甲公司被责令关闭

C. 经代表2/3以上表决权的股东同意，甲公司股东会通过了解散公司的决议
D. 甲公司被依法吊销营业执照

正确答案：1. B 2. A 3. D 4. BD 5. CD 6. AC 7. BD 8. BCD 9. BCD 10. ABCD

【任务简析】

1. 饮料公司设立保健品公司的行为属公司分立。A公司可以饮料公司和保健品公司为共同被告，也可以饮料公司或保健品公司为被告，饮料公司和A公司就债务清偿达成书面协议另有约定的除外。

2. B公司除采取起诉或仲裁的方式追讨保健品公司的欠债外，还可以申请人民法院指定清算组进行清算。

3. 如果C公司起诉保健品公司，保健品公司法定代表人无权代表公司应诉，只能由清算组代表公司参与民事诉讼活动。

工作任务 18　破产

【学习目标】

探究知识：企业破产的条件、破产申请的提出和受理、债务人财产、管理人、破产费用、共益债务、债权人会议、重整与和解、破产宣告和破产清算的具体规定。

获取能力：掌握企业破产的条件和程序；能够解决企业破产事务中出现的一般法律问题。

【导入任务】

甲股份有限公司因经营管理不善，无力偿还到期债务，该公司的债权人A公司于2021年5月17日向甲公司所在地法院提出破产申请。法院于5月20日通知甲公司，甲公司认为《企业破产法》不适用于股份有限公司，提出异议。法院于5月24日裁定受理该破产申请，同时指定B律师事务所作为管理人。管理人对甲公司的财产和债务情况整理如下：

（1）甲公司全部资产价值为5200万元，其中包括：①用于对工商银行800万元贷款提供抵押担保的办公楼价值740万元；②用于对所欠A公司货款700万元抵押担保的厂房价值550万元；③一套加工设备价值90万元；④丙公司欠付的劳务费15万元。

（2）甲公司全部债务共15 800万元，其中包括：所欠工商银行贷款800万元；欠A公司货款700万元；欠发职工工资和社会保险费用470万元；欠交税款220万元；欠丙公司货款15万元；管理人于8月3日解除甲公司与丁公司的合同，给丁公司造成损失230万元。

（3）乙公司提出，以上资产中价值90万元的设备是乙公司出租给甲公司的，所有权属于乙公司，并提供了租赁合同。

（4）丙公司提出以货款抵销欠付甲公司的劳务费。经管理人查明，此前丙公司欠甲公司15万元的劳务费一直没有支付。同年4月30日丙公司知道甲公司有大笔到期债务无力清偿后，遂向甲公司转让15万元货物。

（5）除上述债务外，还发生诉讼费80万元、管理人员报酬60万元、注册会计师清算费用50万元、评估费20万元、为债务人继续营业而应支付的职工工资28万元。法院受理破产申请后，戊公司有充分证据证明甲公司对戊公司不当得利22万元，要求返还给戊公司。

（6）甲公司注册资本为1000万元，但到破产申请受理日，甲公司的某股东尚差200万元的出资未缴足，该股东有补足股本的能力。

要求根据企业破产法律制度的规定，分析回答下列问题：

1. 甲公司的破产申请人、甲公司提出异议的理由、管理人的产生是否合法？
2. 甲公司破产前租用乙公司的设备，是否属于破产财产？应如何处理？
3. 丙公司提出以货款抵销欠付劳务费的要求是否合法？
4. 甲公司的股东未缴足的出资应如何处理？
5. 哪些属于破产费用？哪些属于共益债务？如何清偿？
6. 说明本案的破产清偿顺序。
7. 丁公司可以获得的清偿金额为多少？

【法律快递】

《中华人民共和国企业破产法》：2006年8月27日第十届全国人民代表大会常务委员会第二十三次会议通过，自2007年6月1日起施行。最高人民法院于2011年、2013年和2019年分别发布了三件关于适用《企业破产法》若干问题的规定（一）、（二）、（三）的司法解释。2021年1月1日，最高人民法院修正了规定（二）和规定（三）。

一、破产概述

（一）破产的概念与特征

破产是指债务人不能以其全部财产清偿到期债务，又未能与债权人达成减免或迟延偿还债务的协议，经法院审理，强制执行其全部财产，使债权公平受偿，其余无力偿还的则予免除的法律制度。

破产具有以下的法律特征：①破产是一种特殊的偿债程序；②破产必须以债务人不能清偿到期债务为特定条件；③破产的核心是保证公平清偿债权；④破产是一种强制执行程序。

（二）破产原因

破产原因，也称破产界限，是企业破产的法定事由，是当事人申请破产和人民法院宣告破产的基本条件。债务人不能清偿到期债务并且具有下列情形之一的，人民法院应当认定其具备破产原因。

1. 资产不足以清偿全部债务

债务人的资产负债表，或者审计报告、资产评估报告等显示其全部资产不足以偿付全部负债的，应当认定债务人资产不足以清偿全部债务，但有相反证据足以证明债务人资产能够偿付全部负债的除外。

2. 明显缺乏清偿能力

债务人账面资产虽大于负债，但存在下列情形之一的，应当认定其明显缺乏清偿能力：①因资金严重不足或者财产不能变现等原因，无法清偿债务；②法定代表人下落不明且无其他人员负责管理财产，无法清偿债务；③经人民法院强制执行，无法清偿债务；④长期亏损且经营扭亏困难，无法清偿债务；⑤导致债务人丧失清偿能力的其他情形。

相关当事人不得以对债务人的债务负有连带责任的人未丧失清偿能力为由，主张债务人不具备破产原因。

二、破产申请

破产申请是破产申请人请求法院受理破产案件的意思表示。破产案件由债务人住所地人民法院管辖。

（一）破产申请的提出

1. 债务人申请

《企业破产法》第七条第一款规定，债务人有本法规定的破产原因的，可以向人民法院提出重整、和解或者破产清算申请。债务人申请时，应当提交破产申请书和有关证据，还应当向人民法院提交财产状况说明、债务清册、债权清册、有关财务会计报告、职工安置预案以及职工工资的支付和社会保险费用的缴纳情况。

2. 债权人申请

《企业破产法》第七条第二款规定，债务人不能清偿到期债务，债权人可以向人民法院提出对债务人进行重整或者破产清算的申请。在这里，法律对债权人申请的实质条件只规定了"债务人不能清偿到期债务"。

3. 对债务人负有清算责任的人申请

《企业破产法》第七条第三款规定，企业法人已解散但未清算或者未清算完毕，资产不足以清偿债务的，依法负有清算责任的人应当向人民法院申请破产清算。所谓"依法负有清算责任的人"，依照相关的法律确定。例如，根据《公司法》第一百八十三条的规定，有限责任公司的股东、股份有限公司的董事或者股东大会确定的人员以及特定情形下人民法院指定有关人员组成的清算组；根据《合伙企业法》第八十六条的规定，全体合伙人、经全体合伙人过半数同意指定的一个或者数个合伙人以及特定情形下人民法院指定的清算人。

（二）破产申请的撤回

人民法院受理破产申请前，申请人可以请求撤回申请。在人民法院受理破产案件后，申请人请求撤回破产申请的,应予驳回。

人民法院对于申请人提出的撤回申请的请求,有权审查其处分权利的正当性,即考虑其撤回行为是否存在恶意的权利滥用,是否有害于其他当事人的合法权益等,并最终以裁定的形式决定是否准许其撤回申请。

三、破产案件的受理

(一) 受理的程序

1. 裁定是否受理

债权人提出破产申请的,人民法院应当自收到申请之日起五日内通知债务人。债务人对申请有异议的,应当自收到人民法院的通知之日起七日内向人民法院提出。人民法院应当自异议期满之日起十日内裁定是否受理。债权人以外的人提出破产申请的,法院应当自收到破产申请之日起十五日内裁定是否受理。有特殊情况需要延长裁定受理期限的,经上一级人民法院批准,可以延长十五日。

人民法院受理破产申请的,应当自裁定作出之日起五日内送达申请人。债权人提出申请的,人民法院应当自裁定作出之日起五日内送达债务人。债务人应当自裁定送达之日起十五日内,向人民法院提交财产状况说明、债务清册、债权清册、有关财务会计报告以及职工工资的支付和社会保险费用的缴纳情况。

人民法院裁定不受理破产申请的,应当自裁定作出之日起五日内送达申请人并说明理由。申请人对裁定不服的,可以自裁定送达之日起十日内向上一级人民法院提起上诉。

2. 通知债权人,并予以公告

人民法院应当自裁定受理破产申请之日起二十五日内通知已知债权人,并予以公告。通知和公告应当载明下列事项:申请人、被申请人的名称或者姓名;人民法院受理破产申请的时间;申报债权的期限、地点和注意事项;管理人的名称或者姓名及其处理事务的地址;债务人的债务人或者财产持有人应当向管理人清偿债务或者交付财产的要求;第一次债权人会议召开的时间和地点;人民法院认为应当通知和公告的其他事项。

3. 裁定驳回申请

人民法院受理破产申请后至破产宣告前,经审查发现债务人不符合破产情形的,可以裁定驳回申请。申请人对裁定不服的,可以自裁定送达之日起十日内向上一级人民法院提起上诉。

(二) 破产案件受理后的法律效果

1. 债务人有关人员的义务

"有关人员"包括两类人员:①由法律直接规定的人员,即企业的法定代表人;②由人民法院确定的人员,其范围包括企业的财务管理人员和其他经营管理人员,如企业的董事、监事、经理、财务总监等人员。

人民法院受理破产申请就意味着破产程序的开始,为了保证破产程序有序、高效地进行，债务人的有关人员在破产程序中应承担以下三方面的义务：

（1）合作与协助义务。债务人的有关人员应当妥善保管其占有和管理的财产、印章和账簿、文书等资料，应当根据人民法院、管理人的要求进行工作。

（2）信息提供义务。债务人企业的有关人员在企业破产法上负有对两种特别对象的信息披露义务。首先是对人民法院和管理人的信息披露义务，即如实回答人民法院和管理人的询问的义务。其次是对债权人的信息披露义务，包括列席债权人会议并如实回答债权人的询问的义务。

（3）附属义务。债务人的有关人员还负有与履行上述义务相联系的两种附属义务：①不擅离义务，即未经人民法院许可不得离开住所地；②不新任义务，即在破产程序进行期间不得新任企业的董事、监事、高级管理人员。

2. 向管理人清偿债务或交付财产

根据《企业破产法》的规定，人民法院裁定受理破产申请的，应当同时指定管理人。为了保证对债务人的各种给付能够顺利加入受保全的债务人财产，人民法院受理破产申请后，债务人的债务人或者财产持有人应当向管理人清偿债务或者交付财产。

债务人的债务人或者财产持有人故意违反规定向债务人清偿债务或者交付财产，使债权人受到损失的，不免除其清偿债务或者交付财产的义务。在这种情况下，给付义务人在向管理人履行义务后，有权向实际受领人追偿；追偿不能的风险由其自行承担。但是，管理人也可以适用不当得利的法理，请求实际受领人返还其受领的财产，从而使给付义务人的义务归于消灭。

3. 个别清偿无效

《企业破产法》第十六条规定："人民法院受理破产申请后，债务人对个别债权人的债务清偿无效。"

这里所称的个别清偿应具备以下要件：①是债务人实施的清偿；②是债务人对实际存在的债务实施的清偿；③是债务人在破产申请受理后实施的清偿。

因此，以下情形不构成该条所称的个别清偿：①债务人的担保人或者其他连带债务人实施的清偿（此为合法清偿）；②债务人对虚假债务实施的清偿（此为《企业破产法》第三十三条禁止的行为，依照第三十四条和第一百二十八条处理）；③债务人在破产申请受理前实施的清偿（此为《企业破产法》第三十二条禁止的行为，依照第三十四条和第一百二十八条处理）。

《企业破产法》第十六条规定的个别清偿无效，不同于第三十二条规定的破产申请受理以前六个月内的个别清偿。后者属于可撤销的行为，而且只有管理人才可以请求撤销。

4. 待履行合同的处理

人民法院受理破产申请后，管理人对破产申请受理前成立而债务人和对方当事人均未履行完毕的合同有权决定解除或者继续履行，并通知对方当事人。管理人自破产申请受理之日起二个月内未通知对方当事人，或者自收到对方当事人催告之日起三十日内未答复的，视为解除合同。

管理人决定继续履行合同的，对方当事人应当履行；但是，对方当事人有权要求管理人提供担保。管理人不提供担保的，视为解除合同。

5. 相关程序中止

人民法院受理破产申请后，有关债务人财产的保全措施应当解除，执行程序应当中止。

人民法院受理破产申请后，已经开始而尚未终结的有关债务人的民事诉讼或者仲裁应当中止；在管理人接管债务人的财产后，该诉讼或者仲裁继续进行。人民法院受理破产申请后，有关债务人的民事诉讼，只能向受理破产申请的人民法院提起。

四、管理人

管理人，即破产管理人，是指破产宣告后依法成立的，在法院的指挥和监督之下全面接管破产企业并负责破产财产的保管、清理、估价、处理和分配，总管破产清算事务的专门机构。

（一）管理人的资格

管理人可以由有关部门、机构的人员组成的清算组或者依法设立的律师事务所、会计师事务所、破产清算事务所等社会中介机构担任。

人民法院根据债务人的实际情况，可以在征询有关社会中介机构的意见后，指定该机构具备相关专业知识并取得执业资格的人员担任管理人。个人担任管理人的，应当参加执业责任保险。

有以下情形之一的，不得担任管理人：①因故意犯罪受过刑事处罚；②曾被吊销相关专业执业证书；③与本案有利害关系；④人民法院认为不宜担任管理人的其他情形。

（二）管理人的职责

管理人的职责主要包括：接管债务人的财产、印章和账簿、文书等资料；调查债务人财产状况，制作财产状况报告；决定债务人的内部管理事务；决定债务人的日常开支和其他必要开支；在第一次债权人会议召开之前，经法院许可，决定继续或者停止债务人的营业；管理和处分债务人的财产；代表债务人参加诉讼、仲裁或者其他法律程序；提议召开债权人会议；人民法院认为管理人应当履行的其他职责。

管理人没有正当理由不得辞去职务，辞去职务应当经人民法院许可。管理人应当勤勉尽责，忠实执行职务。债权人会议认为管理人不能依法、公正执行职务或者有其他不能胜任职务情形的，可以申请人民法院予以更换。管理人经人民法院许可，可以聘用必要的工作人员。

五、债务人财产

(一) 债务人财产的范围

债务人财产是供破产债权人分配的破产企业的财产。《企业破产法》第三十条规定,破产申请受理时属于债务人的全部财产,以及破产申请受理后至破产程序终结前债务人取得的财产,为债务人财产。

下列财产不应认定为债务人财产:①债务人基于仓储、保管、承揽、代销、借用、寄存、租赁等合同或者其他法律关系占有、使用的他人财产;②债务人在所有权保留买卖中尚未取得所有权的财产;③所有权专属于国家且不得转让的财产;④其他依照法律、行政法规不属于债务人的财产。

(二) 对债务人财产的保护

《企业破产法》第三十一条至第三十三条规定了三类破产前交易,分别赋予其可撤销或者无效的法律效果。同时,第三十四条赋予管理人以追回权,以收回因这些交易而让与的财产。

1. 管理人有权请求人民法院撤销涉及债务人财产的行为

(1) 撤销损害破产债权人利益的行为。

《企业破产法》第三十一条规定,人民法院受理破产申请前一年内,涉及债务人财产的下列行为,管理人有权请求人民法院予以撤销:①无偿转让财产的;②以明显不合理的价格进行交易的;③对没有财产担保的债务提供财产担保的;④对未到期的债务提前清偿的;⑤放弃债权的。

破产申请受理前一年内债务人提前清偿的未到期债务,在破产申请受理前已经到期,管理人请求撤销该清偿行为的,人民法院不予支持。但是,该清偿行为发生在破产申请受理前六个月内且债务人有《企业破产法》第二条第一款规定情形的除外。

(2) 撤销债务人的个别清偿行为。

《企业破产法》第三十二条规定,人民法院受理破产申请前六个月内,债务人有本法第二条第一款规定的情形,仍对个别债权人进行清偿的,管理人有权请求人民法院予以撤销。但是,个别清偿使债务人财产受益的除外。

债务人对以自有财产设定担保物权的债权进行的个别清偿,管理人不得请求撤销。但是,债务清偿时担保财产的价值低于债权额的除外。

债务人经诉讼、仲裁、执行程序对债权人进行的个别清偿,管理人不得请求撤销。但是,债务人与债权人恶意串通损害其他债权人利益的除外。

债务人对债权人进行的以下个别清偿,管理人不得请求撤销:①债务人为维系基本生产需要而支付水费、电费等的;②债务人支付劳动报酬、人身损害赔偿金的;③使债务人财产受益的其他个别清偿。

2. 法定无效的行为

《企业破产法》第三十三条规定，涉及债务人财产的下列行为无效：①为逃避债务而隐匿、转移财产的；②虚构债务或者承认不真实的债务的。

3. 管理人对出资人的追缴权

人民法院受理破产申请后，债务人的出资人尚未完全履行出资义务的，管理人应当要求该出资人缴纳所认缴的出资，而不受出资期限的限制。

4. 管理人对企业管理层的特别追回权

债务人的董事、监事和高级管理人员利用职权从企业获取的非正常收入和侵占的企业财产，管理人应当追回。

债务人的董事、监事和高级管理人员利用职权获取的以下收入，应当认定为《企业破产法》规定的非正常收入：绩效奖金；普遍拖欠职工工资情况下获取的工资性收入；其他非正常收入。

5. 他人财产取回权

他人财产取回权是指管理人占有不属于破产财产的他人财产，该财产的权利人可以不经破产清算程序，而经管理人同意将其直接取回的权利，是所有人针对特定物的返还请求权。

（1）一般取回权：人民法院受理破产申请后，债务人占有的不属于债务人的财产，该财产的权利人可以通过管理人取回。

（2）特殊取回权：人民法院受理破产申请时，出卖人已将买卖标的物向作为买受人的债务人发运，债务人尚未收到且未付清全部价款的，出卖人可以取回在运途中的标的物。但是，管理人可以支付全部价款，请求出卖人交付标的物。

6. 抵销权

破产抵销权，是指破产债权人在破产宣告前对破产人负有债务的，不论债的种类和到期时间，得于清算分配前以破产债权抵销其所负债务的权利。

有下列情形之一的，不得抵销：

①债务人的债务人在破产申请受理后取得他人对债务人的债权的。

②债权人已知债务人有不能清偿到期债务或者破产申请的事实，对债务人负担债务的；但是，债权人因为法律规定或者有破产申请一年前所发生的原因而负担债务的除外。

③债务人的债务人已知债务人有不能清偿到期债务或者破产申请的事实，对债务人取得债权的；但是，债务人的债务人因为法律规定或者有破产申请一年前所发生的原因而取得债权的除外。

六、破产费用和共益债务

（一）破产费用的含义与范围

破产费用是指破产程序开始后，为破产程序的进行以及为全体债权人的共同利益而从债务人财产中优先支付的费用。

人民法院受理破产申请后发生的下列费用，为破产费用：破产案件的诉讼费用；管理、变价和分配债务人财产的费用；管理人执行职务的费用、报酬和聘用工作人员的费用。

（二）共益债务的含义与范围

共益债务是指破产程序中为全体债权人的共同利益而管理、变价和分配破产财产而负担的债务。

人民法院受理破产申请后发生的下列债务，为共益债务：①因管理人或者债务人请求对方当事人履行双方均未履行完毕的合同所产生的债务；②债务人财产受无因管理所产生的债务；③因债务人不当得利所产生的债务；④为债务人继续营业而应支付的劳动报酬和社会保险费用以及由此产生的其他债务；⑤管理人或者相关人员执行职务致人损害所产生的债务；⑥债务人财产致人损害所产生的债务。

（三）破产费用和共益债务的清偿

破产费用和共益债务由债务人财产随时清偿。债务人财产不足以清偿所有破产费用和共益债务的，先行清偿破产费用。债务人财产不足以清偿所有破产费用或者共益债务的，按照比例清偿。债务人财产不足以清偿破产费用的，管理人应当提请人民法院终结破产程序。人民法院应当自收到请求之日起十五日内裁定终结破产程序，并予以公告。

七、债权申报

（一）债权申报的期限和说明

1. 期限

人民法院受理破产申请后，应当确定债权人申报债权的期限。债权申报期限自人民法院发布受理破产申请公告之日起计算，最短不得少于三十日，最长不得超过三个月。债权人应当在人民法院确定的债权申报期限内向管理人申报债权。债权人未依照企业破产法规定申报债权的，不得参加破产程序行使权利。

2. 说明债权的数额和有无财产担保

债权人申报债权时，应当书面说明债权的数额和有无财产担保，并提供以下证据：①债权证明。即证明债权的真实性、有效性的文件，如合同、借据、法院判决等。②身份证明。债权人自己申报的应当提交合法有效的身份证明，代理申报人应当提交委托人的有效身份证明、授权委托书和债权证明。③担保证明。申报的债权有财产担保的，应当提交证明财产担保的证据。

（二）逾期申报和未申报

在人民法院确定的债权申报期限内，债权人未申报债权的，可以在破产财产最后分配前补充申报；但是，此前已进行的分配，不再对其补充分配。为审查和确认补充申报债权的费用,由补充申报人承担。

债权人未依照《企业破产法》规定申报债权的,不得依照《企业破产法》规定的程序行使权利,引起的后果是:

(1)债务人破产清算的,除非债务人有保证人或者其他连带债务人,该未申报债权成为永久履行不能。

(2)债务人重整的,该未申报债权在重整计划执行期间不得行使权利;在重整计划执行完毕后,可以按照重整计划规定的同类债权的清偿条件行使权利。

(3)债务人和解的,该未申报债权在和解协议执行期间不得行使权利;在和解协议执行完毕后,可以按照和解协议规定的清偿条件行使权利。

(三)债权申报的范围

1. 一般规定

可申报的债权必须满足以下几项要求:

(1)是以财产给付为内容的请求权。给付标的为劳务或者不作为的请求权,不能申报,但是,因它们的不履行或者不适当履行而产生的赔偿请求权,是可以申报的债权。

(2)是以债务人财产为受偿基础的请求权。此处的债务人财产是指受破产程序拘束的财产。至于请求权所指向的财产是债务人的一般财产还是特定财产,不影响申报的资格。因此,有财产担保的债权和无财产担保的债权均在申报之列。

(3)是法院受理破产申请前成立的对债务人享有的债权。至于债权的到期时间,不影响申报资格。根据《企业破产法》的规定,未到期的债权,在破产案件受理时视为已到期。

(4)是平等民事主体之间的请求权。因此,对债务人的罚款等财产性行政处罚,不得申报。在破产程序终结后,如果债务人因重整或和解而继续存续,处罚机关可以根据情况,决定是否执行原来的处罚决定。

(5)是合法有效的债权。以下债权不得申报:①存在合同法或者其他法律规定的无效原因的债权;②诉讼时效已经届满的债权;③无证据或者证据为虚假的债权、有相反证据证明为虚假的债权。

不具备上述条件的债权被申报的,管理人有权提出异议。申报人坚持申报的,管理人可以在债权表中另页记载,并载明所发现的问题,以供债权人会议作出决定。必要时,管理人可以请求人民法院裁定不予确认。

2. 特别情形

(1)职工债权。债务人所欠职工的工资和医疗、伤残补助、抚恤费用,所欠的应当划入职工个人账户的基本养老保险、基本医疗保险费用,以及法律、行政法规规定应当支付给职工的补偿金,不必申报,由管理人调查后列出清单并予以公示。职工对清单记载有异议的,可以要求管理人更正;管理人不予更正的,职工可以向人民法院提起诉讼。

(2)利息请求权。附利息的债权自破产申请受理时起停止计息。破产申请受理前的利息,随本金一同申报。

(3)待定债权。又称"或然债权",是指其效力有待确定的债权,包括附条件、附期限的债权和诉讼、仲裁未决的债权。这些债权可以申报,但必须说明其待定的状况。

(4) 连带债权。连带债权人可以由其中一人代表全体连带债权人申报债权,也可以共同申报债权。申报的债权是连带债权的,应当说明。

(5) 连带债务人的代位求偿权。债务人的保证人或者其他连带债务人已经代替债务人清偿债务的,以其对债务人的求偿权申报债权。债务人的保证人或者其他连带债务人尚未代替债务人清偿债务的,以其对债务人的将来求偿权申报债权。但是,债权人已经向管理人申报全部债权的除外。

(6) 连带债务的债权人。连带债务人数人被裁定适用《企业破产法》规定的程序的,其债权人有权就全部债权分别在各破产案件中申报债权。

(7) 待履行合同相对人的赔偿请求权。管理人或者债务人依照《企业破产法》规定解除合同的,对方当事人以因合同解除所产生的损害赔偿请求权申报债权。

(8) 善意受托人的请求权。债务人是委托合同的委托人,被裁定适用《企业破产法》规定的程序,受托人不知该事实,继续处理委托事务的,受托人以由此产生的请求权申报债权。

(9) 票据付款人的请求权。债务人是票据的出票人,被裁定适用《企业破产法》规定的程序,该票据的付款人继续付款或者承兑的,付款人以由此产生的请求权申报债权。

(四) 登记、核查

管理人收到债权申报材料后,应当登记造册,对申报的债权进行审查,并编制债权表。债权表和债权申报材料由管理人保存,供利害关系人查阅。

依照以上规定编制的债权表,应当提交第一次债权人会议核查。债务人、债权人对债权表记载的债权无异议的,由人民法院裁定确认。债务人、债权人对债权表记载的债权有异议的,可以向受理破产申请的人民法院提起诉讼。

八、债权人会议

(一) 债权人会议的组成和职权

1. 债权人会议的组成

债权人依法申报债权后,成为债权人会议的成员。凡是债权人会议的成员,都享有出席会议的权利。债权人会议应当有债务人的职工和工会的代表参加,对有关事项发表意见。

债权人会议设主席一人,由人民法院从有表决权的债权人中指定。债权人会议主席主持债权人会议。

债权人会议成员分为有表决权的债权人和无表决权的债权人两种。

(1) 有表决权的债权人。这是指有权出席债权人会议和发表意见,并有权对债权人会议决议事项投票表达个人意志的债权人。

有表决权的债权人分为两种情况:一是对所有的表决事项都有表决权的债权人;二

是对部分表决事项有表决权的债权人,这是指有财产担保而未放弃优先受偿权利的债权人,对于通过和解协议的决议和通过破产分配方案的决议,不享有表决权。

（2）无表决权的债权人。这是指有权出席债权人会议和发表意见,但无权对债权人会议决议事项投票表达个人意志的债权人。主要包括：①债权尚未确定,而人民法院未能为其行使表决权而临时确定债权额的,不得行使表决权；②债权附有停止条件,其条件尚有待成就的,或者债权附有解除条件,其解除条件已成就的,不享有表决权；③尚未代替债务人清偿债务的保证人或者其他连带债务人,不享有表决权。

2. 债权人会议的职权

根据《企业破产法》的规定,债权人会议行使下列职权：①核查债权；②申请人民法院更换管理人,审查管理人的费用和报酬；③监督管理人；④选任和更换债权人委员会成员；⑤决定继续或者停止债务人的营业；⑥通过重整计划；⑦通过和解协议；⑧通过债务人财产的管理方案；⑨通过破产财产的变价方案；⑩通过破产财产的分配方案；⑪人民法院认为应当由债权人会议行使的其他职权。

（二）债权人会议的召集与决议

1. 债权人会议的召集

第一次债权人会议由人民法院召集,自债权申报期限届满之日起十五日内召开。以后的债权人会议,在人民法院认为必要时,或者管理人、债权人委员会、占债权总额四分之一以上的债权人向债权人会议主席提议时召开。

召开债权人会议,管理人应当提前15日通知已知的债权人。

2. 债权人会议的决议

《企业破产法》第六十四条规定,债权人会议的决议,由出席会议的有表决权的债权人过半数通过,并且其所代表的债权额占无财产担保债权总额的1/2以上。但是,重整计划、和解协议的通过除外。

债权人会议的决议,对于全体债权人均有约束力。债权人会议应当对所议事项的决议作成会议记录。

债权人认为债权人会议的决议违反法律规定,损害其利益的,可以自债权人会议作出决议之日起十五日内,请求人民法院裁定撤销该决议,责令债权人会议依法重新作出决议。

对于债务人财产的管理方案或者破产财产的变价方案,债权人会议表决未通过的,由人民法院裁定。对于破产财产分配方案,债权人会议表决未通过的,应当再次表决；再次表决仍未通过的,由人民法院裁定。

【案例解读1】

[案情概述] 2021年5月14日,桂林金穗投资有限公司（简称金穗公司）破产清算案第四次债权人会议依法在桂林市中级人民法院召开。会上对管理人拟定的《桂林金穗投资有限公司破产财产变价方案》（简称《破产财产变价方案》）进行了表决。第四次债权

人会议应到债权人648人,实到267人。出席会议有表决权的人数为264人,表决同意《破产财产变价方案》的债权人人数为227人。表决同意债权人代表的债权额约为人民币1.11亿元,其所代表的债权额占无担保债权总额人民币6.93亿元的16.06%。

[处理结果] 金穗公司破产财产变价方案第四次未通过。

[解读意见] 表决结果未达到《企业破产法》第六十四条的法定决议通过条件,故《破产财产变价方案》经第四次债权人会议表决未通过。

(案例来源:全国企业破产重整案件信息网)

(三)债权人委员会

1. 债权人委员会的性质及组成

债权人会议不是一个常设机构,不能经常性地召集和作出决定。为了保证债权人充分地行使权利,债权人会议可以决定设立债权人委员会。债权人委员会由债权人会议选任的债权人代表和一名债务人的职工代表或者工会代表组成。债权人委员会成员不得超过9人。债权人委员会成员应当经人民法院书面决定认可。

2. 债权人委员会的职权

债权人委员会行使下列职权:①监督债务人财产的管理和处分;②监督破产财产分配;③提议召开债权人会议;④债权人会议委托的其他职权。

债权人委员会执行职务时,有权要求管理人、债务人的有关人员对其职权范围内的事务作出说明或者提供有关文件。

管理人、债务人的有关人员违反本法规定拒绝接受监督的,债权人委员会有权就监督事项请求人民法院作出决定;人民法院应当在五日内作出决定。

3. 对管理人的特别职权

管理人实施下列行为,应当及时报告债权人委员会:①涉及土地、房屋等不动产权益的转让;②探矿权、采矿权、知识产权等财产权的转让;③全部库存或者营业的转让;④借款;⑤设定财产担保;⑥债权和有价证券的转让;⑦履行债务人和对方当事人均未履行完毕的合同;⑧放弃权利;⑨担保物的取回;⑩对债权人利益有重大影响的其他财产处分行为。

未设立债权人委员会的,管理人实施上述规定的行为应当及时报告人民法院。

九、重整

重整是对可能或已经发生破产原因但又有希望再生的债务人,通过各方利害关系人的协商,并借助法律强制性地调整他们的利益,对债务人进行生产经营上的整顿和债权债务关系上的清理,以期摆脱财务困境,重获经营能力的特殊法律程序。

(一)重整原因及申请

1. 重整原因

根据《企业破产法》第二条第二款的规定,重整程序可适用于两种情形:

（1）债务人具备破产原因，即不能清偿到期债务并且资产不足以清偿全部债务的，或者不能清偿到期债务并且明显缺乏清偿能力的；

（2）债务人将要出现破产原因，即有明显丧失清偿能力可能的。

由于重整程序与破产清算程序的目标不同，《企业破产法》对适用重整程序的破产原因需要作扩大的规定。

2. 重整申请

按照《企业破产法》的规定，重整程序的申请人分为两种情况：

（1）初始申请。债务人或者债权人可以依照《企业破产法》规定，直接向人民法院申请对债务人进行重整。

（2）后续申请。债权人申请对债务人进行破产清算的，在人民法院受理破产申请后、宣告债务人破产前，债务人或者出资额占债务人注册资本十分之一以上的出资人，可以向人民法院申请重整。

人民法院经审查认为重整申请符合《企业破产法》的规定的，应当裁定许可债务人进行重整并予以公告。

（二）重整期间对债务人的营业保护

自人民法院裁定债务人重整之日起至重整程序终止，为重整期间。

（1）在重整期间，对债务人的特定财产享有的担保权暂停行使。但是，担保物有损坏或者价值明显减少的可能，足以危害担保权人权利的，担保权人可以向人民法院请求恢复行使担保权。

（2）在重整期间，债务人或者管理人为继续营业而借款的，可以为该借款设定担保。

（3）债务人合法占有的他人财产，该财产的权利人在重整期间要求取回的，应当符合事先约定的条件。

（4）在重整期间，债务人的出资人不得请求投资收益分配。

在重整期间，债务人的董事、监事、高级管理人员不得向第三人转让其持有的债务人的股权。但是，经人民法院同意的除外。

（三）重整计划

重整计划是通过对债权债务关系的重新安排和对企业经营方略的重新设定，力求达到债务人企业的重新振作，从而避免破产的一个具有实质内容和约束力的法律文件。

1. 重整计划草案的制定

债务人或者管理人应当自人民法院裁定债务人重整之日起六个月内，向人民法院和债权人会议提交重整计划草案。期限届满，经债务人或者管理人请求，有正当理由的，人民法院可以裁定延期三个月。债务人或者管理人未按期提出重整计划草案的，人民法院应当裁定终止重整程序，并宣告债务人破产。

重整计划草案应当包括下列内容：债务人的经营方案；债权分类；债权调整方案；债权受偿方案；重整计划的执行期限；重整计划执行的监督期限；有利于债务人重整的

其他方案。

债务人自行管理财产和营业事务的,由债务人制作重整计划草案。管理人负责管理财产和营业事务的,由管理人制作重整计划草案。

2. 重整计划草案的通过

在债权人会议审议重整计划时,债务人或者管理人应当向债权人会议就重整计划草案作出说明,并回答询问。债务人的出资人代表可以列席讨论重整计划草案的债权人会议。在正式表决前,可以根据相关各方的意见对重整计划草案进行适当的修改。

债权人会议应当依照规定的债权分类分成不同的表决组,对重整计划进行分组表决。出席会议的同一表决组的债权人过半数同意重整计划草案,并且其所代表的债权额占该组债权总额的三分之二以上的,即为该组通过重整计划草案。

重整计划草案涉及出资人权益调整事项的,应当设出资人组,对该事项进行表决。其表决通过的规则与债权人表决组相同。

各表决组均通过重整计划草案时,重整计划即为通过。自重整计划通过之日起十日内,债务人或者管理人应当向人民法院提出批准重整计划的申请。重整计划通过之日起十日内,债务人或者管理人应当向人民法院提出批准重整计划的申请。人民法院经审查认为符合本法规定的,应当自收到申请之日起三十日内裁定批准,终止重整程序,并予以公告。

3. 重整计划的执行

重整计划由债务人负责执行。人民法院裁定批准重整计划后,已接管财产和营业事务的管理人应当向债务人移交财产和营业事务。

自人民法院裁定批准重整计划之日起,在重整计划规定的监督期内,由管理人监督重整计划的执行。在监督期内,债务人应当向管理人报告重整计划执行情况和债务人财务状况。

监督期届满时,管理人应当向人民法院提交监督报告。自监督报告提交之日起,管理人的监督职责终止。管理人向人民法院提交的监督报告,重整计划的利害关系人有权查阅。经管理人申请,人民法院可以裁定延长重整计划执行的监督期限。

4. 重整计划的终止

(1) 重整计划草案未获得通过且未获得批准,或者已通过的重整计划未获得批准的,人民法院应当裁定终止重整程序,并宣告债务人破产。

(2) 债务人不能执行或者不执行重整计划的,人民法院经管理人或者利害关系人请求,应当裁定终止重整计划的执行,并宣告债务人破产。

【案例解读2】

[案情概述] 中旺集团创始人王中旺1999年在河北省邢台隆尧县乡下出资170万元成立了一家小型方便面企业,并且迅速发展。为加速发展,王中旺上马五谷道场"非油炸"方便面项目。2004年10月10日,北京五谷道场食品技术开发有限公司正式成立,注册资本为5100万元。

2008年10月16日,五谷道场向房山法院正式提交了一份破产重整申请书。申请书中称，因原材料大幅涨价，方便面行业整体效益下滑；加之公司创立之初，前期费用和广告宣传投入过大等因素，造成公司全面亏损。随之而来的负面报道，导致五谷道场在2007年10月、11月全面爆发财务危机。此后公司经营状况持续恶化，劳动争议、法律诉讼不断增加。

经过会计师事务所审计，截止到2008年10月，五谷道场负债总额为6.2亿元，严重资不抵债。然而，五谷道场认为公司仍有继续发展的价值和必要性。所以，向房山法院提出重整申请。

房山区法院受理此案后，于2008年12月26日依法召开第一次债权人会议，向债权人通报了五谷道场的财产、财务情况，审核了相关债权。最终确认五谷道场债权人人数为629人，债权总金额为5.29亿元。2009年1月16日，房山区法院召开第二次债权人会议，宣布了重整计划方案，并就该计划草案进行投票。最终，五谷道场破产重整计划草案得到了全体出资人和债权人的通过。

[处理结果] 2009年2月12日，北京房山区法院最终裁定，批准五谷道场破产重整方案。该方案规定，五谷道场原股东将其所持有的五谷道场公司的股份全部无偿让渡给重组方，重组投资方承诺出资1.09亿元专门用于五谷道场清偿债务及支付破产费用，重组后在同等条件下，优先与原债权人进行合作，在首次招工时优先录用公司原职工。

[解读意见] 五谷道场重组成功将盘活该公司存量资产，解决数千人就业；同时其300多家供应商和销售商可以继续与之合作。而对所有债权人来说，破产重组成功将实现清偿比例高、实际清偿率大、清偿期限短的效果，有利于维护经济秩序和金融安全。

（案例来源：新华网）

十、和解

和解是为了克服和避免破产清算制度的弊端而创设的一项程序制度。它是债务人不能清偿债务时，为避免受破产宣告或者破产分配，而通过法院组织，经与债权人会议磋商谈判，达成相互间的谅解、协商一揽子解决债务危机以图复苏的制度。

和解制度与重整制度有所区别的是：重整制度旨在拯救企业，而和解制度旨在避免企业破产。

（一）和解的申请

债务人可以依照《企业破产法》规定，直接向人民法院申请和解；也可以在人民法院受理破产申请后、宣告债务人破产前，向人民法院申请和解。

债务人申请和解，应当提出和解协议草案。

（二）和解协议的通过

人民法院经审查认为和解申请符合本法规定的，应当裁定和解，予以公告，并召集债权人会议讨论和解协议草案。

债权人会议通过和解协议的决议，由出席会议的有表决权的债权人过半数同意，并且其所代表的债权额占无财产担保债权总额的三分之二以上。

债权人会议通过和解协议的，由人民法院裁定认可，终止和解程序，并予以公告。管理人应当向债务人移交财产和营业事务，并向人民法院提交执行职务的报告。

（三）和解协议的效力

经人民法院裁定认可的和解协议，对债务人和全体和解债权人均有约束力。

和解债权人是指人民法院受理破产申请时对债务人享有无财产担保债权的人。和解债权人未依照本法规定申报债权的，在和解协议执行期间不得行使权利；在和解协议执行完毕后，可以按照和解协议规定的清偿条件行使权利。

和解债权人对债务人的保证人和其他连带债务人所享有的权利，不受和解协议的影响。

债务人应当按照和解协议规定的条件清偿债务。

（四）和解的终结

（1）和解协议未通过或未获认可的终结。和解协议草案经债权人会议表决未获得通过，或者已经债权人会议通过的和解协议未获得人民法院认可的，人民法院应当裁定终止和解程序，并宣告债务人破产。

（2）和解协议因无效的终结。因债务人的欺诈或者其他违法行为而成立的和解协议，人民法院应当裁定无效，并宣告债务人破产。

（3）和解协议未执行完毕的终结。债务人不能执行或者不执行和解协议的，人民法院经和解债权人请求，应当裁定终止和解协议的执行，并宣告债务人破产。

（五）自行和解

人民法院受理破产申请后，债务人与全体债权人就债权债务的处理自行达成协议的，可以请求人民法院裁定认可，并终结破产程序。法庭外达成的和解协议经人民法院裁定认可的，与经由债权人会议表决通过后人民法院裁定认可的和解协议，具有同等效力。其以后的执行或终止执行，适用相同的法律规则。

【案例解读3】

[案情概述]葫芦岛市人民法院于2008年10月23日裁定受理了葫芦岛市天原恒瑞化工有限责任公司申请破产一案，及时指定辽宁一鸣律师事务所为破产管理人，接管破产企业。此案由民二庭审理。10月30日恒瑞公司提出与债权人进行和解的申请，并提出了和解草案。经法院审查，于11月7日裁定宣告该公司进入和解程序。

2009年2月13日葫芦岛市天原恒瑞化工有限责任公司召开了第二次债权人会议。本次会议上，出席会议的债权人对申请人提交的和解协议草案进行讨论表决，出席债权大会的债权人15人，代表债权额为17 122 020.00元，占债券总额的95.75%，其中14个债权人表决通过。债务人于2月13日向法院申请确认和解协议生效。

[处理结果] 法院经审查认为，出席会议的债权人中有14人同意和解协议草案，并且其所代表的债权额占无财产担保债权总额的2/3以上，故本次债权人会议和解协议表决通过的程序符合《企业破产法》的规定。申请人提出的和解协议亦符合《企业破产法》的有关规定且具有可行性。依照《企业破产法》第98条之规定，法院于2009年2月25日依法作出裁定，对该和解协议认可并终止和解程序。

[解读意见] 破产和解通过平衡债权人与债务人的利益解决破产危机，最大限度地保护了债权人的利益，使企业避免"死亡"，为其重生创造了机会。

（案例来源：中国清算网）

十一、破产清算

（一）破产宣告

破产宣告是指法院根据当事人的申请裁定宣告债务人破产以清偿债务的活动。破产宣告标志着破产案件无可逆转地进入清算程序，债务人无可挽回地陷入破产倒闭。《企业破产法》规定，债务人被宣告破产后，债务人称为破产人，债务人财产称为破产财产，人民法院受理破产申请时对债务人享有的债权称为破产债权。

人民法院依照《企业破产法》宣告债务人破产的，应当自裁定作出之日起五日内送达债务人和管理人，自裁定作出之日起十日内通知已知债权人，并予以公告。

破产宣告前，有下列情形之一的，人民法院应当裁定终结破产程序，并予以公告：①第三人为债务人提供足额担保或者为债务人清偿全部到期债务的；②债务人已清偿全部到期债务的。

【案例解读4】

[案情概述] 2020年10月26日，山东省泰安市岱岳区人民法院裁定受理山东华锐重型装备有限公司执行转破产清算一案，并指定山东泰山蓝天律师事务所为管理人。经审计：截至2020年10月26日，山东华锐重型装备有限公司账面资产总额为64 534 773.60元，账面负债总额为99 088 211.00元，账面所有者权益总额为-34 553 437.40元。管理人提请确认无异议债权的报告显示：截至2021年1月20日，山东华锐重型装备有限公司的到期债务为444 384 646.56元。在第一次债权人会议上，无债权人、债务人或其他利害关系人向法院提出破产重整或和解申请。

[处理结果] 岱岳区人民法院于2021年1月25日裁定山东华锐重型装备有限公司破产。

[解读意见] 依据管理人对现有财产及负债的调查结果，依照《企业破产法》第二条、第一百零七条之规定，山东华锐重型装备有限公司已经具备宣告破产的法定条件。在第一次债权人会议上，无债权人、债务人或其他利害关系人向法院提出破产重整或和解申请，山东华锐重型装备有限公司已无进行破产重整及和解的可能。

（案例来源：全国企业破产重整案件信息网）

(二) 别除权

别除权是指对破产人的特定财产享有担保权的权利人，对该特定财产享有优先受偿的权利。这里所说的"担保"，包括三种形式：抵押、质押、留置。

债权人行使优先受偿权利未能完全受偿的，其未受偿的债权作为普通债权；放弃优先受偿权利的，其债权作为普通债权。

债权人在破产程序中享有和行使别除权，需具备以下条件：①债权和担保权合法成立和生效；②债权和担保权必须成立于破产宣告以前。但是，依据《企业破产法》第十八条、第三十七条、第七十五条第二款的规定提供的担保，在破产宣告后亦享有别除权地位。③债权已依法申报并获得确认。

在破产宣告时，质权人、留置权人是别除权标的物的实际占有人。他们行使别除权，可以不经管理人同意，以标的物折价抵偿债务，或者将标的物拍卖、变卖后以价款偿还债务。抵押权人要行使别除权，必须向管理人主张权利，经管理人同意，取得对抵押物的占有。

【课堂讨论】

[材料] 2021年7月30日，人民法院受理了甲公司的破产申请，并同时指定了管理人。管理人接管甲公司后，在清理其债权债务过程中，核实有如下事项：

（1）2020年4月，甲公司向乙公司采购原材料而欠乙公司80万元货款未付。2021年3月，甲乙双方签订一份还款协议，该协议约定：甲公司于2021年9月10日前偿还所欠乙公司货款及利息共计87万元，并以甲公司所属一间厂房作抵押，还款协议签订后，双方办理了抵押登记。乙公司在债权申报期内就上述债项申报了债权。

（2）2020年5月，丙公司向A银行借款120万元，借款期限为1年。甲公司以所属部分设备为丙公司提供抵押担保，并办理了抵押登记。借款到期后，丙公司未能偿还A银行贷款本息。经甲公司、丙公司和A银行协商，甲公司用于抵押的设备被依法变现，所得价款全部用于偿还A银行，但尚有20万元借款本息未能得到清偿。

（3）2020年7月，甲公司与丁公司签订了一份广告代理合同，该合同约定：丁公司代理发布甲公司产品广告，期限2年，一方违约，应当向另一方承担违约金20万元。至甲公司破产申请被受理时，双方均各自履行了部分合同义务。

（4）2020年8月，甲公司向李某购买一项专利，尚欠李某19万元专利转让费未付。李某之子小李创办的戊公司曾于2020年11月向甲公司采购一批电子产品，尚欠甲公司货款21万元未付。人民法院受理甲公司破产申请后，李某与戊公司协商一致，戊公司在向李某支付19万元后，取得李某对甲公司的19万元债权。戊公司向管理人主张以19万元债权抵销其所欠甲公司相应债务。

[问题] 根据上述内容，分别回答下列问题：

1. 管理人是否有权请求人民法院对甲公司将厂房抵押给乙公司的行为予以撤销？

2. A银行能否将尚未得到清偿的20万元欠款向管理人申报普通债权，由甲公司继续偿还？

3. 如果管理人决定解除甲公司与丁公司之间的广告代理合同，并由此给丁公司造成实际损失5万元，则丁公司可以向管理人申报的债权额应为多少？

4. 戊公司向管理人提出以19万元债权抵销其所欠甲公司相应债务的主张是否成立？

（三）破产财产变价和分配

1. 破产财产变价

破产财产的变价，是指在破产清算程序中，将拟用于分配的破产财产中的非货币性财产，以拍卖或者债权人会议决定的其他方式，转变为货币财产，以便于进行破产分配的行为。破产清算以金钱分配为原则，实物分配为例外。

管理人进行破产变价，应当拟订破产变价方案，提交债权人会议讨论和表决。该方案经债权人会议表决未通过的，由人民法院裁定。管理人应当按照由债权人会议通过的或者在未通过时由人民法院裁定的破产变价方案，适时变价出售破产财产。

变价出售破产财产应当通过拍卖进行。但是，债权人会议另有决议的除外。破产企业可以全部或者部分变价出售。企业变价出售时，可以将其中的无形资产和其他财产单独变价出售。按照国家规定不能拍卖或者限制转让的财产，应当按照国家规定的方式处理。

2. 破产财产分配

（1）破产财产分配的概念和特征。

破产财产分配，是指破产管理人将变价后的破产财产，根据依法确定的分配方案，对全体破产债权人进行公平清偿。破产分配标志着破产清算的完成。破产分配结束是破产程序终结的原因。

破产财产分配具有以下的特征：①破产分配由管理人负责实施；②破产分配以变价后的破产财产为标的；③破产分配根据符合法定顺序并经合法程序确定的分配方案进行。

（2）破产清偿顺序。

破产财产在优先清偿破产费用和共益债务后，依照下列顺序清偿：

①破产人所欠职工的工资和医疗、伤残补助、抚恤费用，所欠的应当划入职工个人账户的基本养老保险、基本医疗保险费用，以及法律、行政法规规定应当支付给职工的补偿金；②破产人欠缴的除前项规定以外的社会保险费用和破产人所欠税款；③普通破产债权。

破产财产不足以清偿同一顺序的清偿要求的，按照比例分配。破产企业的董事、监事和高级管理人员的工资按照该企业职工的平均工资计算。

（3）破产分配方案。

管理人应当及时拟订破产财产分配方案，提交债权人会议讨论。破产财产分配方案应当载明下列事项：①参加破产财产分配的债权人名称或者姓名、住所；②参加破产财产分配的债权额；③可供分配的破产财产数额；④破产财产分配的顺序、比例及数额；⑤实施破产财产分配的方法。

债权人会议通过破产财产分配方案后，由管理人将该方案提请人民法院裁定认可。破产财产分配方案经人民法院裁定认可后，由管理人执行。

管理人按照破产财产分配方案实施多次分配的，应当公告本次分配的财产额和债权额。

对于附生效条件或者解除条件的债权，管理人应当将其分配额提存。管理人依照规定提存的分配额，在最后分配公告日，生效条件未成就或者解除条件成就的，应当分配给其他债权人；在最后分配公告日，生效条件成就或者解除条件未成就的，应当交付给债权人。

债权人未受领的破产财产分配额，管理人应当提存。债权人自最后分配公告之日起满二个月仍不领取的，视为放弃受领分配的权利，管理人或者人民法院应当将提存的分配额分配给其他债权人。

破产财产分配时，对于诉讼或者仲裁未决的债权，管理人应当将其分配额提存。自破产程序终结之日起满二年仍不能受领分配的，人民法院应当将提存的分配额分配给其他债权人。

（4）破产程序的终结。

破产人无财产可供分配的，管理人应当请求人民法院裁定终结破产程序。

管理人在最后分配完结后，应当及时向人民法院提交破产财产分配报告，并提请人民法院裁定终结破产程序。人民法院应当自收到管理人终结破产程序的请求之日起十五日内作出是否终结破产程序的裁定。裁定终结的，应当予以公告。

管理人应当自破产程序终结之日起十日内，持人民法院终结破产程序的裁定，向破产人的原登记机关办理注销登记。管理人于办理注销登记完毕的次日终止执行职务。但是，存在诉讼或者仲裁未决情况的除外。

自破产程序依法终结之日起二年内，有下列情形之一的，债权人可以请求人民法院按照破产财产分配方案进行追加分配：①发现有依照企业破产法规定应当追回的财产的；②发现破产人有应当供分配的其他财产的。

破产人的保证人和其他连带债务人，在破产程序终结后，对债权人依照破产清算程序未受清偿的债权，依法继续承担清偿责任。

【讨论提示】

1. 管理人有权请求人民法院予以撤销。根据规定，人民法院受理破产申请前1年内，债务人对没有财产担保的债务提供财产担保的，管理人有权请求人民法院予以撤销。本题中，甲在人民法院受理破产申请前1年内对之前没有担保的乙的货款设定了担保，因此这是可以撤销的。

2. A银行不能将尚未得到清偿的20万元欠款向管理人申报普通债权。根据规定，如破产人仅作为担保人为他人债务提供物权担保，担保债权人的债权虽然在破产程序中可以构成别除权，但因破产人不是主债务人，在担保物价款不足以清偿担保债额时，余债不得作为破产债权向破产人要求清偿，只能向原主债务人求偿。本题中甲仅仅为丙提供了抵押担保，因此对于抵押物不能够清偿的部分，A银行只能够要求丙清偿，不能够向甲申报债权。

3. 丁公司可以向管理人申报的债权额为5万元。根据规定，管理人依照《企业破产法》规定解除合同的,对方当事人以因合同解除所产生的损害赔偿请求权申报债权。可申报的债权以实际损失为限,违约金不作为破产债权。本题中管理人解除甲丁之间的合同给丁造成的损失是5万元,因此丁只能够以5万元去申报债权。

4. 戊公司的主张不成立。根据规定,债务人的债务人在破产申请受理后取得他人对债务人的债权的,不得抵销。本题中戊公司是在破产申请受理后取得李某对甲的债权的,因此戊公司不能够主张债务抵销。

【能力测试】

1. 依《企业破产法》规定,人民法院受理破产案件后,对债务人财产的其他民事执行程序所带来的法律后果是( )。

A. 中止执行

B. 继续执行

C. 终结执行

D. 与破产程序合并执行

2. 甲公司严重资不抵债,因不能清偿到期债务向法院申请破产。下列哪一财产属于债务人财产?( )

A. 甲公司购买的一批在途货物,但尚未支付货款

B. 甲公司从乙公司租用的一台设备

C. 属于甲公司但已抵押给银行的一处厂房

D. 甲公司根据代管协议合法占有的委托人丙公司的两处房产

3. 下列有关管理人产生方式和组成的说法中,正确的是( )。

A. 管理人由债权人会议依法指定

B. 管理人可以由依法设立的律师事务所担任

C. 因故意犯罪受过刑事处罚但已经刑满释放的人可以担任管理人

D. 破产企业的法定代表人可以担任管理人

4. 甲公司租赁乙公司的注塑设备1台,在租赁期间人民法院受理了甲公司的破产申请,进入破产程序。乙公司出租的该台设备,应由乙公司( )。

A. 向人民法院申报债权

B. 向甲公司申请收回

C. 向人民法院申请收回

D. 向管理人申请收回

5. 下列各项中,不属于破产费用的是( )。

A. 破产案件的诉讼费用

B. 管理人执行职务的报酬

C. 为债务人继续营业而应支付的劳动报酬和社会保险费用

D. 管理和分配债务人财产的费用

6. L公司因不能清偿到期债务而申请破产清算。法院受理后，管理人开始受理债权人的债权申报。对此，下列哪一债权人申报的债权属于应当受偿的破产债权？（   ）

A. 债权人甲的保证人，以其对L公司的将来求偿权进行的债权申报

B. 债权人乙，以其已超过诉讼时效的债权进行的债权申报

C. 债权人丙，要求L公司作为承揽人继续履行合同进行的债权申报

D. 某海关，以其对L公司进行处罚尚未收取的罚款进行的债权申报

7. 人民法院受理破产申请后，应当确定债权人申报债权的期限。债权申报期限自人民法院发布受理破产申请公告之日起计算，最短不得少于多长期限？最长不得超过多长期限？（   ）

A. 30日   3个月

B. 30日   60日

C. 1个月   2个月

D. 20日   3个月

8. 根据《企业破产法》的规定，破产财产分配时，对于诉讼或者仲裁未决的债权，管理人应当将其分配额提存。自破产程序终结之日起满（   ）仍不能受领分配的，人民法院应当将提存的分配额分配给其他债权人。

A. 2年

B. 1年

C. 6个月

D. 2个月

9. 企业破产时，下列最优先受偿的是（   ）。

A. 企业所欠税款

B. 破产案件的诉讼费用

C. 企业所欠的社会保险费用

D. 企业所欠职工工资和养老保险费用

10. 关于债权人会议主席的产生，下列表述符合《企业破产法》规定的是（   ）。

A. 由人民法院从有表决权的债权人中指定产生

B. 由债权人会议成员从有表决权的债权人中选举产生

C. 由管理人从有表决权的债权人中指定产生

D. 由债权人委员会从有表决权的债权人中指定产生

正确答案：1. A   2. C   3. B   4. D   5. C   6. A   7. A   8. A   9. B   10. A

【任务简析】

1.（1）甲公司破产申请人合法。根据规定，债务人不能清偿到期债务时，债权人可以向法院提出对债务人进行重整或破产清算申请。(2) 甲公司提出异议的理由不合法。根据规定，企业法人不能清偿到期债务，并且资产不足以清偿全部债务或者明显缺乏清

偿能力的,依照《企业破产法》清理债务。股份公司属于企业法人。(3)管理人的产生合法。根据规定,法院受理破产申请的,应同时指定管理人。管理人可以由会计师事务所、律师事务所等担任。

2. 甲公司破产前租用乙公司的设备不属于破产财产。根据规定,人民法院受理破产申请后,债务人占有的他人的财产不属于债务人的财产,该财产的权利人可以通过管理人取回。乙公司作为该财产的权利人,可以通过管理人取回。

3. 丙公司的要求不合法。根据规定,债务人的债务人已知债务人有不能清偿到期债务或者破产申请的事实,对债务人取得债权的,不得抵销,丙公司可以就15万元申报债权。

4. 甲公司的股东应补足未缴纳的出资。根据规定,法院受理破产申请后,甲公司的股东尚未完全履行出资义务的,管理人应当要求该出资人缴纳所认缴的出资,不受出资期限的限制。补缴的出资作为破产企业的财产。

5. (1)破产费用包括:诉讼费80万元、管理人报酬60万元、注册会计师清算费用50万元、评估费20万元,共计210万元。(2)共益债务包括:为继续营业应支付的职工工资28万元、债务人不当得利22万元,共计50万元。以上破产费用和共益债务应当先以甲公司资产的变现财产清偿。甲公司的财产不足以清偿所有破产费用和共益债务的,应当先清偿破产费用。

6. 本案的破产清偿顺序为:(1)甲公司股东补足的出资作为甲公司的财产,则甲公司破产财产共计5310万元(5200−90+200)。(2)以办公楼变现所得740万元,优先清偿所欠工行贷款;以厂房变现所得550万元,清偿欠A公司货款。工行贷款未能清偿的60万元和A公司的未能清偿货款150万元,作为普通破产债权参加分配。(3)剩余破产财产共4020万元(5310−740−550),先用于支付破产费用210万元和共益债务50万元。(4)剩余破产财产共3760万元(4020−210−50),按下列顺序清偿:所欠职工工资及劳动保险费用470万元;所欠税款220万元;支付其他所欠的普通破产债权。

7. 通过以上程序,普通破产债权为:15800−740−550−470−220=13820万元;丁公司可获得清偿额=(3070÷13820)×230=51.09万元。